monster.it

GUIDA AL LAVORO

a cura di Silvia Zanella

MONDADORI DOC

Prima edizione Mondadori DOC settembre 2008

Stampato da Mondadori Printing S.p.A.,
Via Bianca di Savoia 12, Milano
presso lo Stabilimento di NSM, Cles (TN)

ISBN 978-88-04-58435-3

Indice

GUIDA AL LAVORO

Monster.it

Monster.it è il sito leader in Italia nella ricerca di lavoro on line, insignito del Premio WWW del "Sole 24 Ore" come miglior portale italiano dedicato al lavoro.
Forte di 1,5 milioni di visitatori unici mensili, conta anche su oltre 1 milione di utenti registrati e di oltre 1,6 CV qualificati nel solo database italiano. Negli ultimi dodici mesi sono state più di 4500 le aziende clienti attive, oltre 300.000 le offerte di lavoro presenti sul sito e aggiornate quotidianamente e 3 milioni le candidature veicolate.
Monster Italia è l'unico operatore on line a essere iscritto all'Albo delle Agenzie per il Lavoro. Fa parte di Monster Worldwide, gruppo presente in 50 Paesi al mondo.

Silvia Zanella

Marketing Manager di Monster Italia, giornalista, è Direttrice Editoriale della testata giornalistica www.monster.it ed è specializzata in temi quali job matching, recruiting on line ed employer branding.
Ha curato la comunicazione per www.jobpilot.it e il Canale Lavoro dei portali Virgilio, Yahoo, e dei siti web del "Sole 24 Ore" e di diverse testate Mondadori.

Legenda

Dizionario

Se incontri questo simbolo a fianco di una parola segnalata in viola, significa che l'argomento è trattato più in profondità al capitolo "Le parole sono importanti"

Consiglio

Questo simbolo ti segnala i suggerimenti dei Direttori del Personale delle principali aziende in risposta alle tue possibili curiosità e/o domande.

Così si fa
Così non si fa

Questi simboli ti aiutano a identificare immediatamente quali sono gli atteggiamenti da adottare o evitare nella tua ricerca di lavoro.

PREMESSA

Ti sembrerà strano, ma trovare lavoro può essere più facile di quanto pensi. L'importante è che tu sappia come farlo.

Il lavoro c'è ma non si vede

Spesso il lavoro c'è, ma non si vede. Dal nostro punto di vista privilegiato possiamo assicurarti che molte aziende sono alla ricerca costante, e talvolta disperata, di personale. Impiegano risorse sempre più ingenti per le campagne di reclutamento, con selezionatori che faticano davvero per trovare la persona giusta al posto giusto. Soprattutto le grandi imprese mettono a punto complessi (e costosi) programmi per attrarre e trattenere le risorse migliori, sfidandosi in campo aperto per aggiudicarsi i candidati più appetibili. Per rendersene conto basta che pensi agli oltre centomila annunci pubblicati ogni mese su Internet e sui giornali generalisti o specializzati o alle moltissime manifestazioni, praticamente una al giorno, dedicate all'incontro domanda-offerta di lavoro all'interno di Associazioni, Università, Camere del Lavoro...

Negli ultimi anni oltretutto alcuni fattori hanno reso più fluida e trasparente la ricerca di lavoro. Per fare un esempio, nuovi operatori privati sono entrati nell'ambito del collocamento affiancandosi al servizio pubblico, generando un'accelerazione dei processi di Selezione del Personale e una maggiore attenzione alle esigenze reali della aziende in termini di assunzioni. Le nuove forme contrattuali introdotte nell'ultimo decennio, poi, hanno aumentato innegabilmente le possibilità di accesso alle imprese, e una maggiore mobilità internazionale ha favorito percorsi di carriera all'estero impensabili fino a qualche anno fa. La globalizzazione, lo sviluppo di nuove tecnologie e di nuove culture del lavoro hanno, insomma, moltiplicato le occasioni per trovare e cambiare lavoro.

Che cosa c'è allora che non va? Perché tante persone (fra le quali magari anche tu) continuano a faticare per trovare nuove opportunità professionali?

È come se mancasse l'ultimo anello della catena che dovrebbe congiungere chi cerca lavoro con chi lo offre, e rendere visibili e soprattutto accessibili le tante opportunità professionali che, comunque, esistono. Spesso questo anello ha un solo nome: informazione, cioè strategie, regole, suggerimenti, indirizzi che basterebbe conoscere per rendere più semplice ed efficace la ricerca. Per sfruttare tutte le occasioni che il mercato del lavoro ti può offrire.

La parola chiave è informazione

La nostra *Guida al lavoro* ha l'ambizione di rappresentare quel piccolo anello mancante. E attraverso consigli, casi concreti, risposte precise a problemi

frequenti, risorse utili, link, interviste a chi si occupa di Selezione del Personale, vogliamo fornirti tutti gli strumenti perché tu possa trovare il lavoro perfetto per te.
Partiremo dalle domande che devi porti prima di metterti alla ricerca di lavoro, per poi passare ai canali che ti conviene utilizzare per attuarla. Ti spiegheremo come si scrive un curriculum vitae veramente efficace e una lettera di presentazione incisiva. Procederemo poi con simulazioni di colloquio, piccoli trucchi per superare l'intero processo di selezione, informazioni per orientarti nel mare magnum dei contratti in uso oggigiorno. Ti aiuteremo a capire come risolvere i problemi che dovrai affrontare nella tua ricerca di lavoro, spiegandoti, tra le altre cose, le parole più ricorrenti nel mondo del lavoro, e segnalandoti le molte risorse che potrai utilizzare in corso d'opera. Ti proporremo inoltre i consigli delle Direzioni del Personale delle principali imprese italiane, ti diremo cosa si fa e cosa non si fa nelle singole circostanze in cui verrai a trovarti, e ti faremo scoprire chi sono e che cosa cercano davvero le aziende che hanno intenzione di assumere nuovo personale nei prossimi dodici mesi.

Cercare lavoro è un lavoro

Un ultimo consiglio. Ricordati che cercare lavoro è, a sua volta, un lavoro. Come tale ti richiederà tempo, energia e risorse. Come un lavoro ti inserirà in un ambiente competitivo, nel quale dovrai confrontarti con altri concorrenti. Ti troverai in un mercato regolato da una logica di domanda e offerta, spesso complesso e pieno di incertezze.

Dovrai imparare a muoverti con rigore e sistematicità, senza improvvisare, ad agire insomma con vera e propria professionalità. Ma, se la posta in gioco è trovare il tuo lavoro ideale, crediamo proprio che ne valga la pena.

PRIMA DI PARTIRE

la preparazione

Le tre domande fondamentali

Per prima cosa, fermati un momento. Non farti prendere dalla foga di voler trovare subito un lavoro. Non iniziare a mandare curriculum a pioggia. Non esiste modo peggiore per cominciare la tua ricerca. Prima di intraprendere questo viaggio devi porti tre domande fondamentali: "Da dove parto?", "Perché parto?" e "Dove voglio arrivare?". A queste ne seguiranno altre, che ti permetteranno di definire meglio il tuo percorso.

Da dove parto? Perché parto? Dove voglio arrivare?

La ricerca di un lavoro, infatti, non si può improvvisare, non si può fare alla cieca. Va impostata, invece, in modo consapevole, sistematico, strategico. Il rischio concreto (e magari ti è già capitato) è quello di ritrovarti nel giro di poco tempo in una situazione ancora più frustrante rispetto a quella che speravi di abbandonare oppure, se sei al tuo primo impiego, di andare in depressione al terzo curriculum inviato senza aver avuto feedback.

Segnati le risposte su un foglietto

Per prima cosa, allora, fermati un momento. Dedica qualche minuto a rispondere a queste tre domande. Tieniti sempre bene in mente le risposte che ti darai, se vuoi segnatele su un foglietto e portalo sempre con te. Ti serviranno per compiere i primi passi nella direzione giusta, senza farti sprecare tempo e fatica inutilmente. Senza contare che, oltretutto, per rispondere bene a un selezionatore in fase di colloquio, bisogna che tu sia prima di tutto certo di saper rispondere bene a te stesso.

"A quale punto del mio percorso professionale mi trovo?" ovvero "Da dove parto?"

Così come prima di iniziare un viaggio è bene avere chiaro in testa il punto da cui si parte, allo stesso modo, prima di metterti alla ricerca di un lavoro, è importantissimo che tu riesca a mettere nero su bianco alcuni punti fondamentali sulla tua identità professionale. Devi fare una valutazione del tuo percorso formativo e lavorativo, individuare con chiarezza i tuoi punti di forza e di debolezza, le tue aspirazioni e gli aspetti di te che puoi migliorare, determinare in modo realistico i tuoi obiettivi per il futuro. Tutti questi aspetti varieranno in funzione della tua età, della tua condizione familiare, delle tue capacità e delle tue ambizioni. In questa fase devi essere molto onesto con te stesso, su quello che puoi e vuoi (o non puoi e non vuoi) fare. Cercare un lavoro significa anche sapersi mettere in gioco; devi essere in grado di guardare in faccia la tua situazione se desideri davvero cambiarla.

Cosa vuoi e puoi (o non vuoi e non puoi) fare?

Un aiuto prezioso in questo senso può arrivare dalla stesura di un bilancio di competenze, un servizio consulenziale che ti viene offerto sia dalle aziende sia dagli sportelli di orientamento al lavoro pubblici o privati. Che tu ti rivolga a un servizio professionale o decida di procedere da solo, ciò che conta è che analizzi e valuti con attenzione il percorso compiuto finora, che tu sappia mettere in una scala di priorità le tue esigenze e aspettative, individuando con spietata precisione gli ambiti in cui eccelli e quelli in cui puoi ancora crescere. È questo il modo migliore per iniziare con il piede giusto una ricerca davvero efficace, per prendere bene la mira verso il tuo obiettivo. Come vedrai nei capitoli che seguono, infatti, da tutti questi fattori dipende ad esempio il tipo di curriculum che dovrai scrivere o i canali (Internet, la carta stampata, il passaparola…) che ti converrà usare.

Sii spietato con te stesso

"Quali sono le motivazioni che mi portano a cercare un lavoro?" ovvero "Perché parto?"

Devi poi chiarire (in primo luogo a te stesso) perché sei alla ricerca di una prima o di una nuova opportunità professionale. Che cosa ti spinge a consultare i siti o le pagine dei giornali dedicati alle offerte di lavoro? Si tratta solo di soldi? Oppure è soprattutto volontà di crescere? Non sopporti più l'ambiente in cui sei inserito e speri in una maggiore qualità della vita lavorativa? O vuoi a tutti i costi un contratto più stabile? Sulla base delle risposte che saprai darti, ti sarà più facile organizzare la ricerca e comprendere fino in fondo qual è il ruolo per il quale vale la pena davvero candidarsi.

"Cosa voglio fare da grande?" ovvero "Dove voglio arrivare?"

Non focalizzarti solo su un aspetto

È la domanda più banale, eppure spesso sottovalutarla ti porta a errori madornali nella ricerca di lavoro. Il rischio più evidente a cui vai incontro infatti è quello di scegliere la strada sbagliata perché sei troppo concentrato su un aspetto specifico della vita lavorativa: lo stipendio, il tipo di contratto, le prospettive di sviluppo promesse. Magari uno di essi rappresenta per te un'esigenza a lungo rimandata e lo segui trascurando tutto il resto. È un errore che non devi compiere, sarebbe come procedere col paraocchi. Fai piuttosto un'analisi dettagliata e articolata dei tuoi bisogni, passa in rassegna tutti gli aspetti della tua vita lavorativa ideale. Non farti incantare da certi specchietti per le allodole presenti negli annunci. Uno "stimolante ambiente internazionale", ad esempio, di per sé non è sufficiente a rendere un posto quello davvero giusto per te.

Altre domande a cui devi rispondere

"Il posto è giusto?"

A un certo punto della tua ricerca, ti troverai davanti a dei bivi e dovrai scegliere da che parte andare. O, molto banalmente, dovrai decidere se accettare o meno un'offerta. Una ricerca di lavoro infatti ha successo non solo se trovi un posto, ma se trovi quello adatto a

Quali sono le professioni più ricercate?

La classifica delle professionalità più richieste varia a seconda della fonte presa in considerazione. Tutti comunque concordano sul fatto che le lauree con la maggiore occupabilità sono quelle in ingegneria ed economia, più facilmente spendibili nel mercato del lavoro attuale. Tra le posizioni che richiedono la laurea come titolo conseguito, più della metà sono di fatto riferibili a queste due aree disciplinari. Buone opportunità, pur se confinate a settori specifici, per chimici, fisici, biologi e matematici, anche grazie al non elevato numero di laureati. Discorso opposto per le discipline umanistiche e le scienze sociali: in questo caso a un mercato non certo favorevole si unisce una quantità di laureati fin troppo abbondante.

Tra i profili qualificati più richiesti dalle aziende spicca su tutti quello commerciale: Area Manager, Teleseller, Consulenti di Vendita, Agenti di Commercio, Key Account Manager risultano di gran lunga le professionalità preferite dalle aziende, con una tendenza in decisa crescita. Negli ultimi cinque anni più di un'offerta su cinque è riferibile a questa funzione. Sul podio seguono le posizioni amministrative (Segretarie, Contabili, Controller) e quelle legate all'Information and Communication Technology (Informatici, Web Designer, Professionisti della comunicazione digitale). Seguono il settore industriale (Operai, Manutentori, Operatori di macchine a controllo numerico) e l'ambito finanziario-assicurativo (Bancari, Attuari, Promoter, Liquidatori di sinistri).

Non stai cercando "un" lavoro, ma "il tuo" lavoro

te. Tu non stai cercando *un* lavoro, ma *il tuo* lavoro. È per questo che, prima di tutto devi capire quale genere di opportunità ti interessa realmente e in base a che cosa sceglierai un'azienda anziché un'altra.

"Che importanza voglio dare al lavoro?"

Vivi per lavorare o lavori per vivere? Sei un workaholic, ovvero un maniaco del lavoro, o preferisci avere del tempo libero per le tue passioni? Persone diverse attribuiscono un valore differente alla vita professionale. Chiediti qual è il tuo approccio nei confronti del lavoro, se lo vedi solo in modo strumentale, oppure se è un mezzo per esprimerti e affermarti. Questa considerazione ti aiuterà a scartare opportunità troppo impegnative e che, in quanto tali, richiederebbero un'eccessiva dedizione o, viceversa, troppo routinarie, e che, perciò, ti annoierebbero a morte dopo poche settimane.

"Sono più portato a lavorare in grandi multinazionali o in piccole imprese familiari?"

Per quanto riguarda la grandezza dell'azienda, non esistono dimensioni ideali che possano soddisfare tutti alla stessa maniera. Molto dipende dai tuoi bisogni e dalle tue esigenze. Tieni conto che lavorare per aziende più grandi significa generalmente avere più benefit, maggiore sicurezza del posto di lavoro e più opportunità di carriera. Le aziende più piccole, d'altra parte, in linea di massima ti permetteranno di lavorare con orari più flessibili, tenderanno ad avere al proprio interno un'atmosfera più informale e rilassata, e ti consentiranno una maggiore identificazione con l'organizzazione

Carriera o flessibilità?

e i suoi obiettivi. Le aziende più grandi faranno dunque al caso tuo se poni come priorità la carriera e il benessere economico e hai voglia di approfondire una competenza specifica. Sarai maggiormente in linea con una realtà più piccola se, invece, ti piace lavorare in un ambiente meno rigoroso e in modo più flessibile e creativo, e se ti interessa avere modo di farti una visione generale del business nel suo complesso.

"Quanto conta per me la formazione?"

La formazione fa bene al curriculum

Un fattore fondamentale da tenere in considerazione quando valuti un'azienda riguarda le opportunità di formazione e di crescita professionale che questa fornisce ai propri collaboratori.
Essere inserito in un processo continuo di formazione infatti può arricchire il tuo curriculum e le tue possibilità di carriera, sia all'interno sia all'esterno dell'impresa stessa. A seconda del punto del tuo percorso professionale in cui ti trovi e delle tue ambizioni di crescita, starà dunque a te decidere quanto peso attribuire a questa variabile.

“ Quali fattori mi aiutano a capire quali società si preoccupano di curare lo sviluppo delle Risorse Umane?

CONSIGLIO

Il processo che genera il prodotto/servizio è un'ottima cartina di tornasole per capirne di più ed è facile poter fare un parallelo per capire come vengono gestite le Risorse Umane. In prodotti/servizi ad alto valore aggiunto è chiaro che prevarranno maggiormente alcuni aspetti: la formazione, la sicurezza, l'aspetto/la forma/la confezione, la qualità, l'affidabilità, l'assistenza al cliente, e così via. Lo stesso dicasi per la gestione delle Risorse Umane.

FABIO FRISO
Direttore Risorse Umane, Forgital Italy Spa

"Che tipo di aspettative economiche ho?"

Non guardare solo lo stipendio

È bene che tu abbia ben chiaro fin da subito quali sono le tue aspettative in termini economici. E capire quanto pesa per te questo aspetto nella scelta di un lavoro. Quello che ti consigliamo è comunque di non soffermarti alla cifra di stipendio, ma di indagare la filosofia e la pratica relativa alle retribuzioni di quella azienda, verificando, ad esempio, la presenza di una mensa gratuita o l'assegnazione di buoni pasto. Oltre al pacchetto retributivo iniziale e agli eventuali benefit infatti, è opportuno cercare di sapere, ad esempio, con che frequenza gli stipendi vengono rivisti e aggiornati, e se esistono meccanismi volti a riconoscere e premiare le performance elevate.

"Qual è il mio ambiente di lavoro ideale?"

Sempre più spesso negli ultimi anni, nell'ambito delle Risorse Umane si parla di work-life balance, vale a dire la capacità di conciliare vita professionale e privata.

Non di solo pane vive il lavoratore. Il contratto psicologico tra collaboratore e azienda

Sembra superfluo ricordarlo, ma il tuo benessere professionale non dipende solo da quanto guadagni. Né, tantomeno, il rapporto fra te e la tua azienda si esaurisce con il contratto che firmi quando vieni assunto.

Oltre a questa forma *hard* di accordo ne esiste infatti una più *soft*, il cosiddetto "contratto psicologico", un patto non scritto né formalizzato, che riveste comunque una grande importanza, in quanto da esso deriva tutto quello che in un contratto non trova posto. Se nella lettera di assunzione vengono esplicitati orari e mansioni, diritto alle ferie e a un ambiente salubre, difficilmente verranno citati altri aspetti della vita lavorativa in senso lato, quali ad esempio l'impegno e il rispetto, il clima e la piacevolezza dei rapporti di collaborazione.

Ogni contratto di lavoro prevede fra te e l'azienda anche un contratto psicologico, un'intesa informale su tutto quello che farà da contorno alla tua vita professionale in senso stretto. Quando decidi se accettare o meno un'offerta, non basarti dunque solo sugli aspetti meramente burocratici della proposta, ma cerca di capire se è di tuo gradimento anche tutto quello che di non scritto c'è nel vostro accordo. Nei prossimi capitoli, specie quelli dedicati ai canali e al colloquio di selezione, scoprirai come raccogliere questo tipo di informazioni.

Il fattore "ambiente"

Alcune aziende investono molto nella possibilità di creare un ambiente di lavoro stimolante e rispettoso dei bisogni anche non professionali del singolo, allo scopo di attrarre i candidati migliori e di tenere costantemente alta la loro motivazione. Anche questo può costituire un fattore determinante nella scelta fra un'offerta e l'altra.

"Cosa vuol dire nella pratica work-life balance in azienda?

CONSIGLIO

Ogni giorno vogliamo garantire un equilibrio tra vita privata e professionale a chi lavora con noi. Cerchiamo quindi di dare un supporto concreto ed efficace nella gestione degli impegni quotidiani. Abbiamo aperto uno spaccio aziendale dove i dipendenti possono acquistare i nostri prodotti a prezzi molto vantaggiosi, mettiamo a disposizione un servizio di pratiche amministrative per i pagamenti delle bollette, offriamo la revisione dell'auto gratuita e a tutti, indipendentemente dall'inquadramento, proponiamo una polizza sanitaria e poi ancora borse di studio per i figli dei dipendenti, Internet point per tutti, quotidiani a disposizione in sala mensa e per sfuggire alla routine quotidiana e stimolare la curiosità e le papille gustative cucina etnica ogni mese.

CLAUDIA PIGHIN
Responsabile Selezione e Sviluppo Organizzativo
Cesare Fiorucci Spa"

Quali sono le aziende migliori in cui andare a lavorare?

Esistono diverse ricerche volte a classificare quali siano le aziende migliori in termini di qualità della vita lavorativa. Si tenga conto che per definire il *Great Place to Work* viene somministrato un questionario direttamente ai dipendenti delle aziende che si candidano per ottenere il riconoscimento. In altre indagini, invece, a essere valutate sono le percezioni degli interpellati riguardo alle aziende più note. La *Best 100* (le aziende preferite dagli italiani) coinvolge un campione rappresentativo della popolazione dei laureati e diplomati; l'*Employer of Choice* si rivolge ai laureati e ai professional (ovvero coloro che hanno già un'esperienza lavorativa di almeno tre anni). Infine, la *Recent Graduate Survey* si focalizza sul target universitario.

Riportiamo qui di seguito i risultati delle indagini appena descritte. Nell'ordine: le trentacinque aziende definite *Great Place to Work*, e le prime dieci aziende per le altre tre classifiche.

Per ognuna troverai anche il sito dell'azienda e l'area dedicata alle carriere per candidarti al volo.

Great Place to Work

GOOGLE	www.google.it	Sezione Opportunità di lavoro
COCA-COLA HBC ITALIA	www.coca-colahbc.it	Lavoro e Carriere
MICROSOFT ITALIA	www.microsoft.it	Informazioni utili / Lavorare in Microsoft
ELICA S.P.A.	www.elica.com	www.humanresources.elica.com
AMERICAN EXPRESS SERVICES EUROPE LIMITED	www.americanexpress.com	Sezione careers@ americanexpress
W.L. GORE & ASSOCIATI S.R.L.	www.gore.com	Sezione Careers
CISCO SYSTEMS	www.cisco.com	Sezione About Cisco - Careers
MSA SPA	www.gimonmsa.com	Sezione Jobs
JOHNSON WAX SPA	www.scjohnson.com/careers	Sezione Careers
CEFRIEL	www.cefriel.it	Sezione Lavora con noi
FEDEX EXPRESS	www.fedex.com/it	Sezione Lavorare in FedEx
MEDTRONIC ITALIA S.P.A.	www.medtronic.it	Sezione Lavorare in Medtronic
MEDIAMARKET SPA	www.mediaworld.it	Sezione Lavora con noi
NOVARTIS FARMA	www.novartis.com	Sezione Careers
STABILIMENTO DI SCOPPITO (AQ) - SANOFI-AVENTIS S.P.A.	www.sanofi-aventis.com	Sezione Lavorare in Sanofi-Aventis
ELI LILLY ITALIA	www.lilly.it	Sezione Carriera / Lavora con noi
STARWOOD HOTELS & RESORTS	www.starwoodhotels.com	Sezione Careers

NATIONAL INSTRUMENTS	www.ni.com	Sezione Employment
DIAGEO ITALIA SPA	www.diageo.com	Sezione Careers
MARS ITALIA S.P.A.	www.mars.com	Sezione Job Search
SAP ITALIA	www.sap.com/italy	Sezione Lavorare in SAP
GRUPPO IML	www.imlmotori.it	Sezione News / Offerte di lavoro
GAMESTOP ITALY SRL	www.gamestop.it	Sezione Lavora con noi
QUINTILES SPA - INNOVEX SRL	www.innovex.com	Sezione Careers
BON PRIX	www.bonprix.it	
SOLVAY PHARMA S.P.A	www.solvay.com	Sezione Contacts / Recruitment
DIFA COOPER	www.difacooper.com	Sezione Lavora con noi
SHIRE ITALIA	www.shireitalia.it	Sezione Lavorare in Shire
GRUPPO LEPETIT-GRUPPO SANOFI AVENTIS, STAB. ANAGNI	www.sanofi-aventis.it	Sezione Lavorare in Sanofi-Aventis
EUROPCAR ITALIA S.P.A.	www.europcar.com	Sezione Lavora con noi
BARABINO & PARTNERS	www.barabino.it	Sezione Recruitment
EVERIS ITALIA	www.everis.com	Sezione Job in Everis
SONEPAR PUGLIA S.P.A.	www.soneparpuglia.it	Sezione Collabora con noi (su www.sonepar.it)
ING DIRECT	www.ingdirect.it	Sezione Job / Lavora con noi
VENERENET S.P.A.	www.venere.com	Sezione Lavora con noi

Fonte: http://www.greatplacetowork.it

Best 100

FERRARI	www.ferrariworld.com	Sezione Corporate / Job
BARILLA	www.barillacareers.com	Career Site
FIAT	www.fiat.it	www.fiatautocareers.com
ENI	www.eni.it	Sezione Lavora con noi
PROCTER&GAMBLE	www.pg.com	Sezione Lavora con noi
MEDIASET	www.mediaset.it	Sezione Corporate / Lavora con noi
MICROSOFT	www.microsoft.it	Informazioni utili / Lavorare in Microsoft
FERRERO	www.ferrerocareers.com	Career Site
ENEL	www.enel.it	Sezione Azienda / Lavora con noi
VODAFONE	www.vodafone.it	Sezione Vodafone Italia / Lavora con noi

Fonte: People Value / Key2People

Employer of choice

FERRARI	www.ferrariworld.com	Sezione Corporate - Job
BARILLA	www.barillacareers.com	Career Site
MICROSOFT	www.microsoft.it	Informazioni utili / Lavorare in Microsoft
PROCTER&GAMBLE	www.pg.com	Sezione Lavora con noi
COCA COLA	www.coca-colahbc.it	Sezione Lavoro e Carriere
L'OREAL	www.loreal.it	Sezione Carriere
FERRERO	www.ferrerocareers.com	Career Site
ENI	www.eni.it	Sezione Lavora con noi
FATER	www.fater.it	Sezione Scorciatoie / Opportunità di lavoro
IKEA	www.ikea.com	Sezione Lavora con noi

Fonte: Emblema / Monster.it

Recent Graduate Survey

INTESA SAN PAOLO	www.intesasanpaolo.com	Sezione Lavora con noi
ENI	www.eni.it	Sezione Lavora con noi
NOKIA SIEMENS NETWORK	www.nokia.it	Sezione Carriere
MICROSOFT	www.microsoft.it	Informazioni utili / Lavorare in Microsoft
BARILLA	www.barillacareers.com	Career Site
MONDADORI	www.mondadori.it	Sezione Lavora con noi
BNL - GRUPPO BNP PARIBAS	www.bnpparibas.it	Sezione Carriere
FERRARI	www.ferrariworld.com	Sezione Corporate / Job
BAYER	www.bayer.it	Sezione Special Interests / Job Opportunities
UNICREDIT	www.unicreditbanca.it	Sezione Chi siamo / Lavora con noi

Fonte: Cesop Communication

“Quale significato ha informarsi sulle aziende che si classificano come migliori ambienti di lavoro?

Sapere che ci si sta candidando per un'azienda Great Place to Work *significa essere consapevole di poter entrare in un'organizzazione dove le persone sono al centro e sono ascoltate, dove i loro commenti e critiche vengono sollecitati e dove viene monitorato costantemente il loro grado di soddisfazione sul lavoro. Le indagini sui posti migliori in cui andare a lavorare, infine, permettono al candidato di raccogliere molte informazioni sulle diverse imprese e di fare delle scelte più mirate.*

LEONARDO ZANARDI

Amministratore Delegato Quintiles Spa ”

Un consiglio generale prima di accettare l'eventuale proposta di un'azienda e di firmare il contratto.

Attento alle aziende con alto turn over

Cerca di informarti quanto più possibile, sia attraverso canali formali sia informali, sul turn over (quanto spesso le persone cambiano lavoro) e sull'indice di assenteismo dei dipendenti dell'azienda. Se risulteranno alti fai attenzione: significa che il livello di gratificazione e di motivazione del personale è molto basso, e l'azienda non riesce a soddisfare pienamente i bisogni dei suoi collaboratori.

Il fattore tempo

Una delle variabili cruciali nella ricerca di lavoro è quella del tempo. Capire quali competenze hai, calarle nel mercato del lavoro attuale, interrogarti sul tuo futuro, sono tutte attività che richiedono impegno. E non è che l'inizio. Una volta che comincerai a comprendere quali sono i canali di ricerca più affini al tuo profilo, i tipi

Preparati ad aspettare

di annunci di lavoro a cui vale la pena rispondere, le fasi del processo di selezione da affrontare, ti renderai conto che tra il momento in cui hai deciso di cercare lavoro e l'eventuale firma di un contratto possono passare anche diversi mesi. Lo scorrere del tempo, specie se sei al tuo primo impiego o vuoi lasciare un posto che non ti piace più, può essere decisamente frustrante e influire in modo negativo sull'esito della tua ricerca perché ti mette in una condizione di sudditanza psicologica anche se questo "fattore" non dipende completamente da te. Ecco perché è fondamentale che tu tenga in altissima considerazione tale aspetto e lo padroneggi, senza subirlo passivamente. Una buona strategia consiste nello stabilire degli obiettivi e preparare i mezzi per raggiungerli, avere ben chiari i passaggi che richiede ciascuna azione, soprattutto in termini di tempo, in modo da determinare realisticamente il limite massimo entro il quale vuoi concludere positivamente la tua ricerca. Ti consigliamo dunque di stabilire delle priorità e organizzare le risorse a disposizione, tenendo conto dei possibili imprevisti e ritardi. Tieni presente che dal primo contatto con l'azienda all'inserimento effettivo in essa passano in media due mesi. Se sei fortunato, quindi, impiegherai poche settimane, ma sii pronto anche a gestire un processo di selezione ben più lungo e strutturato, che può durare anche sei mesi.

Gestisci il tempo, non lo subire

“ Come si struttura un processo di selezione?

CONSIGLIO

In IBM un team specializzato inizia il processo di selezione valutando i CV pervenuti via Web. I candidati, con caratteristiche in linea con le richieste aziendali, partecipano a un Assessment *che prevede: test logico-matematico on line, test di inglese e colloquio individuale di tipo motivazionale con due professionisti HR. La fase finale prevede un colloquio di commissione con manager di linea. I consigli migliori per un candidato che si approccia a un colloquio di selezione sono: essere se stessi, dimostrare di conoscere l'azienda ospitante, trasferire interesse e passione per l'attività proposta. Si può lavorare bene solo se si fa ciò che piace.*

DORIANA DE BENEDICTIS

Employer Branding and Recruitment IBM Italia Spa ”

Non mi chiamano mai!

Chi cerca lavoro si scontra quasi subito con un muro di gomma. A fronte di decine di CV inviati nessuna risposta e nessun seguito ai colloqui sostenuti. Si tratta di situazioni ricorrenti, che possono diventare stressanti e scoraggiarti a proseguire la tua ricerca di lavoro. Prima di farti cogliere dallo sconforto è importante che tu provi a capire perché non vieni ricontattato. Se è vero che spesso le aziende non si prendono neppure la briga di replicare con un "No grazie" o un più generico "Le faremo sapere", d'altra parte è diffusissimo il malcostume di mandare a tutti lo stesso curriculum, senza curarsi minimamente del destinatario e magari mettendo in copia nascosta più di un datore di lavoro, così da risolvere la questione con una sola mail. Niente di più sbagliato e irritante per un selezionatore. Cosa penseresti tu se uno sconosciuto chiedesse contemporaneamente a te e ad altri individui, scelti indistintamente, di andare a cena insieme, dimostrando oltretutto di non sapere minimamente chi tu sia?

Senz'altro può anche capitare il contrario, vale a dire che il tuo interlocutore ponga poca attenzione alla tua situazione e non ti ricontatti nei modi e nei tempi dovuti. Non disperare. Se non ti fai sopraffare dalla negatività, se in altre parole cerchi di impostare in maniera sistematica e positiva la tua ricerca di lavoro, i risultati – col tempo – non mancheranno.

"Sono disposto a fare marketing di me stesso?"

Infine, vogliamo rivolgerti un invito: un aspetto fondamentale per il successo della tua ricerca risiede nella tua capacità di usare delle leve strategiche per presentarti come la persona giusta al posto giusto. Se non sei consapevole di questo, non otterrai mai il lavoro che desideri. Non si tratta di fare mosse scorrette, millantare esperienze inesistenti o esagerare le tue virtù professionali. Fare self marketing, molto banalmente, significa prendere coscienza del tuo talento (grande o piccolo che sia) e trasmetterlo agli altri con serenità e serietà.

Presentati come la persona giusta al posto giusto

“Come mi devo rapportare con le Società di Selezione?

Il candidato deve pensare a se stesso in ottica di marketing, prendendo il meglio che tale disciplina può offrire. Deve saper posizionarsi, scegliere il target giusto, aumentare la distribuzione (utilizzando più canali possibili) e tenere conto che dall'altra parte c'è sempre un essere umano. Nel caso in cui l'interlocutore sia una Società di Selezione, la cosa migliore è giocare d'anticipo, mandando il proprio curriculum a prescindere dal fatto che esista già una posizione aperta, per aumentare le possibilità di essere contattati subito beneficiando di un vantaggio competitivo.

DIEGO MALERBA
Director Cegos Search Italia Spa”

CHI CERCA TROVA

i canali

Cercare lavoro è un po' come preparare una buona torta. Devi mettere insieme tanti ingredienti, devi saperli scegliere e abbinare correttamente a seconda del tipo di dolce che vuoi cucinare.

Allo stesso modo, per affrontare la ricerca di un lavoro hai a disposizione tanti canali, ovvero mezzi che ti possono fornire informazioni sulle opportunità professionali, e, a seconda del tipo di occupazione che desideri o del momento che stai attraversando, potrai scegliere quali privilegiare. Se, ad esempio, abiti in una zona in cui le aziende scarseggiano e non vuoi fare più di cinque chilometri per raggiungere il tuo posto di lavoro, forse Internet o l'head hunting non fanno al caso tuo, meglio che ti affidi al giornale locale. Se invece ambisci a una carriera internazionale, difficilmente il tuo vicino di casa potrà avere un ruolo risolutivo. Al contrario, le Società di Selezione e il Web potranno rivelarsi canali molto più efficaci.

Impara il giusto mix di strumenti

Il nostro consiglio, comunque, è di non accantonarne mai definitivamente nessuno, perché ognuno di essi, grazie alle proprie peculiari caratteristiche, potrebbe aiutarti a raggiungere il tuo scopo o quantomeno fornirti un quadro più completo della situazione.

Non trascurare nessun canale

Le imprese, a seconda delle loro particolari esigenze e/o scelte di politica aziendale, per cercare personale possono fare ricorso a vari canali:

– conoscenza diretta
– carta stampata
– Internet
– Agenzie per il Lavoro
– Associazioni di Categoria
– Centri per l'Impiego
– Eventi dedicati e Uffici Placement

Per te che cerchi o vuoi cambiare lavoro, dunque, ognuno di essi potrebbe diventare una porta d'accesso, una via che ti conduce diritto all'occupazione desiderata. Inutile dirti che per aumentare al massimo le tue possibilità di successo è importante che tu conosca a fondo tutti questi canali e sappia quando, come e perché utilizzarli, anche contemporaneamente.

Nel primo capitolo di questo libro ti abbiamo suggerito di fermarti un istante prima di buttarti a capofitto nella ricerca di lavoro per fare una sorta di autoanalisi che ti consenta di capire quali sono le tue esigenze e di conseguenza le strategie a te più adatte. Prima di scegliere quali canali usare (e come) ti invitiamo di nuovo a rivolgere a te stesso una serie di domande.

Quanti anni hai? Da quanti lavori? Qual è il tuo livello di formazione? Che tipo di settore ti interessa? Quale funzione vuoi ricoprire? Preferisci un lavoro tranquillo o uno che metta in risalto la tua voglia di fare? Vuoi restare in zona o allargare i tuoi orizzonti andando all'estero? Hai bisogno di tempo per dedicarti anche alla famiglia o puoi dare la tua disponibilità anche per trasferte frequenti? Vuoi un lavoro sotto casa o uno che ti permetta di viaggiare continuamente? Sei nello spirito giusto per accettare un contratto temporaneo o desideri a tutti i costi un posto fisso? Cerchi aziende tendenzialmente piccole o grandi? Pubbliche o private? Locali, nazionali o multinazionali?

Chi sono? Che cosa voglio?

Cercare lavoro è, perdonaci il gioco di parole, un lavoro complesso, non ci stancheremo mai di ripetertelo. E di conseguenza, proprio per questa ragione, più riuscirai a mettere a fuoco il contesto in cui ti muovi e tutte le sue variabili e più sarà semplice per te uscirne vincitore. Così come ogni strumento da bricolage è perfetto per una determinata funzione e completamente inutile per altre (nessuno userebbe mai un martello per avvitare una vite), ogni canale di ricerca del lavoro è utilissimo in alcune situazioni e meno in altre, a seconda del tipo di lavoro ricercato, per non parlare del fatto che ciascuno ha il suo personale modo di eseguire i lavori manuali, privilegiando approcci più creativi o più meccanici. Se ne conosci le caratteristiche distintive saprai usare al meglio quello strumento proprio quando ti servirà, aumentando così le tue possibilità di riuscita.

Metti a fuoco il contesto

Conoscenza diretta

È un dato di fatto che spesso le aziende in cerca di personale non si avvalgono dei canali formali e ufficiali, ma preferiscono affidarsi a segnalazioni e passaparola. Questo non solo perché vogliono abbattere i costi (le aziende destinano budget specifici per mettere annunci di lavoro o incaricare agenzie di selezione per ampliare il proprio organico), ma soprattutto perché in tal modo possono contare su rapporti di fiducia con i nuovi collaboratori. Questa cosa, soprattutto rispetto a certe posizioni di rilievo, li rassicura molto e direttamente, più di quanto riescano a fare gli altri canali di ricerca. Chiariamo subito un aspetto: una segnalazione non è necessariamente una raccomandazione, ma può essere un canale cruciale per un'organizzazione. Tieni conto che ottenere rassicurazioni in merito alle reali competenze e all'affidabilità del candidato è decisivo per un'azienda. Nel caso questa assumesse la persona sbagliata sarebbero altissimi i costi che dovrebbe sostenere, sia in termini di redditività sia di (mancata) competitività. Inoltre, per certe posizioni legate a settori specialistici, il passaparola regna necessariamente sovrano dal momento che i professionisti a disposizione sono pochi.

Una segnalazione non è una raccomandazione

Per le figure specialistiche regna il passaparola

Poter contare su qualcuno di fidato, sia esso un conoscente, un fornitore, un collega o un partner professionale, che garantisca per quella certa persona o anche solamente sappia indicare la persona giusta al posto giusto è, insomma, un valore aggiunto importante per un'azienda, perché le permette di velocizzare e rendere più efficace la sua ricerca.

“ Esistono forme istituzionalizzate di segnalazione?

Sì esistono, crediamo che le nostre risorse conoscano e siano in grado di attrarre i migliori candidati presenti sul mercato, li abbiamo invitati a farsi ambasciatori di HP tra i propri amici e conoscenti, trasmettendo loro cosa significa lavorare e crescere in un'azienda come la nostra.

Abbiamo quindi ideato e promosso in tutto il mondo l'Employee Referral Program al fine di raccogliere direttamente dalle nostre risorse i profili ideali per le nostre esigenze.

SIMONE INNOCENTI
Direttore Risorse Umane HP Italiana ”

CONSIGLIO

Appurato che quello della conoscenza diretta è un canale di Ricerca del Personale usato spesso dalle aziende (soprattutto, ma non solo, nei piccoli contesti locali), non ti resta che capire come sfruttarlo al meglio, imparandone regole e meccanismi.

La forza dei legami deboli

Per prima cosa tieni sempre presente la cosiddetta "forza dei legami deboli", teoria concepita negli anni Settanta dal sociologo americano Mark Granovetter. Quest'ultimo, nel processo di ricerca del lavoro, ha evidenziato la scarsa importanza dei legami forti, cioè ad alta intensità di contatti e contenuto emotivo (sviluppati con parenti, amici intimi), a favore di quelli deboli, ovvero i contatti meno frequenti e dal minore contenuto emotivo (intrattenuti con conoscenti, amici di amici). Secondo lo studioso essi consentono di raggiungere un maggior numero di persone e, quindi, di informazioni. Se cerchi lavoro insomma, è più facile trovarlo attraverso la "segnalazione" di un conoscente, che non attraverso la "raccomandazione" di un parente.

Small worlds e i sei gradi di separazione

Un'altra teoria che potrebbe interessarti è quella sugli *small worlds*. Gli esperimenti condotti dallo psicologo Stanley Milgram dimostrerebbero che ognuno di noi è collegabile a qualsiasi altra persona per mezzo di pochi legami interpersonali. Nel 2001, poi, Duncan Watts, professore alla Columbia University, replicando con l'aiuto di Internet gli esperimenti di Milgram scoprì che il numero medio di intermediari era sei. Forse hai sentito parlare della cosiddetta "teoria dei sei gradi di separazione". Per te questo significa che potrebbero bastarti poche "connessioni" per raggiungere persone (e potenziali datori di lavoro) che apparentemente ti sembrano irraggiungibili.

Getta la tua rete di contatti

Quello che la sociologia del lavoro chiama "network", altro non è che la "rete personale" che getterai sul mondo per raccogliere informazioni preziose su posti vacanti e fare da ponte verso le posizioni da te ambite. A sottolinearne la centralità per avere maggiori possibilità professionali, specie nei piccoli contesti locali, non sono soltanto i numerosi studi accademici, ma anche e soprattutto l'esperienza di chi si occupa quotidianamente di Ricerca del Personale.
Ma da che cosa devi partire per creare il tuo network? Il riferimento principale non può che essere la tua rete di contatti: ricordati che chiunque può essere considerato un contatto utile nel momento in cui ti metti

alla ricerca di lavoro. Non solo quindi, familiari e amici (i legami forti), ma soprattutto ex colleghi, fornitori, professori, compagni di palestra o di calcetto, il sindacalista o una persona conosciuta in chat (i legami deboli). Ricordati dunque che tutti loro possono fornirti indicazioni strategiche sia su opportunità di inserimento che non conosci sia su come si lavora in una data azienda, sia su chi gestisce le Risorse Umane in quell'impresa sia sullo stato di salute e prosperità di quest'ultima, informazioni cruciali, vere e proprie scorciatoie che ti permetteranno di rincorrere i tuoi obiettivi senza sprecare energie o imboccare strade sbagliate.

Chiunque può esserti utile

Cos'è un annuncio di lavoro?

Prima di prendere in considerazione i canali della carta stampata e del Web è importante che tu capisca quali sono le caratteristiche dell'oggetto principe di qualsiasi ricerca di impiego: l'annuncio di lavoro. Solo così potrai leggerlo dentro e fuori dalle righe, e, discernendo tra inserzioni di qualità e vere e proprie truffe, evitare le brutte sorprese. Per prima cosa devi conoscere la differenza tra le tre forme principali di offerte di lavoro: diretta, indiretta e anonima.

Il doppio fine dell'inserzione diretta

Nell'*inserzione diretta* l'azienda che sta cercando personale riporta espressamente il proprio nome e indirizzo in modo da poter raccogliere direttamente e senza intermediari le candidature. Tieni presente che l'impresa spesso sceglie questo genere di annuncio anche per comunicare al mercato il proprio stato di "buona salute", di vitalità, di ampliamento e di crescita.

Perché un'azienda vuol rimanere anonima

Nel caso di *annunci indiretti*, invece, è la Società di Selezione o l'Agenzia per il Lavoro incaricata di reperire la risorsa a comparire e a fare da referente per gli eventuali candidati. In questo modo l'azienda in cerca di personale rimane anonima. Questo di norma accade quando i vertici dell'impresa non vogliono che all'interno di essa si sappia dell'esistenza di nuove posizioni aperte (magari in concomitanza con dismissioni o tagli di altri rami d'azienda) o vogliono evitare di rendere nota la propria strategia d'espansione ai diretti concorrenti (dai cui staff facilmente si andrà a "pescare" candidature).

Attento agli annunci truffa

Le *offerte anonime*, infine, sono quelle che non riportano alcun nominativo di riferimento. Stai attento, perché dietro ad annunci del genere possono anche nascondersi truffe: tra l'altro lo stesso Ministero del Lavoro vieta di utilizzare la forma anonima per la Ricerca di Personale, qualsiasi sia il mezzo di comunicazione prescelto.

Perché l'identità del *solo* datore di lavoro rimanga anonima occorre quantomeno che chi veicola l'offerta di Ricerca di Personale – sia esso un editore cartaceo oppure on line – disponga delle necessarie autorizzazioni o accreditamenti.

Novità: i videoannunci

Sebbene ancora poco diffusi in Italia, i *videoannunci di lavoro* rappresentano uno strumento nuovo che consente alla Direzione delle Risorse Umane di "farti vedere" in cosa consiste effettivamente il lavoro offerto, qual è l'ambiente e, soprattutto, che cosa

devi aspettarti una volta inviata la candidatura.
Chiaramente i videoannunci sono veicolati soprattutto tramite il Web, attraverso il sito aziendale oppure siti dedicati alla Ricerca di Personale o al videosharing, come ad esempio Youtube.
Qui di seguito ti elenchiamo le quattro regole auree per riconoscere un annuncio di lavoro serio e affidabile. L'offerta perfetta:

Le quattro regole dell'annuncio perfetto

- contiene informazioni sull'azienda alla Ricerca di Personale e sul settore in cui questa opera (che sia diretta o indiretta)
- specifica nel dettaglio i requisiti richiesti al candidato
- è molto chiara rispetto alla posizione vacante, andandone a definire mansioni, ruolo e responsabilità
- spiega come candidarsi, fornendo riferimenti facilmente verificabili.

Un'offerta di lavoro ineccepibile, poi, è scritta in un buon italiano, curata anche dal punto di vista formale e focalizzata su un solo e unico scopo, quello di attirare la risorsa giusta.

COSÌ SI FA

– Diffidare degli annunci che riportano il numero di cellulare come unico recapito: che cosa puoi aspettarti da un'azienda che ha come riferimento un solo recapito mobile?
– Verificare sempre la fonte (su carta e on line): più è autorevole più è raro incappare in situazioni dai contorni poco chiari.

COSÌ NON SI FA

– Prestare attenzione a chi richieda una qualche forma di pagamento per ottenere il posto di lavoro in questione. Occhio a chi vuol farti firmare contratti per corsi di formazione propedeutici allo svolgimento della professione o a chi ti chiede denaro per servizi non richiesti.

Lavora come parli

PERCHÉ NEGLI ANNUNCI LE POSIZIONI SPESSO SONO SCRITTE IN INGLESE?

Key Account Manager, Web Publisher, Financial Analyst, Software Trainer... Gli annunci sono per lavori in Italia, italiani sono il giornale o il sito in cui sono pubblicati. Eppure le figure professionali anzi, i job title, sono espressi in inglese. Perché?

I motivi sono vari. La ragione per così dire storica va rintracciata nell'invasione dell'Italia avvenuta negli ultimi anni da parte delle multinazionali. Proprio per le loro dimensioni, tali aziende tendono a usare l'inglese come codice comune per poter dialogare con le proprie organizzazioni produttive dislocate in diverse aree del mondo. Siccome, per fare un esempio, quello che in Italia è un Commerciale Grandi Clienti in Germania si chiama Leiter Vertrieb, le multinazionali cercano di usare una definizione universalmente valida e la scrivono in inglese, Key Account Manager. Così come il mercato del lavoro, anche la lingua della comunicazione si è globalizzata. Si tratta dello stesso fenomeno che ha travolto l'informatica e la musica rock. Il risultato è che l'inglese è diventato un "codice" condiviso per tutto il mondo, tanto che persino le aziende a conduzione familiare, un po' per moda, un po' per non passare per obsolete, un po' per dare smalto a figure meno attraenti, hanno scelto di seguire le orme dei giganti del mercato. Non ti meravigliare dunque se un bel giorno in un annuncio per un addetto alle pulizie di una piccola impresa del tuo paese troverai scritto *Waste Management Operator*.

Un motivo ulteriore risiede nel fatto che quando i ruoli in questione sono legati alla New Economy o all'Information and Communication Technology, l'uso della lingua inglese diventa praticamente strutturale. In questo caso, infatti, il ridicolo si sfiorerebbe a voler tradurre in italiano espressioni come Web Master o Helpdesk.

Un'altra spiegazione è di natura tecnica. Di fatto, tanto i moduli per le inserzioni sulla stampa quanto i box delle offerte on line risentono di limiti di spazio. Avere a disposizione un numero limitato di caratteri, visti soprattutto i costi degli spazi stessi, significa dover ricorrere a espressioni molto immediate, prive di congiunzioni o preposizioni, che arrivino subito al dunque. E su questo punto l'inglese parte avvantaggiato rispetto all'italiano, avendo una struttura sintattica senza dubbio più diretta e incisiva.

Carta stampata

Uno degli strumenti tradizionali più accreditati per ricercare un impiego è senz'altro la carta stampata. Sotto questa definizione-ombrello è possibile ricondurre almeno tre diversi canali: la piccola pubblicità, le inserzioni a modulo, i giornali interamente dedicati agli annunci.

Piccoli annunci per profili bassi

Per quel che concerne i *piccoli annunci*, essi hanno solitamente a che vedere con profili bassi, ricercati da aziende di dimensioni ridotte dislocate nel territorio. Dai costi contenuti, essi sono esclusivamente testuali e vengono raccolti all'interno della pagina dedicata alle inserzioni, oltretutto in mezzo ad annunci di altro genere (casa, auto, collezionismo...).

Ricerchiamo per prestigioso locale sito a Fiumicino 2 aiuto camerieri disponibili a lavorare in orario 18.30/02.30 sabato e domenica inclusi. Tel. 06.467XXXX.

Per quanto riguarda la seconda tipologia, le *inserzioni a modulo*, si tratta di offerte di impiego pubblicate di fatto su quotidiani e riviste specializzate all'interno di spazi definiti con precisione secondo un calendario rigoroso. Le concessionarie di pubblicità vendono alle aziende in cerca di personale o alle Società di Selezione delle aree delimitate della loro testata (i moduli), che queste possono utilizzare a loro piacimento, in forme più o meno invitanti per rendere nota la posizione vacante.

Inserzioni a modulo per profili specializzati

Gli annunci a modulo vengono utilizzati soprattutto dalle grandi aziende alla ricerca di profili specializzati di difficile reperimento. Sono caratterizzati da un costo notevole (sia per via della limitatezza degli spazi a disposizione, sia per la realizzazione grafica dell'annuncio) e da un elevato livello di accreditamento. L'identità culturale della testata e la forza del suo brand storico, infatti, sono di fatto elementi che concorrono a rafforzare la credibilità di ciò che un giornale contiene. Annunci compresi.

I giornali di soli annunci

Un'ultima fonte cartacea utile è rappresentata dai giornali dedicati interamente agli annunci. Li puoi trovare in edicola, nei Centri per l'Impiego o nelle Agenzie per il Lavoro, accanto ai più tradizionali e generalisti: si tratta di periodici (solitamente settimanali) focalizzati sulla sola Ricerca del Personale. Espressamente dedicati all'incontro tra domanda e offerta di lavoro, ospitano gli annunci delle Agenzie per il Lavoro, delle aziende inserzioniste e informazioni sui concorsi pubblici e possono essere gratuiti o a pagamento.

Lunedì

Il Sole 24 Ore
La Gazzetta dello Sport
Trova Lavoro e Carriere
Il Lavoro
Giornale di Sicilia
Il Tempo

Martedì

La Nuova Sardegna
Gazzetta di Parma
La Gazzetta dello Sport
Porta Portese

Mercoledì

Il Sole 24 Ore
La Libertà

Giovedì

La Repubblica
Il Messaggero
Il Mattino di Napoli

Venerdì

La Nuova Ferrara
Gazzetta di Reggio
Il Giornale di Vicenza
L'Arena

La Nuova Sardegna
Gazzetta di Mantova
Gazzetta di Modena
Giornale di Sicilia
Il Mattino di Padova
La Libertà
L'Eco di Bergamo
L'Adige
Il Piccolo di Trieste
Giornale di Brescia
Italia Oggi
La Provincia Pavese
La Nuova Venezia
Gazzetta del Sud
La Provincia di Cremona
Porta Portese

Sabato

Brescia Oggi

Domenica

La Nuova Ferrara
Gazzetta di Reggio
Il Giornale di Vicenza
L'Arena
La Nuova Sardegna
Gazzetta di Mantova
Gazzetta di Modena
Giornale di Sicilia
Il Mattino di Padova

La Libertà
L'Eco di Bergamo
L'Adige
Il Piccolo di Trieste
Giornale di Brescia
Italia Oggi
La Provincia Pavese
La Nuova Venezia
Gazzetta del Sud
La Provincia di Cremona

Periodici

Lavoro&Carriere
Jobber
Obiettivo Lavoro
Bollettino del lavoro
Secondamano

Internet

Non solo siti "classici"

Quando si parla di Internet in rapporto alla ricerca del lavoro di solito si fa riferimento soltanto ad alcuni siti specifici, quelli dedicati espressamente all'incontro tra domanda e offerta di impiego. In realtà, benché questi ultimi costituiscano una risorsa importante per chi cerca opportunità professionali sul Web, anche altri modelli di comunicazione on line sono utili a questo fine. Li vedremo paragrafo dopo paragrafo.

I siti di ricerca di lavoro

Secondo il *Dizionario dell'economia digitale* de "Il Sole 24 Ore" il recruiting on line, o e-recruiting, è un "insieme di servizi, basati sull'uso della Rete, finalizzati da un lato a facilitare l'incontro (matching) tra domanda e offerta di lavoro e dall'altro a erogare, a monte e a valle dell'attività di Ricerca di Personale Qualificato (RPQ), servizi, sempre a elevato valore aggiunto, di natura consulenziale".

Ma come fare concretamente a trovare lavoro tramite il Web? La strategia che dovrai adottare dipenderà da che tipo di "cercatore di lavoro", di jobseeker sei.

Se stai pensando di proporti o riproporti sul mercato, se vuoi renderti potenzialmente contattabile dalle aziende, ma non metti in atto azioni specifiche per individuare delle opportunità professionali, allora ti potrai definire un jobseeker passivo, cioè uno che si fa trovare ma non è nell'urgenza di cercare un impiego. In questo caso il Web ti serve per tenere sotto controllo i movimenti del mercato e per renderti eventualmente disponibile a chi cerca personale. Quello che devi fare in questo caso è inserire sul tuo PC tra i Preferiti i principali siti di recruiting on line e registrare il tuo curriculum, avendo cura di tenerlo aggiornato. Per partire non dovrai fare altro che creare un account personale e inserire e aggiornare periodicamente CV e lettere di presentazione.

Tieni aggiornato il tuo CV on line

COME RENDERE APPETIBILE IL MIO CV ON LINE?

Un errore comune è pensare che una volta inserito il curriculum nei siti di recruiting on line il gioco sia fatto e non si debba far altro che attendere una telefonata dalle aziende che accedono al database. In realtà, pur essendo un jobseeker passivo potrai ottenere risultati migliori se metterai in pratica pochi facili trucchi. Certo ti eviteranno la frustrazione di non venire mai contattato da chi cerca personale.

I motivi per i quali un CV non viene consultato dalle aziende possono essere di natura diversa:

– *Il tuo CV non è stato categorizzato nel migliore dei modi*. Che tu decida di caricare direttamente il CV che hai già sul sito o faccia il semplice copia e incolla del tuo CV su un modello predefinito o, ancora, che lo compili ex novo seguendo la procedura guidata del sito, ti verrà comunque richiesto di compilare dei campi di un form preimpostato. Tra le diverse sezioni, è particolarmente importante quella dedicata al Lavoro Ricercato, perché il curriculum verrà categorizzato (e quindi ricercato dalle aziende) sulla base delle tue indicazioni. È importante che tu selezioni il più alto numero possibile di settori e professioni attinenti al tuo profilo. Un giusto mix di allargamento del bacino di potenziali opportunità e una categorizzazione coerente e oculata rispetto ai tuoi desideri personali ti permetteranno di venire in contatto solo con le posizioni per le quali sei veramente in linea.

– *Il tuo CV non contiene le parole chiave adeguate*. Tra i campi da compilare nel form iniziale, prima ancora di inserire il tuo CV, due rivestono una notevole importanza: *titolo del curriculum* e *posizione ricercata*. Nel primo caso è fondamentale indicare fin da subito la propria Posizione Attuale o quella desiderata. Non andrà quindi scritto "Curriculum Marco Bianchi" ma "Consulente sap", non "Francesca Rossi" ma "Addetta alle vendite" e così via. Allo stesso modo nella sezione Lavoro Desiderato dovrai specificare nel dettaglio il lavoro che vorresti. Anche qui ti consigliamo di indicare ruoli ben precisi (Direttore Vendite, Programmatore, Giornalista eccetera). Quest'ultimo aspetto è fondamentale perché generalmente le aziende sfruttano a loro volta le parole chiave per ricercare i candidati. Come abbiamo visto altrove può essere utile usare anche la denominazione inglese della posizione per la quale ci si propone, in modo da intercettare al meglio la ricerca dei selezionatori.
– *Il tuo CV non è stato aggiornato di recente*. Chi cerca personale è interessato a profili motivati e "freschi": è quindi importante che tu aggiorni frequentemente il curriculum per essere sempre in testa alle ricerche e non rischiare di essere messo da parte. Se non hai all'attivo nuove esperienze basterà cliccare su "Rinnova CV", così che sia chiara la tua disponibilità a essere contattato oggi stesso.
– *Il tuo CV non è ricercabile*. Se non rendi *pubblico* il tuo CV, questo non sarà consultabile da parte delle aziende. Puoi modificare lo status del tuo

CV e renderlo visibile a tutti cambiando l'impostazione da Privato a Pubblico. Attenzione: può essere *ricercabile* (e quindi visibile ai datori di lavoro) un solo curriculum alla volta: in ogni caso, puoi crearne diversi e sceglierne uno qualsiasi tra quelli salvati. Ricordati infine che, anche se rendi Pubblico il tuo CV, puoi comunque decidere di nascondere le seguenti informazioni a chi lo consulti: e-mail, nome, indirizzo, telefono, referenze, nome della tua azienda attuale. Ti conviene farlo se desideri non esporti troppo. Sarà il sito stesso il tramite tra te e l'azienda che desidera contattarti.

Impara a usare i motori di ricerca

Se invece sei in un periodo di cambiamento, se vuoi trovare velocemente una nuova occupazione, se ti impegni molto su vari fronti, se usi tutti gli strumenti a tua disposizione per valutare gli annunci, allora rientri nella definizione di jobseeker attivo. In questo caso i siti di recruiting on line possono aiutarti molto consentendoti di vedere immediatamente le posizioni aperte. Attraverso il loro motore di ricerca potrai consultare velocemente ed efficacemente le offerte di lavoro pubblicate dalle aziende in Italia e all'estero, e rispondere a quelle di tuo interesse con un semplice clic, inviando loro il CV più adatto alla posizione proposta.

IL JOBSEEKER ATTIVO

Anche per la ricerca attiva puoi ricorrere a piccoli trucchi. Eccoti di seguito alcuni consigli per rendere la tua caccia all'annuncio più efficace e meno dispersiva:

- *Utilizza correttamente le categorie*. I motori di ricerca dei siti di recruiting on line vengono aggiornati con frequenza per permetterti di trovare facilmente l'offerta più affine alle tue esigenze in un mercato che cambia di continuo. In questo senso è molto importante saper utilizzare correttamente le categorie (specialmente settori e professioni) per non rischiare di fare una ricerca troppo ampia o al contrario di restringere eccessivamente il campo.
- *Sfrutta le Google Maps*. Per ogni annuncio, puoi avere a disposizione una mappa di Google che ti mostrerà la localizzazione geografica dell'azienda che lo ha pubblicato. Potrai così capire immediatamente dove si trova il tuo (eventuale) futuro posto di lavoro e al contempo capire in un solo colpo d'occhio quali sono le aree geografiche a maggiore densità professionale!
- *Affina la ricerca*. Per poter individuare con più rapidità il tipo di annuncio che ti interessa, utilizza le opzioni di ricerca previste dal sito di recruiting on line, in grado di organizzare e ordinare i risultati ottenuti in base ai parametri da te selezionati, ad esempio per Data, Livello di Carriera, Anni di Esperienza, Livello di Istruzione, Orario di lavoro e Tipo di Contratto. Potrai quindi defi-

nire con estrema precisione gli annunci che ti interessa veramente individuare.

– Quasi tutti i siti di Ricerca del Personale dispongono poi di un sistema di invio automatico alla casella di posta elettronica del candidato degli annunci più interessanti in rapporto al suo profilo. Infatti, se sei soddisfatto dei risultati ottenuti dalla tua ultima ricerca, puoi attivare l'opzione *Ricerca salvata/Agente di ricerca*. Così facendo darai il via a una serie di alert automatici che ti avvertiranno direttamente via mail, con la frequenza da te scelta, quando un nuovo annuncio di lavoro in linea con i criteri che hai impostato verrà pubblicato nel sito.

COME RICEVERE ESCLUSIVAMENTE LE OFFERTE IN LINEA COL MIO PROFILO?

Se le tue ricerche salvate ti segnalano offerte non in linea con il tuo profilo professionale puoi provare ad aggiornarle o a crearle ex novo seguendo queste indicazioni:

Melius abundare... Per essere sicuro di non perdere nemmeno un'offerta, crea e salva almeno due ricerche: una più generica e una più specifica. La prima ti servirà per tenere monitorato il mercato del lavoro, come si muove il tuo settore e quali sono le posizioni più ricercate dalle aziende. La seconda invece ti permetterà di accedere subito agli annunci che ti riguardano più direttamente. Se usi le categorizzazioni (specialmente settori e professioni) in modo troppo restrittivo, rischi di non essere avvisato per annunci che potrebbero essere in linea con le tue ambizioni professionali, rischio limitato dalla *ricerca salvata* più ampia.

... *quam deficere*. Se hai a disposizione molte ricerche, utilizzale il più possibile, sia nel caso in cui tu, pur essendo interessato a cambiare settore o professione, non voglia rinunciare alla possibilità di trovare posizioni simili a quella che ricopri attualmente, sia nel caso in cui tu sia alla ricerca del tuo primo impiego e non abbia le idee troppo chiare.

Una procedura simile è quella delle newsletter, magazine on line completamente gratuiti che ti presentano notizie e approfondimenti sulle tendenze del mercato del lavoro, la formazione, le novità editoriali e ti offrono consigli su aspetti pratici della ricerca di lavoro, consentendoti di approfondire la conoscenza di aziende di primo livello e delle opportunità di lavoro più interessanti.

Cerca il canale dedicato a te

Sempre nell'ottica di personalizzare il servizio e creare una community, molti siti hanno adottato il sistema dei canali: veri e propri "siti nel sito" che ti aiutano a individuare immediatamente e con facilità le offerte e i contenuti più rilevanti rispetto alle tue ambizioni. Suddivisi solitamente per Settore, Funzione, Zona Geografica, ti fanno trovare senza perdite di tempo gli annunci più interessanti per il tuo profilo professionale. Grazie alla presenza di contenuti specifici, di un motore di ricerca dedicato e di offerte ad hoc potrai infatti accedere subito a un'area di riferimento personalizzata per il lavoro e la carriera.

“ **Ho provato a cercare lavoro su Internet, ma nonostante abbia mandato tantissimi CV, non mi hanno mai richiamato. Come mai?**

CONSIGLIO

Trovare lavoro on line è facile, ma come ogni canale segue le sue regole. Come prima cosa, bisogna valutare accuratamente le opportunità proposte e leggere con attenzione gli annunci e i profili aziendali per proporsi solo se si è in linea con essi. Se un candidato valuta per bene i contenuti dell'annuncio gli risulterà più facile prepararsi al meglio per un eventuale colloquio. Non meno importante, si deve evitare assolutamente di fare spamming del proprio curriculum. Solo perché candidarsi on line è più semplice rispetto ad altri mezzi non significa che si debba mandare la propria candidatura a casaccio. Così facendo si rischia di alimentare solo l'irritazione dei selezionatori, nonché la propria frustrazione personale perché non si viene ricontattati.

NICOLA ROSSI
Country Manager Monster Italia ”

In ogni caso, quello del recruiting on line è un ambito in continuo cambiamento, dal momento che rispecchia le abitudini di chi cerca lavoro da un lato e di chi naviga in Internet dall'altro. C'è da aspettarsi dunque un'evoluzione, anche piuttosto rapida, di questi sistemi. D'altra parte chi frequenta la Rete è abituato a dover spesso fare i conti con grandi o piccole rivoluzioni.

Vantaggi, svantaggi, pericoli

Accessibile, efficiente, democratico

Forse non dovremmo essere noi a dirlo, ma Internet presenta degli innegabili vantaggi come canale di ricerca di lavoro. È uno strumento economico (si paga solo la connessione, tutti i siti seri sono assolutamente gratuiti). È accessibile da qualunque luogo e in qualsiasi momento e consente di fare tutto in tempo reale. Attraverso la Rete puoi cercare lavoro in qualunque parte d'Italia e all'estero senza muoverti da casa e, grazie alle funzioni previste dai siti di recruting on line che facilitano il reperimento e l'organizzazione delle informazioni, è meno dispersivo e soprattutto più efficace di quanto si possa pensare. Senza contare infine che Internet comporta necessariamente una trasparenza e una "democratizzazione" dei processi di selezione: non esiste possibilità di "raccomandare" certi CV al posto di altri e, soprattutto, rendendo in tutto e per tutto visibili le posizioni vacanti, si permette a chiunque un libero accesso alla candidatura.

...ma non in tutta Italia

A fronte di tali vantaggi, è altrettanto evidente che nel nostro Paese la Selezione del Personale tramite Internet è ben lungi dall'essere diffusa capillarmente. Soprattutto in alcune regioni d'Italia il recruiting on line stenta a svilupparsi, per motivi di ordine culturale (diffidenza verso il canale), tecnologico (scarsa diffusione), imprenditoriale (prevalenza nel tessuto economico delle piccole e medie imprese, prive di Uffici del Personale strutturati e aperti alle nuove modalità di recruiting offerte dalla Rete), territoriale (limitata disponibilità ai trasferimenti, mercato degli affitti poco flessibile ed economico), relazionale (predilezione per il "passaparola" nei processi di Selezione del Personale), mediatico (consumo culturale dei decisori aziendali, specie in contesti non metropolitani, più orientato sulla stampa che sui new media). Come conseguenza di ciò per il momento le aziende che si rivolgono a Internet per soddisfare le proprie esigenze sono soprattutto concentrate in certe aree del Paese, in special modo in quelle settentrionali. Questo significa che l'incontro domanda-offerta di lavoro on line avviene, ma molto meno di quanto potrebbe.

Diffida di chi ti chiede soldi, dati bancari o password

Non va dimenticato infine che Internet è terreno fertile per truffe, raggiri, frodi, ad esempio tentativi di carpirti dati personali se non addirittura bancari. Perciò presta molta attenzione a chi ti offre lavoro in Rete, potrebbe approfittarsi del tuo bisogno di trovare un impiego per ingannarti. Diffida fortemente di chi ti richiede denaro o ti fa richieste inusitate di username o password: nel dubbio, contatta i gestori del sito o verifica se on line c'è un'area dedicata alla sicurezza.

I siti sono responsabili degli annunci pubblicati

La cosiddetta Legge Biagi, per una maggiore trasparenza e tutela del candidato ha, in proposito, stabilito che "i siti (come giornali, TV e radio) che presenteranno inserzioni potranno accertare la correttezza degli inserzionisti e saranno responsabili della veridicità degli annunci. I servizi on line dovranno prestare anche un attento rispetto delle regole di protezione dei dati personali", tanto più che la privacy è uno dei diritti maggiormente a rischio in Rete.

COSÌ SI FA

Controllare sempre che il sito di recruiting on line:

- abbia l'autorizzazione ministeriale (dato verificabile nell'Albo Informatico del Ministero inserendo non il dominio ma la ragione sociale, ad esempio *non* www.monster.it *ma* Monster Italia)
- sia riferibile a società contattabili (basta dare un'occhiata alla sezione "Chi siamo")
- presenti offerte di aziende serie (più aziende, maggiore affidabilità)
- abbia un form di contatto utilizzabile facilmente
- illustri nel dettaglio come funziona il trattamento dei dati personali (è preferibile che i tuoi dati non siano ceduti a parti terze per scopi pubblicitari)
- specifichi chiaramente le condizioni di utilizzo dei propri servizi.

COSÌ NON SI FA

Pensare che tutti i siti siano uguali

I metamotori di ricerca, le sezioni dedicate alle opportunità di portali generalisti e delle aziende, i career site dedicati

Come abbiamo già accennato, i siti di e–recruiting non sono l'unica modalità di ricerca di impiego on line. Non devi infatti sottovalutare i metamotori utili per effettuare ricerche mirate su tutte le offerte presenti in Rete attraverso l'immissione di parole chiave relative alla funzione, al settore o all'area geografica di interesse.

Esistono poi le *Sezioni Lavoro* dei portali generalisti che spesso ospitano diversi operatori del settore.

I "lavora con noi" sui siti delle aziende

Le aziende più consapevoli dell'importanza della comunicazione verso i potenziali candidati e verso i propri dipendenti hanno sviluppato all'interno del proprio sito istituzionale delle sezioni *Lavora con noi*. A seconda dei casi, queste possono limitarsi a evidenziare le posizioni vacanti nell'organizzazione in quel determinato momento oppure illustrare nel dettaglio le proprie politiche in termini di Risorse Umane. Si tratta di fenomeni ancora isolati, che possono permetterti di effettuare una ricerca di impiego più mirata ed efficiente, aiutandoti a raccogliere informazioni sul possibile futuro datore di lavoro ed eventualmente a sostenere un colloquio in modo più accurato e circostanziato. Inutile aggiungere che ti consigliamo di visitare quelli delle aziende in cui più ti piacerebbe lavorare.

Raccogli informazioni per il colloquio

Ancora più rara, ma comunque non trascurabile, è l'ipotesi di siti ad hoc interamente dedicati alle opportunità di carriera, creati dalle aziende stesse per raccogliere le candidature e promuovere i posti disponibili, illustrando nel dettaglio le proprie politiche di Risorse Umane. Esempi in tal senso sono i career site di Ferrero o Barilla.

Siti per la ricerca e offerta di lavoro

Agenti di vendita	www.agentidivendita.it
Almalaurea	www.almalaurea.it
Bacheca	www.bacheca.it
Bacheca lavoro	www.bachecalavoro.com
Banca Lavoro	www.bancalavoro.com
Bollettino del Lavoro	www.bollettinodelavoro.it
Borsalavoro Lombardia	www.borsalavorolombardia.net
Cambio Lavoro	www.cambiolavoro.com
Career Jet	www.careerjet.it
Catapulta	www.catapulta.it
Cercolavoro	www.cercolavoro.com
Cliccalavoro	www.cliccalavoro.it
Contatto Lavoro	www.contattolavoro.it
Corriere Lavoro // Trovolavoro	http://lavoro.corriere.it
efinancialcareers	www.efinancialcareers.it
Espertidi	www.espertidi.it
Fashionjob	www.fashionjob.it
Infojobs	www.infojobs.it
Jobonline	www.jobonline.it
Jobcrawler	www.jobcrawler.it
Jobespresso	www.jobrapido.it
Jobintourism	www.jobintourism.it
Job-net	www.job-net.it
Lavoro.org	www.lavoro.org
Lavoro Turistico	www.lavoroturistico.it
Linklavoro.it	www.linklavoro.it
Miojob.it	http://miojob.repubblica.it

Monster	www.monster.it
Motore lavoro	www.motorelavoro.it
Qui Venditori	www.quivenditori.com
Stepstone	www.stepstone.it
Studenti.it	www.studenti.it
Talent Manager	www.talentmanager.it
Trova lavoro	www.trovalavoro.it
Venditori.it	www.venditori.it

La ricerca di lavoro 2.0: social network, blog, fiere virtuali del lavoro, case study interattivi, mobile recruiting

Lo si è detto sopra: le tecnologie stanno facendo fare passi da gigante ai processi di incontro tra domanda e offerta di lavoro. Per loro stessa natura, alcune innovazioni recenti della Rete (riassumibili nel cosiddetto Web 2.0 ma non solo) stanno facendo venire alla luce nuove possibili forme di matching.

L'utilità dei social network

Per cominciare, va detto che sono sempre più gli snodi di incontro e condivisione esistenti in Rete, che vanno sotto il nome di social network. Se Facebook o MySpace privilegiano gli aspetti più relazionali e ludici, permettendo alle persone di condividere hobby e passioni, esistono anche siti che possono aiutarti nella ricerca di lavoro. Linkedin o Xing, per citare i più noti in Italia, sono social network che vedono nello sviluppo professionale uno dei principali elementi fondanti e distintivi. La loro peculiarità non è solo di rendere visibile a tutti il tuo curriculum on line, quanto piuttosto di permetterti di condividere con una rete virtualmente infinita di contatti queste e altre informazioni utili per la tua carriera. Ma come funziona? Il primo passo è la creazione di un account personale, che contiene di base dati attinenti alla sfera lavorativa. Si procede poi con la creazione del network di contatti, che si sviluppa tramite inviti personali e mirati. Tradotto nella pratica, inviterò (e sarò invitato da) le persone di cui mi fido e per le quali nutro stima, tenuto conto che ogni nuovo contatto è naturalmente foriero di nuove opportunità di connessione. Questo significa che il mio profilo si collegherà ad altri sulla base di rapporti di fiducia e conoscenza. Man mano che la rete si allargherà, inevitabilmente aumenterà anche il numero dei soggetti potenzialmente contattabili: io conosco X, che conosce Y, che conosce Z e così via.

Crea la tua rete, invito dopo invito

Abbiamo già visto all'inizio del capitolo come il canale delle conoscenze sia importante nella tua ricerca di un lavoro. Una volta ottenuti contatti anche in Rete si moltiplicano le possibilità:

Alimenta il passaparola virtuale

- di scoprire opportunità professionali (attraverso l'area dedicata)
- di essere contattati per ricevere delle proposte di lavoro (monitora sempre chi ha consultato il tuo profilo nelle ultime settimane)
- di approfondire le informazioni su una determinata azienda, contattando chi ci lavora già
- di indicare qualcuno che si è distinto per meriti professionali facendo un endorsment, una "segnalazione" ben visibile a tutti.

“Che differenza c’è tra segnalazione e raccomandazione?

CONSIGLIO

Riteniamo la raccomandazione una forma di sudditanza a cui non vogliamo sottostare. Al contrario, incentiviamo la segnalazione, chiedendo ai nostri stessi dipendenti di farci sapere se conoscono delle persone competenti che potrebbero voler venire a lavorare da noi. Questo presenta un duplice vantaggio: da un lato è il collaboratore a scegliersi il collega (anziché ritrovarsi sul campo un perfetto sconosciuto) e dall’altro vengono eliminate tutte quelle paure legate alle prime fasi dell’inserimento, dove tanto il candidato quanto l’azienda devono sincerarsi della serietà e della correttezza di chi hanno di fronte.

SERGIO PEGORINI

Direttore Vendite Berendsohn Italia ”

Usa il tuo blog come curriculum "aperto"

Nella tua ricerca di lavoro on line, ti consigliamo di non trascurare neppure i *blog*. Quelli aziendali ad esempio ti permettono di reperire notizie sull’impresa stessa – utilizzabili in un eventuale colloquio – che ti serviranno per capire se è veramente il posto giusto per te. I blog professionali (gestiti solitamente da specialisti e appassionati) ti offrono la possibilità d’altra parte di approfondire competenze, trattandosi di fatto di luoghi di discussione mirati a condividere soluzioni professionali, e sono luoghi di confronto e di contatti. Se poi disponi di un blog personale, è un bel modo di presentarti all’azienda che ti interessa, come in un curriculum allungato e "aperto".

Le *fiere virtuali del lavoro*, diffuse soprattutto negli Stati Uniti, sono la versione digitale degli appuntamenti dedicati all'orientamento dei candidati e al loro incontro con le aziende, di cui parleremo nel dettaglio più avanti nel capitolo. Alcune aziende hanno già i propri "stand virtuali" in siti di recruiting on line o in mondi virtuali come Second Life. Tu puoi visitarli per scoprire quali sono le figure ricercate in un dato momento, i valori fondanti dell'azienda, la sua missione e la sua struttura organizzativa, le sue politiche di sviluppo ma anche in termini di Risorse Umane, le opportunità di crescita e di formazione fornite al suo interno. Insomma, un buon punto di partenza per stabilire un contatto proficuo con essa.

Visita gli stand virtuali

Spesso poi in questi luoghi virtuali ti verrà data la possibilità di sottoporti a *case study interattivi*, giochi ed esercizi che ti consentiranno di entrare in contatto con la cultura dell'azienda e vedere quanto sei portato per un certo tipo di professione. Esiste, poi, sempre l'eventualità che i selezionatori decidano di chiamarti per conoscerti di persona.

Sottoponiti ai giochi interattivi

Anche il cellulare può esserti utile per trovare lavoro: già oggi alcune Agenzie per il Lavoro usano gli SMS per convocare i candidati iscritti a questo servizio a una posizione, a colloqui o segnalare posti vacanti. Sono in via di sperimentazione forme più avanzate di *mobile recruiting*, attraverso le quali il telefonino diverrà un ulteriore strumento di ricerca sempre a portata di mano.

Social Network

Linkedin	www.linkedin.com
Neurona	www.neurona.it
Viadeo	www.viadeo.it
Facebook	www.facebook.com
My Space	www.myspace.com
Xing	www.xing.com
Plaxo	www.plaxo.com
Ryze	www.ryze.com
Ecademy	www.ecademy.com
Second Life	www.secondlife.com

Siti Istituzionali e Servizi Utili

Ministero del lavoro	www.lavoro.gov.it
Inail	www.inail.it
Inps	www.inps.it
Ocse	www.oecd.org
Isfol	www.isfol.it
Istat	www.istat.it
Italia Lavoro	www.italialavoro.it
Sviluppo Italia	www.sviluppoitalia.it
Benchmark retributivo	http://salarysurvey.monster.it
Benchmark retributivo	www.odmconsulting.com
Lavorare nel no profit	www.nonprofitlavoro.it

Blog, siti personali

Walter Passerini	www.walterpasserini.com
Job 24 Il Sole 24 Ore	http://jobtalk.blog.ilsole24ore.com
Kataweb Blog	http://lavoro.blog.kataweb.it
La Voce.info	www.lavoce.info
Humanitech	www.humanitech.it
Blog Lavoro	www.bloglavoro.com
Le faremo sapere	http://lefaremosapere.wordpress.com
Blog on job	www.blogonjob.it
Lavori in corsa	http://lavorincorsa.style.it
Storie di lavoro	www.storiedilavoro.it
Le faremo sapere	http://faremosapere.splinder.com
Risorse Lavoro	http://risorselavoro.blogspot.com
Pezzi d'ufficio	http://pezziduffìcio.blogspot.com

Agenzie per il Lavoro

Dal 1997 con l'introduzione del Pacchetto Treu anche i soggetti privati possono occuparsi di far incontrare domanda e offerta di impiego, affiancandosi così agli Uffici Pubblici preposti al collocamento. Nel 2003 la Legge 30, più nota come Legge Biagi, ha precisato che le Agenzie per il Lavoro sono operatori privati autorizzati a svolgere le attività di:

– somministrazione di lavoro a tempo determinato
– somministrazione di lavoro a tempo indeterminato
– intermediazione
– ricerca e selezione
– supporto alla ricollocazione professionale.

Ogni Agenzia per il Lavoro sceglie di svolgere una o più di queste attività e deve avere l'autorizzazione del Ministero del Lavoro per esercitarla.

Controlla se le Agenzie sono iscritte all'Albo

Per sapere quali sono le agenzie autorizzate è sufficiente consultare l'apposito Albo Informatico inserendo la ragione sociale completa della società che si intende verificare: http://www.lavoro.gov.it/Lavoro/md/AreeTematiche/occupazione/AlboInformatico.

Per un elenco completo delle Agenzie attualmente autorizzate vedi il capitolo Risorse Utili.

Non solo lavori interinali

A occuparsi di somministrazione di lavoro sono le società più comunemente conosciute come interinali, che assumono (a tempo determinato o indeterminato) le persone perché prestino il proprio lavoro presso aziende terze. Non sempre si tratta di lavori temporanei: con la Legge 30 si è di fatto ampliata la gamma di servizi che questo tipo di agenzie può offrire, così che aumentino anche le opportunità di impiego permanenti. Queste strutture possono essere generaliste o specializzate su determinati profili professionali.

Per chi si deve inserire o reinserire nel mercato

Chi vi si rivolge viene immediatamente a conoscenza delle posizioni vacanti del territorio affidate all'agenzia in questione. Può lasciare il suo curriculum e verificare con lo staff se il suo profilo è o meno in linea con le offerte presenti. Specialmente chi è alle prime armi o deve reinserirsi nel mercato del lavoro può trovare nella somministrazione una formula che permette di gettare un ponte verso l'impresa, accumulando esperienze e competenze utili in vista di una stabilizzazione futura.

Nel capitolo dedicato ai contratti vedremo più nel dettaglio il tipo di rapporto di lavoro che si viene a instaurare in questi casi.
Con intermediazione si intende invece l'attività di mediazione tra domanda e offerta di lavoro. Essa può andare dalla raccolta dei CV alla preselezione, dalla promozione e gestione dell'incontro tra domanda e offerta alla progettazione ed erogazione di attività formative finalizzate all'adeguamento delle competenze o delle capacità dei lavoratori alle necessità dell'azienda.

Per chi ha esperienza e vuole cambiare

Le Agenzie per il Lavoro specializzate nella Ricerca e Selezione del Personale svolgono un'attività di consulenza per conto delle aziende finalizzata all'individuazione di candidature idonee a ricoprire una o più posizioni lavorative all'interno delle stesse, su specifico incarico del committente. I vantaggi per il candidato sono presto detti: entrare in contatto con una Società di Selezione è un ottimo modo per (ri)mettersi sul mercato, specie quando intende cambiare lavoro, godendo della possibilità di valutare nuove opportunità professionali senza rischi dal punto di vista del rispetto della privacy. Solitamente sono le Società di Selezione a contattare i candidati papabili, tendenzialmente persone che già hanno almeno qualche anno di esperienza e che ricoprono ruoli dal middle management in su. Nulla vieta però di approcciarle direttamente, specie quando si dispone di un buon curriculum professionale.

“Come viene garantita la riservatezza da parte delle Società di Selezione?

Per un consulente di selezione la discrezione è fondamentale. In Support, per esempio, il rapporto di fiducia e di correttezza è alla base della relazione che si crea con il candidato. Durante l’intero processo di selezione garantiamo la massima riservatezza. I colloqui si svolgono in spazi dedicati, i dati raccolti vengono archiviati elettronicamente e sono consultabili solo da persone autorizzate, in possesso di una password.

Al cliente inviamo le informazioni condivise con il candidato, previa sua autorizzazione e nel rispetto della normativa sulla privacy. Invitiamo sempre i candidati a visionare l’informativa sulla privacy sul nostro sito.

FRANCESCA MELONI

BU Manager Search & Selection Support S.r.l.”

Gli esperti di outplacement, infine, offrono un ruolo di supporto alla ricollocazione professionale: l’organizzazione committente li ingaggia con lo scopo di reinserire i propri dipendenti nel mercato del lavoro. In caso di esuberi, infatti, un’impresa – specie in accordo con le rappresentanze sindacali – può impegnarsi a supportare i propri lavoratori a trovare un nuovo lavoro.

“ Vorrei ricollocarmi sul mercato del lavoro, ma non so da dove partire...

Tre consigli per chi si avvale dei servizi di outplacement. In primo luogo, occorre verificare che l'Agenzia per il Lavoro sia autorizzata dal Ministero, non tutte le sono. In seconda battuta, è sempre l'azienda a richiedere (e a pagare per) questo tipo di supporto, diffidare di chi chiede denaro. Da ultimo, sfruttare questa occasione come opportunità per reimpostare il proprio percorso di carriera, analizzando le cause della crisi, verificando le eventuali lacune formative e valutando le possibili proposte professionali.

MAURIZIO MILANESI

Board e Sviluppo Aziendale

ALI S.P.A. MISSIONE LAVORO ”

HEAD HUNTING, OVVERO QUANDO ESSERE CACCIATI DALL'AZIENDA PUÒ ESSERE UNA FORTUNA

Li chiamano "cacciatori di teste". Il nome può incutere timore, ma in realtà indica quei selezionatori (di solito consulenti presso società esterne di Ricerca e Selezione del Personale) che per svolgere la loro attività utilizzano una precisa metodologia, quella dell'head hunting appunto, diffusasi in ambito anglosassone a partire dai primi anni Settanta.

Inizialmente tale metodo di selezione era orientato solo a figure di altissimo profilo, essenzialmente legate all'area executive delle società. Per circa vent'anni i cacciatori di teste si sono infatti concentrati sull'alta dirigenza, alimentando tutta una mitologia sul vicendevole "accaparramento" di megadirigenti da un'azienda all'altra.

Oggi l'head hunting ha come caratteristica la specificità dei professionisti di cui va alla ricerca. Figure con competenze e capacità gestionali, attitudini manageriali difficili da trovare sul mercato del lavoro tradizionale tramite annunci o candidature spontanee. E che dunque i selezionatori devono andare a scovare, e a "cacciare", all'interno delle altre aziende.

Ma come procede un head hunter per compiere la sua ricerca? Per prima cosa stila la cosiddetta target list, una lista di aziende concorrenti che hanno potenzialmente al loro interno la figura che si sta cercando. Si tratta di una vera e propria ricerca di mercato, in cui egli tenta di fare un quadro dei papabili, che in quel momento possono operare o presso competitor diretti dell'azienda committente, oppure presso realtà che hanno logiche compatibili con quest'ultima o, ancora, che possiedono specifiche considerate un valore aggiunto, magari perché hanno già sviluppato progetti simili a quelli reputati interessanti dall'azienda committente.

A questo punto, l'head hunter appronta la sua strategia di caccia che lo porterà a individuare direttamente i potenziali candidati: Internet da un lato, attraverso i forum e i social network, e reti personali e ricerca diretta dall'altro sono le fonti privilegiate per reperire il nome e il cognome desiderato.

Di caso in caso, pensa dunque ai vari escamotage per stabilire un contatto con la "preda". Com'è facilmente intuibile, si tratta di una metodologia estremamente delicata, che richiede da un lato la massima creatività e inventiva, e dall'altro la capacità di mantenere uno spirito professionale ineccepibile e una scrupolosissima attenzione alla privacy del soggetto interessato.

Quando infine l'head hunter entra in contatto con il professionista ricercato, comincia finalmente a giocare a carte scoperte, fornendogli informazioni sull'offerta e accordandosi sugli step successivi di selezione.

Se sei un manager o possiedi una professionalità molto specifica quindi, attenzione alla prossima volta che il centralino vuole passarti un'Università: dietro quella presunta segretaria deputata all'organizzazione di eventi o la giovane tesista in cerca di informazioni può celarsi un'accorta selezionatrice. Attenzione anche a forum, chat, social network: il net head hunter è in agguato. Ai metodi di ricerca classica si sta infatti affiancando tutta una serie di utilizzi innovativi del Web per facilitare la ricerca di figure professionali altamente qualificate.

Associazioni di Categoria

Una buona fonte di informazioni per la tua ricerca di lavoro possono essere anche le *Associazioni di Categoria*. Sindacati e associazioni imprenditoriali, soprattutto settoriali, possono dirti qualcosa di utile in termini di opportunità occupazionali, percorsi di carriera e retribuzioni medie, oltre a offrire spesso corsi di formazione gratuiti.

Organizzazioni sindacali e associazioni

CGIL
Corso d'Italia, 25 - 00198 Roma
www.cgil.it - info@cgil.it - 06 84761

CISL
Via Po, 21 - 00198 Roma
www.cisl.it - stampacisl@cisl.it - 06 84731

UIL
Vial Lucullo, 6 - 00187 Roma
www.uil.it - info@uil.it - 06 47531

COBAS
Viale Manzoni, 55 - 00185 Roma
www.cobas.it - cobas@cobas.it - 06 77591926

LIBERSIND
Via V. Melandri 72 - 00155 Roma
www.libersind.it - posta@libersind.it - 06 4075619

SILPOL
Via Isidoro La Lumia, n. 11 - 90139 Palermo
www.silpol.it - silpol@silpol.it - 091 8683172

CONFINDUSTRIA
Viale dell'Astronomia, 30 - 00144 Roma
www.confindustria.it - confindustria@confindustria.it
800/777020

CONFARTIGIANATO
Via di San Giovanni in Laterano, 152 - 00184 Roma
www.confartigianato.it
confartigianato@confartigianato.it - 06 703741

CONFCOMMERCIO
Piazza G.G. Belli, 2 - 00153 Roma
www.confcommercio.it
confcommercio@confcommercio.it - 06 58661

Centri per l'Impiego

Gli ex Uffici di Collocamento

C'era una volta l'Ufficio di Collocamento. Da qualche anno è stato soppiantato dai *Centri per l'Impiego*, che, fornendoti informazioni sia di carattere generale sia specifico sul mercato del lavoro e sulle opportunità più adatte al tuo profilo, possono aiutarti nelle varie fasi di ricerca di occupazione. Il primo passo da compiere per usufruire di questo servizio è produrre un'autocertificazione che attesti l'eventuale attività lavorativa precedentemente svolta, l'attuale stato di disoccupazione o inoccupazione insieme alla dichiarazione di immediata disponibilità all'inserimento e quindi allo svolgimento di attività lavorativa.

Prima di tutto fai l'autocertificazione

Chi può rivolgersi ai Centri per l'Impiego?

- minori di età compresa tra i quindici e i diciotto anni che hanno terminato la scuola dell'obbligo
- giovani di età compresa tra i diciannove e i venticinque anni compiuti o, se in possesso di un diploma universitario o laurea, fino a ventinove anni compiuti oppure secondo altri parametri d'età definiti

in conformità agli indirizzi dell'Unione europea
- donne che, in precedenza occupate, desiderano rientrare nel mercato del lavoro dopo almeno due anni di inattività
- disoccupati di lunga durata (almeno ventiquattro mesi)
- coloro che, dopo aver perso il lavoro o cessato un'attività autonoma, sono alla ricerca di una nuova occupazione da più di dodici mesi o da più di sei mesi se giovani
- inoccupati di lunga durata: coloro che, non avendo mai lavorato, sono alla ricerca di un'occupazione da più di sei mesi.

Solo se appartieni a certe categorie

Nei Centri per l'Impiego puoi anche consultare pubblicazioni specialistiche, periodici, banche dati. Nelle banche dati informatizzate, in particolare, puoi trovare annunci e offerte di Ricerca di Personale, concorsi pubblici, opportunità di lavoro all'estero, legislazione del lavoro. Puoi perciò in questo modo venire a conoscenza di corsi di formazione professionale, scuole e corsi universitari, campi di lavoro, borse di studio, ma anche approfondire la descrizione di oltre cinquecento profili professionali, partecipare a colloqui individuali con un consulente finalizzato alla scelta lavorativa o formativa. Verresti poi assistito nell'elaborazione del tuo curriculum, di progetti professionali e di una strategia efficace di ricerca del lavoro.

Chiedi l'aiuto del consulente

Esistono inoltre servizi specialistici per particolari categorie di persone o per specifici settori per i quali la legge prevede una disciplina particolare, come gli uf-

fici specializzati per il collocamento obbligatorio dei disabili (Legge 12 marzo 1999, n. 68), per il collocamento dei lavoratori dello spettacolo (Decreto del Presidente della Repubblica 24 settembre 1963, n. 2053) o dei lavoratori stranieri.
Per un elenco completo dei Centri per l'Impiego attualmente autorizzati vedi il capitolo Risorse Utili.

Eventi dedicati e Uffici Placement

Le "giornate del lavoro" per neolaureati

Se sei un neolaureato, oltre a tutti i canali descritti finora ne esiste uno specifico per chi si trova nella tua condizione. Si tratta dei cosiddetti Career Day o Job Meeting, eventi pensati per far incontrare fisicamente chi sta uscendo dall'Università con le imprese. Proprio come accade nelle manifestazioni fieristiche, ciascuna azienda ha un suo stand dove è possibile raccogliere informazioni, lasciare il proprio curriculum o sostenere dei veri e propri colloqui con i Responsabili di Selezione presenti. Questo genere di appuntamenti rappresenta un'occasione importante per cominciare a imparare come si cerca lavoro, fare pratica in questa attività che, lo ripetiamo a costo di essere ridondanti, è a sua volta un vero e proprio mestiere. Anche in questo caso troverai un elenco di Eventi dedicati a ricerca e lavoro nel capitolo Risorse Utili.

COSÌ SI FA

– Prima di prendere parte all'evento, verificare se e dove sono le aziende per te più appetibili e dai loro la precedenza nel percorso di visita. Di solito questi eventi sono molto affollati. Cerca di sfruttare i momenti di calma per presentarti alle aziende, preferibilmente all'ora di pranzo o a metà pomeriggio.

– Preparare delle domande puntuali da rivolgere a chi è allo stand.

– Portare con te un numero sufficiente di CV (almeno uno per stand), un blocco, una penna e uno zaino capiente (verrai inondato di brochure e materiali).

– Tenere le antenne alzate a captare qualsiasi opportunità stimolante. Se nel programma della giornata sono previsti seminari interessanti, non perdere l'occasione. Spesso sono la porta d'accesso per l'azienda che ti interessa o l'unica occasione che hai per imparare certi trucchi che torneranno utili nella tua ricerca successiva.

– Prendere nota, a fine giornata, di quanto ti è successo di rilevante, quali parole ti hanno incuriosito, quali stand ti sono particolarmente piaciuti. Una volta a casa, Internet ti permetterà di approfondire la conoscenza con le aziende che ti hanno stuzzicato di più e magari di trasformare un contatto in una vera e propria opportunità lavorativa.

COSÌ NON SI FA

– Perdere troppo tempo in stand che non ti attraggono ma cerca di ottenere un colloquio con chi ti interessa davvero. I gadget distribuiti sono solitamente divertenti, ma non possono essere l'unico scopo della tua visita. Richiederli con gentilezza è già un primo passo per fare bella figura. Dopo aver conversato con il Responsabile di Selezione dell'azienda evita di avventarti sulle penne o sui collarini con il logo della società altrimenti ti giocherai la buona impressione appena fatta.

In questo genere di attività un ruolo di primo piano è svolto dalle Università che si stanno attrezzando sempre di più con servizi dedicati al placement. Se sei prossimo alla laurea questi uffici possono fornirti gratuitamente informazioni preziose, da come redigere un buon CV a come rispondere alle occasioni concrete di stage o di primo impiego. Sempre gli Atenei sono i luoghi ideali per alcune iniziative (affissioni, pubbliche relazioni e guerrilla marketing, ovvero eventi-blitz che ti parlano di un prodotto in modo non convenzionale) grazie alle quali le aziende possono reclutare giovani talenti. Tieni gli occhi aperti, dunque: tra foglietti con proposte di camere da condividere in affitto e poster della prossima festa allo studentato può nascondersi, sotto le sembianze di un business game o di un career day, se non di una presentazione aziendale in aula magna, il lavoro dei tuoi sogni. Per tutti gli Uffici Placement fai riferimento all'elenco dedicato all'interno del capitolo Risorse Utili.

Tieni d'occhio le azioni di guerrilla

Infine, se hai meno di 26 anni, può essere utile fare riferimento all'Informagiovani della tua città. Questi uffici sono stati creati dalle amministrazioni comunali per dare risposta alle domande della fascia più giovane della popolazione su temi come l'istruzione, i viaggi, il volontariato e, appunto, il lavoro. I servizi offerti sono completamente gratuiti e possono aiutarti nelle tue scelte, anche di natura professionale, dandoti supporto in termini di orientamento e di rapporti con le aziende e le istituzioni del territorio.

Informagiovani per gli under 26

A CIASCUNO IL SUO

il curriculum

Non esiste il CV perfetto

"Come faccio a scrivere il curriculum ideale?" "Qual è il modo migliore per presentarmi all'azienda in cui vorrei andare a lavorare?" "Che cosa devo sottolineare del mio percorso professionale?" "Su che cosa, invece, è meglio che sorvoli?"

La redazione del curriculum vitae è un passaggio talmente importante nella ricerca del primo impiego o di una nuova occupazione che tutti vorrebbero possedere una formula magica per scriverlo nel modo migliore. Potremmo dirti che devi essere stringato ed esauriente, senza per questo perdere di incisività, ma non basterebbe.

Dipende da te, dall'offerta e dall'azienda

Sgombriamo allora subito il campo da uno dei maggiori equivoci in cui cade puntualmente chi cerca lavoro: *non esiste* il curriculum perfetto. Ne esistono invece di vario tipo, diversi a seconda del candidato, del suo profilo e dell'azienda alla quale si propone.

Sottolinea quello che tu e solo tu puoi offrire

È a partire dalla singola offerta di lavoro che va riformulato il tuo percorso di studi e di esperienze professionali, cercando di sottolineare di volta in volta gli aspetti che potrebbero costituire il contributo positivo distintivo che *tu e solo tu* potresti apportare in quel determinato ruolo e in quella determinata impresa. Fare marketing di se stessi, o in parole povere "sapersi vendere", vuol dire far emergere il valore aggiunto individuale che si è in grado di offrire al proprio "cliente", in questo caso il tuo potenziale datore di lavoro. Sarà dunque inutile, se non addirittura controproducente, che mandi a tutti lo stesso identico curriculum. Se vuoi che sia un buono strumento di comunicazione devi, viceversa, personalizzarlo, pensarlo e riscriverlo per ogni occasione. Mettiti nei panni del selezionatore e prova a dare una risposta più che convincente alla domanda: "Perché dovrei scegliere proprio te?".

“Come faccio a trasmettere la mia motivazione al selezionatore?

CONSIGLIO

Come LyondellBasell in un curriculum prestiamo molta attenzione all'interesse che la persona esprime per il mondo della chimica e dell'ingegneria, all'argomento della tesi di laurea, alla ricerca anche attraverso il conseguimento del dottorato. Le esperienze internazionali presso altre Università sono elementi che valutiamo in modo positivo. Nel corso del colloquio, cerchiamo di approfondire la sua attitudine a mettersi in discussione e il suo entusiasmo nel risolvere problemi, visti come occasioni per trovare soluzioni sempre nuove. Per noi sono tutti segnali di curiosità intellettuale e di motivazione nel candidato, e ci orientano nella scelta.

VALENTINA MAGNONI
HR Manager LyondellBasell ”

Questo è ancora più vero se invii il tuo curriculum non in risposta a un annuncio, ma per proporti autonomamente. In tal caso devono essere ancora più evidenti le motivazioni che ti portano a candidarti per una certa posizione in quella determinata azienda.

L'autocandidatura dimostra motivazione

“ **Quali sono i vantaggi dell'autocandidatura?**

L'autocandidatura motivata rappresenta certamente il modo in cui preferiamo che le persone ci contattino. Questo perché significa che chi si propone è andato a vedere chi siamo, ha cercato informazioni sulla nostra realtà, sulle figure che ricerchiamo ed è motivato a far parte della nostra organizzazione. In altre parole, ha avuto modo di conoscere e di capire chi è e cosa fa Coca-Cola HBC Italia e desidera espressamente venire a lavorare con noi.

STEFANIA MONTESANO
Staffing Manager Coca-Cola HBC Italia ”

Esistono tutta una serie di tecniche e accorgimenti che possono aiutarti a fabbricare il curriculum più funzionale al caso tuo. Qui di seguito troverai consigli generali e specifici trucchetti, errori da evitare e piccole mosse vincenti per far sì che il tuo CV sia, di volta in volta, perfetto.

Il titolo

Un biglietto da visita allargato

Il tuo curriculum è una specie di biglietto da visita "allargato", lo strumento per eccellenza con il quale presentarti a un'azienda. E, come in ogni buona presentazione, le prime informazioni che dovrai fornire, mettendole in risalto, sono i tuoi dati personali, come succede quando stringi la mano a qualcuno che ancora non conosci e pronunci subito in modo chiaro il tuo nome e cognome.

Salva il file col tuo nome e cognome

Una buona idea è, quindi, quella di inserire il tuo nome e cognome fin dal titolo del curriculum, posto in testa al documento, evidenziandoli magari con il grassetto e adottando un carattere di dimensione leggermente più grande – ma senza esagerare – rispetto a quella del resto del testo. Meglio ancora sarebbe se anticipassi la tua presentazione fin dal nome stesso del file. Quando salvi il file, non chiamarlo semplicemente "CV", ma indica subito che si tratta del *tuo curriculum* (ad esempio "CV Andrea Bianchi"). I Responsabili delle Risorse Umane ricevono quotidianamente un'enorme quantità di CV, perciò se nominerai il tuo con nome e cognome, sapranno apprezzare la tua accortezza (li faciliterai nella procedura di archiviazione dei CV). Un piccolo gesto, insomma, che ti permetterà di metterti in buona luce e di essere ricordato positivamente.

Come abbiamo già visto nel capitolo precedente, quando invece registri un CV on line, la strategia migliore è di nominarlo con la tua qualifica, affinché risulti più facilmente rintracciabile da chi lo sta cercando (difficilmente un selezionatore inserirà nei campi di ricerca "Andrea Bianchi": è molto più probabile che, come parole chiave, utilizzi "Contabilità" o "Recupero Crediti").

Nomina il CV on line con la tua qualifica

Questione di misure

L'abbiamo già detto, non esiste il curriculum perfetto in sé: un singolo individuo può prepararne diversi a seconda delle aziende che intende contattare, dei ruoli per i quali vuole candidarsi, del tipo di selezione in atto (ad esempio se si tratta di un'autocandidatura o di una risposta alla richiesta di colloquio da parte di una Società di Selezione), del tipo di supporto utilizzato (CV mandato per posta, a mano, o registrato e inviato on line).

Se è vero che non esiste una lunghezza standard, è altrettanto vero che il modo migliore per irritare chi legge un CV è farcirlo di descrizioni prolisse o non pertinenti. Ancora una volta, concisione e incisività sono le armi migliori per far emergere il tuo profilo dai tanti che arrivano alla scrivania dei Direttori del Personale. Come regola generale, fatta eccezione per una corposa seniority, non superare mai le due pagine, dai maggiore rilievo alle esperienze più recenti sintetizzando via via più rapidamente quelle lontane nel tempo. All'estremo opposto, non occupare mai meno di mezza pagina.

Mai più di due pagine, mai meno di mezza

COSÌ SI FA

Fornire un quadro di te il più possibile completo aggiungendo al tuo curriculum informazioni sulle tue ambizioni e aspirazioni professionali, soprattutto se sei alla ricerca del tuo primo impiego e pensi di non aver molto da dire.

COSÌ NON SI FA

Usare una dimensione del carattere abnorme o ridottissima per riempire la pagina o all'opposto per guadagnare spazio. Times New Roman, Verdana, Arial o Helvetica sono caratteri estremamente leggibili e piacevoli, specie se di dimensione compresa tra i 10 e i 12 punti.

Occhio alla forma

Alcune considerazioni finali prima di passare alla "compilazione guidata" del curriculum.

Ricontrolla la grafia delle parole straniere

Anche se potrà sembrarti banale, vorremmo puntare la tua attenzione su un aspetto: è fondamentale che il tuo CV sia scritto in un buon italiano, scorrevole, privo di errori e/o imprecisioni. È passato alla storia il CV giunto in una casa editrice, con il quale il candidato si proponeva come "corretore di bozze".

Evita inoltre la scrittura a mano del curriculum (a meno che non sia espressamente richiesto nell'annuncio) e, nel caso tu lo scriva al computer, il ricorso ai corsivi o a caratteri poco chiari o goticheggianti. Assicurati che le eventuali parole straniere inserite siano state scritte in modo corretto: un curriculum sciatto e non curato fa pensare subito a un candidato altrettanto approssimativo. Infatti, il tuo curriculum, in tutti i suoi aspetti, parla di te, perciò anche dalla sua forma il selezionatore trarrà elementi per farsi un'idea sul tuo conto.

Metti in grassetto i passaggi chiave

Una buona idea è mettere in grassetto alcuni passaggi chiave del documento, come ad esempio il più recente titolo di studio conseguito o il nome dell'ultima azienda presso la quale hai lavorato. Questo permette a chi legge di individuare immediatamente le informazioni più rilevanti, rendendo più rapida la memorizzazione del curriculum.

CONSIGLIO

“ Posso emergere grazie a un CV creativo?

Quando selezioniamo i CV dei nostri futuri creativi badiamo molto alla sostanza. Certo, anche il modo in cui sono presentate le informazioni è importante e può colpirci, ma a meno di espressioni di pura genialità preferiamo un candidato dalle interessanti capacità creative a uno che ci manda un curriculum dal forte impatto visivo, senza tuttavia dimostrare un autentico talento e una seria preparazione alle spalle. Più che nel CV, verifichiamo la creatività nel portfolio digitale che sistematicamente chiediamo a chi vuole venire a lavorare da noi. Foto di prodotti realizzati, sketches, disegni in computer grafica, creazioni personali: tutto ci aiuta a valutare il gusto della persona che abbiamo davanti e il suo modo di lavorare.

ROBERTA NOVELLO

Head of Human Resources Diesel Headquarters ”

La struttura

Come un articolo di giornale o un contratto d'affitto, il curriculum è un testo la cui redazione segue regole particolari. Deve riportare informazioni precise e farlo in un ordine tendenzialmente predefinito. Non è un testo libero insomma, né il luogo adatto alla libera espressione della tua creatività.
In linea generale, le sezioni che non possono mancare all'interno di un CV sono:

① dati personali
② recapiti
③ percorso formativo
④ percorso professionale
⑤ conoscenze linguistiche
⑥ conoscenze informatiche
⑦ hobby e interessi
⑧ autorizzazione al trattamento dei dati personali

Segui un ordine anticronologico

All'interno di ciascuna di queste sezioni è importante che tu sia sintetico ma incisivo. Ciò significa che devi essere stringato ma al contempo devi fornire le informazioni che permettano al selezionatore di farsi un'idea di te in rapporto al posto di lavoro per cui ti stai proponendo.
Quando ricostruisci la tua storia lavorativa – nel caso tu ne abbia già una all'attivo – può essere d'aiuto ricorrere all'ordine anticronologico, vale a dire passare in rassegna le esperienze fatte partendo dalla più recente e risalendo via via a quelle più in là nel tempo.

Come scrivere un curriculum, passo dopo passo

Sulla base di quanto abbiamo affermato finora, va da sé che scrivere un curriculum efficace non è impresa facile. Devi riuscire a comunicare in pochi paragrafi il tuo percorso formativo e/o professionale e conquistare l'attenzione di chi legge.

Non dimenticare i riferimenti anagrafici

Nelle pagine seguenti troverai consigli utili a stendere un curriculum anticestinatura.

Sezione dati personali

LUOGO E DATA DI NASCITA

Dopo aver indicato nome e cognome, in testa al documento devi inserire luogo e data di nascita. Questi riferimenti anagrafici, insieme alla residenza e al domicilio, consentono ai selezionatori di conoscere la tua età, la tua provenienza geografica e il tuo attuale domicilio.

Prova ancora una volta a metterti nei panni del selezionatore. Questo genere di informazioni gli permette già di fare alcune congetture sul tuo conto, ad esempio, quale sia la tua propensione agli spostamenti. Ne consegue che in questa sezione del tuo curriculum può essere utile, specialmente per alcuni mestieri, indicare la tua disponibilità a trasferirti in un'altra città, a viaggiare, a usare l'automobile. In particolare, riguardo a quest'ultimo punto, puoi indicare di quale patente sei munito e se hai a disposizione una vettura. Fornire queste ultime informazioni è opportuno ad esempio se l'annuncio a cui stai ri-

Se abiti lontano indica la disponibilità a trasferirti

spondendo è per una posizione di agente di commercio o di autotrasportatore, mentre appare fuori luogo se ti vuoi proporre come operatore per un call center che ha sede nella tua città.

AL LAVORO

NOME, COGNOME:
LUOGO DI NASCITA:
DATA DI NASCITA:
RESIDENZA:
DOMICILIO (da inserire se diverso dalla residenza):
DISPONIBILITÀ AL TRASFERIMENTO (ad esempio: entro il Comune di residenza/la provincia/la regione // all'estero):
TIPO DI PATENTE:
AUTOMUNITO:

LO STATO CIVILE

Puoi omettere lo stato civile

Non è un'informazione obbligatoria (tant'è vero che puoi decidere di non inserirla neppure nella tua carta d'identità): puoi quindi semplicemente ometterla. Cerca di evitare resoconti dettagliati sulla prole: al selezionatore probabilmente non interessa che classe frequenti la tua secondogenita.

“ Quale significato ha l'inserimento dello stato civile in un CV? Non può risultare discriminante?

CONSIGLIO

Nella valutazione di una risorsa da inserire non conta mai il singolo fattore, ma la considerazione dell'individuo nel suo complesso. È quindi importante avere un quadro generale del candidato – comprese informazioni sulla sua situazione familiare (ad esempio se ha figli) – ma non bisogna considerare lo stato civile come un discrimine fondamentale. Il candidato quindi non deve farsi troppi problemi a inserire nel CV se è divorziato o ha tre bambini piccoli, questi dati non possono che dare al selezionatore un'idea più chiara sul suo conto e permettergli di fare delle valutazioni più congrue rispetto alla posizione da ricoprire.

DANIELA GELMI
Vice President Mercuri Urval Srl ”

Sezione recapiti

Sembrerebbe superfluo soffermarci sulla necessità di indicare i recapiti. Eppure, nonostante la loro importanza primaria, questi dati vengono spesso "nascosti" all'interno del curriculum, se non addirittura tralasciati. E questo è un errore fondamentale. Non solo devi scrivere *tutti* i riferimenti, ma vanno segnalati quanto più chiaramente possibile, distinguendoli bene dal resto del curriculum. Alcuni consigli: indica solo indirizzi e-mail che controlli di frequente e solo numeri di telefono effettivamente utilizzati. È inutile, ad esempio, inserire unicamente il tuo recapito telefonico domestico se non sei mai a casa, così come mettere soltanto quello dell'ufficio se sai già che non potrai rispondere con serenità a eventuali chiamate. Nel dubbio, sempre meglio specificare gli orari in cui preferiresti essere contattato. Se è pertinente rispetto alla candidatura, puoi indicare anche il tuo sito Internet o il tuo blog.

Solo e-mail che controlli di frequente

COSÌ SI FA

Creare un indirizzo di posta elettronica ad hoc per poter gestire al meglio le diverse candidature e dare al destinatario fin da subito un'idea di serietà (nome.cognome@mail.it è perfetto).

COSÌ NON SI FA

Inserire indirizzi dai nomi poco professionali. Cosa può pensare un selezionatore se si rende conto che sta contattando per un lavoro birikina78@hotmail.com?

Sezione percorso formativo

Solo le esperienze formative rappresentative

Dai risultati di diverse indagini svolte da alcune testate giornalistiche e dallo stesso "Monster" in collaborazione con le Direzioni del Personale, si evince che molte aziende sono alla ricerca del collaboratore "secchione": laurea con il massimo dei voti, esperienze di studio all'estero, conoscenza di almeno una lingua straniera, magari con all'attivo anche un master o un paio di corsi di perfezionamento.

Nella stesura del tuo curriculum è opportuno innanzitutto che tu tenga in considerazione le esperienze formative davvero significative, partendo dalla più recente. A meno che tu non abbia frequentato degli asili o delle scuole dell'obbligo molto particolari (ad esempio di tipo internazionale o multilingue) è perfettamente inutile indicarli. Di certo è più appropriato segnalare immediatamente l'ultimo traguardo educativo superato, procedendo poi a ritroso sino alla maturità.

“ La laurea è un requisito fondamentale?

In Roche sì, nella maggior parte dei casi. Per noi che lavoriamo ai massimi livelli nelle biotecnologie e nell'innovazione al servizio della salute, le lauree scientifiche sono quelle che offrono maggiori opportunità di accesso a diversi percorsi professionali. Nell'ambito della Ricerca Clinica un biologo o un laureato in CTF ha sicuramente un background privilegiato, mentre nella Direzione Medica la laurea in medicina è una di quelle più richieste. In ogni caso in Roche cerchiamo persone che facciano realmente la differenza, che nella maggior parte dei casi non è legata solo al background formativo, quanto alle caratteristiche e attitudini personali.

CONSIGLIO

LIVIO ZINGARELLI

Responsabile Organizzazione e Sviluppo

Roche Pharma ”

IL MASTER

Per quanto riguarda i master che hai eventualmente frequentato, devi riferirne titolo, ente erogatore e durata, mettendo in rilievo l'eventuale accreditamento ASFOR (Associazione Italiana per la Formazione Manageriale). In questa sede puoi anche precisare in che azienda hai effettuato lo stage (se previsto) a seguito delle lezioni in classe, in quale ufficio sei stato inserito, per quanto tempo e quali mansioni ti sono state affidate.

Specifica anche lo stage post master

AL LAVORO

TITOLO DEL MASTER FREQUENTATO:
UNIVERSITÀ/ENTE EROGATORE:
EVENTUALI CERTIFICAZIONI (ad esempio: ASFOR):
PERIODO DI SVOLGIMENTO:
EVENTUALE TESI (se svolta), NOME DELLA MATERIA E DEL RELATORE:
EVENTUALE VOTO FINALE:
MODALITÀ DI SVOLGIMENTO DELLO STAGE (se previsto):

LA LAUREA

Rispetto a questo punto è bene che precisi l'Università, la facoltà e il corso frequentati, la durata di quest'ultimo (triennale, quadriennale, quinquennale) e l'anno di conseguimento della laurea, senza dimenticare di indicare se il titolo ottenuto fa riferimento al vecchio o al nuovo ordinamento. Non ha invece molto senso che riporti la lista degli esami sostenuti, neppure se stai ancora studiando, a meno che non siano davvero pertinenti con la posizione offerta.

Più del voto, contano i tempi

Se la votazione conseguita è buona, ti conviene segnalarla. Ancor più importante, però, è sottolineare se sei diventato dottore nei tempi stabiliti. Si tratta di un fattore estremamente significativo agli occhi delle aziende: portare a termine il proprio percorso accademico senza ritardi, pur non avendo magari ottenuto la lode, secondo molti selezionatori è segno di abilità organizzativa, di capacità di agire per obiettivi, di serietà e di impegno. Un piccolo consiglio: se il tuo voto di laurea è mediocre e perdipiù sei stato un fuoricorso di ferro, allora meglio glissare su questo punto.

Metti in evidenza le esperienze all'estero

Grande importanza riveste una tua eventuale esperienza di studio fuori dall'Italia. L'aver partecipato all'Erasmus, ad esempio, per citare il più noto tra i programmi di studio all'estero, denota la tua capacità di adattamento, la tua apertura e flessibilità mentale, oltre che, naturalmente, la buona conoscenza della lingua del paese in cui hai vissuto.
In merito alla tua tesi, può aver senso segnalarne titolo e relatore se questi possono destare curiosità o interesse nell'azienda a cui ti stai proponendo, o perché sono affini al suo core business o perché denotano una certa vivacità intellettuale da parte tua. Moltissimo naturalmente dipende dal tipo di disciplina che hai studiato e dalla posizione per la quale ti candidi.
Da ultimo vale la pena rilevare che la cosiddetta "tesi in azienda" potrebbe rappresentare un ottimo punto di partenza per la tua carriera. Non solo perché ti permetterebbe di toccare dal vivo ciò che spesso hai conosciuto solo tramite la teoria, ma anche perché ti darebbe modo di comprendere le dinamiche organizzative di un posto di lavoro prima ancora di farne parte. Tieni bene in considerazione che un selezionatore tende a preferire chi ha già un'idea, seppur vaga, della vita lavorativa. Senza contare la probabilità, non scontata ma possibile, che la tesi rappresenti una concreta opportunità di inserimento nell'azienda stessa, in quanto ti consentirebbe più di qualsiasi colloquio di mettere in mostra le tue qualità.

La tesi in azienda conviene

“ Come posso propormi per una tesi in azienda?

Per esempio, in Bosch abbiamo un canale privilegiato con le Università, attraverso rapporti costanti con professori e Uffici Placement. Alla fine di ogni presentazione che facciamo all'interno degli Atenei non manchiamo mai di invitare i laureandi a contattarci per fare uno stage o la tesi in azienda presso le nostre sedi. A quel punto è il candidato a doverci presentare, d'accordo con il suo relatore, una proposta di tesi, che deve essere il più possibile coerente con le nostre attività e i nostri processi interni. Non promettiamo mai un posto di lavoro, perché questo dipende sempre dalla situazione economica contingente. Quello che assicuriamo è la possibilità di fare un'esperienza di circa sei mesi che permette ai ragazzi di capire davvero cosa significa lavorare in azienda e – soprattutto – di mettersi in luce rispetto al proprio futuro percorso di carriera.

ROBERTO ZECCHINO
Direttore Risorse Umane e Organizzazione
Gruppo Bosch Italia **”**

IL DIPLOMA

Se il voto è basso, meglio sorvolare

L'esperienza della scuola superiore, specie se molto lontana nel tempo, può essere riassunta in un paio di righe, puntualizzando quale istituto o liceo si è frequentato e con quale voto ci si è diplomati. Come per la laurea, è preferibile non dare troppo rilievo a una votazione mediocre.

Non ti preoccupare se hai conseguito solo il diploma: questo non significa affatto che non troverai lavoro.

Per la maggior parte delle posizioni, infatti, avere la Licenza di scuola superiore è più che sufficiente per l'inserimento in azienda.

> TITOLO E TIPOLOGIA DEL CORSO DI LAUREA FREQUENTATO:
> UNIVERSITÀ, FACOLTÀ:
> PERIODO DI SVOLGIMENTO/ANNO DI CONSEGUIMENTO DEL TITOLO:
> TITOLO DELLA TESI, NOME DELLA MATERIA E DEL RELATORE (se svolta in azienda, fornire il massimo numero possibile di dettagli):
> VOTAZIONE FINALE:
> TIPO DI DIPLOMA CONSEGUITO, NOME DELL'ISTITUTO, ANNO DI CONSEGUIMENTO, VOTAZIONE:

Sezione percorso professionale

La sezione dedicata al percorso professionale è senz'altro una delle più importanti e significative del tuo curriculum. Proprio per questa ragione, è anche tra le più problematiche e complesse da scrivere, soprattutto per i più giovani e inesperti, che sono tentati di inserirvi tutto, anche le esperienze brevi e di scarso rilievo.

Solo esperienze di durata significativa

Focalizza l'attenzione sui periodi di lavoro che abbiano avuto un peso oggettivo, nel corso dei quali tu abbia appreso un minimo di know how, di competenze coerenti con il ruolo ricoperto.
Lo stesso vale nel caso in cui tu abbia svolto esclusivamente tirocini o stage (durata minima di due-tre mesi). Se invece hai avuto lunghi periodi di inattività,

Contestualizza i periodi di inattività

è meglio che li contestualizzi (facendo riferimento a impegni dovuti, ad esempio, alla maternità o alla frequentazione di corsi di formazione) o che, quantomeno, eviti di dar loro troppo risalto.

Insomma, in primo luogo devi avere ben chiaro in testa che cosa valga la pena inserire nel tuo CV, evidenziando quelle esperienze lavorative che più si avvicinano alla posizione per cui ti stai proponendo.

Una volta fatta piazza pulita dei ricordi professionali superflui o irrilevanti rispetto al lavoro in questione, puoi procedere con l'esposizione del tuo iter lavorativo, privilegiando come sempre un approccio sintetico e asciutto cioè privo di considerazioni troppo personali.

Come per l'esposizione del tuo percorso formativo, anche in questo caso è opportuno che tu inizi dall'esperienza più recente (Posizione Attuale), procedendo via via a ritroso fino agli inizi della tua carriera. Evita, ovviamente, di citare le attività giovanili meno qualificanti (come l'aver fatto la cameriera in un pub o il pony express), specie se hai già accumulato un'esperienza professionale di almeno cinque anni. Se invece sei giovane, non mancare di ricordare cosa hai fatto per mantenerti durante gli studi.

Oltre i 5 anni di esperienza, tralascia i lavoretti giovanili

Per ciascuno dei lavori effettuati devi segnalare con chiarezza l'esatta denominazione della posizione ricoperta, le mansioni svolte, le competenze sviluppate ed eventualmente il numero di persone coordinate, senza dimenticare di segnalare a chi riporti gerarchicamente (c'è differenza se il tuo capo diretto è un Team Leader o l'Amministratore Delegato). Quanto

alle informazioni sulle aziende in cui hai operato, se vuoi scendere davvero nei particolari, indica settore, fatturato e numero complessivo di dipendenti.
Queste ultime non sono notizie fondamentali da inserire, ma possono rivelarsi utili al selezionatore per ricostruire il tuo percorso professionale con maggiore precisione e accuratezza.

Evita le richieste economiche

Stesso discorso vale per l'indicazione di parametri di tipo economico. Puoi inserirli senza entrare nel dettaglio, specificando eventualmente se eri assunto, con che contratto e a che livello. Meglio evitare, invece, richieste dirette in termini salariali. Ne parlerai a tempo debito col selezionatore in fase avanzata di colloquio.
Tieni conto che il selezionatore attraverso l'elenco delle tue esperienze professionali cercherà di desumere anche informazioni di altro genere come, ad esempio, la tua capacità di lavorare in gruppo, di esercitare la leadership o le attitudini organizzative. Anche il fatto che tu abbia svolto delle attività all'estero o lontano da casa può essere interpretato come un segnale di curiosità intellettuale, di autonomia e di capacità di adattamento a contesti diversi da quello a cui sei abituato.

Le tue esperienze parlano di te

Un'ultima considerazione. La sezione dedicata alle esperienze professionali è – lo ripetiamo ancora una volta – una delle più cruciali del curriculum. Quella, per intenderci, con cui ti puoi giocare il posto rispetto a un candidato concorrente. Vale quindi, ancora una volta, il principio già espresso secondo il quale è essenziale saper fare "marketing di se stessi". Il che non significa, sia chiaro, né "fare il make up" al tuo

Sì al marketing no al make up

curriculum, né, meno che mai, mentire. È inutile pertanto che indichi posizioni di responsabilità che non hai mai ricoperto, né che bluffi sul tipo di mansioni svolte. Se anche riuscissi a superare il colloquio, è sicuro che avresti dei seri problemi nel momento in cui ti fossero affidati dei compiti di cui non sai assolutamente nulla.

Concludendo, ricordati di mettere in primo piano quello che può essere il tuo contributo per quella specifica posizione, l'apporto significativo che ti senti di poter dare all'azienda. In questo consiste il concetto di "saper vendere" al meglio il proprio percorso professionale così da renderlo il più possibile appetibile al selezionatore.

AL LAVORO

Posizione attuale

ANNO DI INIZIO - OGGI:

AZIENDA:

NOME DELLA POSIZIONE:

DESCRIZIONE MANSIONE E RISULTATI, RIPORTO FUNZIONALE, ESPERIENZA DI GESTIONE DELLE RISORSE:

INQUADRAMENTO (contratto, livello):

Esperienze precedenti

ANNO DI INIZIO E FINE:

AZIENDA:

NOME DELLA POSIZIONE:

DESCRIZIONE MANSIONE E RISULTATI, RIPORTO FUNZIONALE, ESPERIENZA DI GESTIONE DELLE RISORSE:

INQUADRAMENTO (contratto, livello):

Dopo aver parlato di te, del tuo percorso formativo e dei tuoi trascorsi professionali, è giunto il momento di chiudere la stesura del curriculum con alcune precisazioni tecniche e con un accenno alla tua vita extralavorativa.
È in quest'ultima parte del CV che devi annotare le tue competenze linguistiche e informatiche, così come le attività e gli svaghi a cui ti dedichi nel tempo libero. Naturalmente ciascuna di queste informazioni richiede una sezione a sé, che deve essere, ancora una volta, chiara e sintetica.

Sezione conoscenze linguistiche

Nome della lingua, livello di preparazione nello scritto e livello di preparazione nell'orale: ecco le informazioni fondamentali per questa sezione del tuo curriculum. I giudizi possono andare dal sufficiente all'ottimo. Ma come valutarti? Innanzitutto devi essere onesto, perché è piuttosto probabile che durante il colloquio ti venga sottoposto un piccolo test.
Tieni conto che se ti stai candidando per un impiego presso un'azienda multinazionale ti sarà richiesta la conoscenza della lingua del Paese in cui ha sede la casa madre. Preparati perciò a rispondere a qualche domanda in lingua durante l'eventuale colloquio.

Non bluffare. Al colloquio ti metteranno alla prova

È opportuno che tu segnali anche la frequentazione di corsi di idiomi particolari o specialistici, seppur brevi, quali, ad esempio, *Business English*, così come eventuali esperienze all'estero o l'utilizzo regolare di una lingua nel corso della tua esperienza formativa

Segnala corsi specifici o esperienze all'estero

e/o professionale. Se hai conseguito attestati specifici, infine, riportali, sempre se di un certo livello (ad esempio il TOEFL per l'inglese o il DELE per lo spagnolo, indicando dove e quando hai frequentato il corso e che risultati hai ottenuto).

Lo ripetiamo a rischio di indurti un po' di "sana" paranoia: in questa e in altre parti del curriculum (compresa la lettera di presentazione) fai attenzione a non scrivere in maniera scorretta frasi o parole straniere. Ricontrolla attentamente tutte le grafie, e, per eventuali dubbi, cerca una fonte sicura.

LINGUA CONOSCIUTA: livello orale/scritto, frequenza dell'eventuale uso professionale
CORSI DI LINGUA FREQUENTATI: ente, periodo, eventuali certificazioni conseguite, votazione

Quanto bene parli una lingua? Gli standard europei di autovalutazione

Il Quadro Comune Europeo di riferimento per le lingue può esserti utile per muoverti secondo degli standard stabiliti. Se stai compilando un curriculum europeo, puoi basarti sui codici dello schema seguente.

		A1	A2	B1	B2	C1	C2
COMPRENSIONE	Ascolto	Riesco a riconoscere parole che mi sono familiari ed espressioni molto semplici riferite a me stesso, alla mia famiglia e al mio ambiente, purché le persone parlino lentamente e chiaramente.	Riesco a capire espressioni e parole di uso molto frequente relative a ciò che mi riguarda direttamente (per esempio informazioni di base sulla mia persona e sulla mia famiglia, gli acquisti, l'ambiente circostante e il lavoro). Riesco ad afferrare l'essenziale di messaggi e annunci brevi, semplici e chiari.	Riesco a capire gli elementi principali in un discorso chiaro in lingua standard su argomenti familiari, che affronto frequentemente al lavoro, a scuola, nel tempo libero eccetera. Riesco a capire l'essenziale di molte trasmissioni radiofoniche e televisive su argomenti di attualità o temi di mio interesse personale o professionale, purché il discorso sia relativamente lento e chiaro.	Riesco a capire discorsi di una certa lunghezza e conferenze e a seguire argomentazioni anche complesse purché il tema mi sia relativamente familiare. Riesco a capire la maggior parte dei notiziari e delle trasmissioni TV che riguardano fatti d'attualità e la maggior parte dei film in lingua standard.	Riesco a capire un discorso lungo anche se non è chiaramente strutturato e le relazioni non vengono segnalate, ma rimangono implicite. Riesco a capire senza troppo sforzo le trasmissioni televisive e i film.	Non ho nessuna difficoltà a capire qualsiasi lingua parlata, sia dal vivo sia trasmessa, anche se il discorso è tenuto in modo veloce da un madrelingua, purché abbia il tempo di abituarmi all'accento.

		A1	A2	B1	B2	C1	C2
COMPRENSIONE	Lettura	Riesco a capire i nomi e le persone che mi sono familiari e frasi molto semplici, per esempio quelle di annunci, cartelloni, cataloghi.	Riesco a leggere testi molto brevi e semplici e a trovare informazioni specifiche e prevedibili in materiale di uso quotidiano, quali pubblicità, programmi, menu e orari. Riesco a capire lettere personali semplici e brevi.	Riesco a capire testi scritti di uso corrente legati alla sfera quotidiana o al lavoro. Riesco a capire la descrizione di avvenimenti, di sentimenti e di desideri contenuta in lettere personali.	Riesco a leggere articoli e relazioni su questioni d'attualità in cui l'autore prende posizione ed esprime un punto di vista determinato. Riesco a comprendere un testo narrativo contemporaneo.	Riesco a capire testi letterari e informativi lunghi e complessi e so apprezzare le differenze di stile. Riesco a capire articoli specialistici e istruzioni tecniche piuttosto lunghe, anche quando non appartengono al mio settore.	Riesco a capire con facilità praticamente tutte le forme di lingua scritta inclusi i testi teorici, strutturalmente o linguisticamente complessi, quali manuali, articoli specialistici e opere letterarie.

		A1	A2	B1	B2	C1	C2
PARLATO	Interazione	Riesco a interagire in modo semplice se l'interlocutore è disposto a ripetere o a riformulare più lentamente certe cose e mi aiuta a formulare ciò che cerco di dire. Riesco a porre e a rispondere a domande semplici su argomenti molto familiari o che riguardano bisogni immediati.	Riesco a comunicare affrontando compiti semplici e di routine che richiedano solo uno scambio semplice e diretto di informazioni su argomenti e attività consuete. Riesco a partecipare a brevi conversazioni, anche se di solito non capisco abbastanza per riuscire a sostenere la conversazione.	Riesco ad affrontare molte delle situazioni che si possono presentare viaggiando in una zona dove si parla la lingua. Riesco a partecipare, senza essermi preparato, a conversazioni su argomenti familiari, di interesse personale o riguardanti la vita quotidiana (per esempio la famiglia, gli hobby, il lavoro, i viaggi e i fatti di attualità).	Riesco a comunicare con un grado di spontaneità e scioltezza sufficiente per interagire in modo normale con parlanti nativi. Riesco a partecipare attivamente a una discussione in contesti familiari, esponendo e sostenendo le mie opinioni.	Riesco a esprimermi in modo sciolto e spontaneo senza dover cercare troppo le parole. Riesco a usare la lingua in modo flessibile ed efficace nelle relazioni sociali e professionali. Riesco a formulare idee e opinioni in modo preciso e a collegare abilmente i miei interventi con quelli di altri interlocutori.	Riesco a partecipare senza sforzi a qualsiasi conversazione e discussione e ho familiarità con le espressioni idiomatiche e colloquiali. Riesco a esprimermi con scioltezza e a rendere con precisione sottili sfumature di significato. In caso di difficoltà, riesco a ritornare sul discorso e a riformularlo in modo così scorrevole che difficilmente qualcuno se ne accorge.

		A1	A2	B1	B2	C1	C2
PARLATO	Produzione orale	Riesco a usare espressioni e frasi semplici per descrivere il luogo dove abito e la gente che conosco.	Riesco a usare una serie di espressioni e frasi per descrivere con parole semplici la mia famiglia e altre persone, le mie condizioni di vita, la carriera scolastica e il mio lavoro attuale o il più recente.	Riesco a descrivere, collegando semplici espressioni, esperienze ed avvenimenti, i miei sogni, le mie speranze e le mie ambizioni. Riesco a motivare e spiegare brevemente opinioni e progetti. Riesco a narrare una storia e la trama di un libro o di un film e a descrivere le mie impressioni.	Riesco a esprimermi in modo chiaro e articolato su una vasta gamma di argomenti che mi interessano. Riesco a esprimere un'opinione su un argomento d'attualità, indicando vantaggi e svantaggi delle diverse opzioni.	Riesco a presentare descrizioni chiare e articolate su argomenti complessi, integrandovi temi secondari, sviluppando punti specifici e concludendo il tutto in modo appropriato.	Riesco a presentare descrizioni o argomentazioni chiare e scorrevoli, in uno stile adeguato al contesto e con una struttura logica efficace, che possa aiutare il destinatario a identificare i punti salienti da rammentare.

		A1	A2	B1	B2	C1	C2
SCRITTO	Produzione scritta	Riesco a scrivere una breve e semplice cartolina, ad esempio per mandare i saluti delle vacanze. Riesco a compilare moduli con dati personali scrivendo per esempio il mio nome, la nazionalità e l'indirizzo sulla scheda di registrazione di un albergo.	Riesco a prendere semplici appunti e a scrivere brevi messaggi su argomenti riguardanti bisogni immediati. Riesco a scrivere una lettera personale molto semplice, per esempio per ringraziare qualcuno.	Riesco a scrivere testi semplici e coerenti su argomenti a me noti o di mio interesse. Riesco a scrivere lettere personali esponendo esperienze e impressioni.	Riesco a scrivere testi chiari e articolati su un'ampia gamma di argomenti che mi interessano. Riesco a scrivere saggi e relazioni, fornendo informazioni e ragioni a favore o contro una determinata opinione. Riesco a scrivere lettere mettendo in evidenza il significato che attribuisco personalmente agli avvenimenti e alle esperienze.	Riesco a scrivere testi chiari e ben strutturati sviluppando analiticamente il mio punto di vista. Riesco a scrivere lettere, saggi e relazioni esponendo argomenti complessi, evidenziando i punti che ritengo salienti. Riesco a scegliere lo stile adatto ai lettori ai quali intendo rivolgermi.	Riesco a scrivere testi chiari, scorrevoli e stilisticamente appropriati. Riesco a scrivere lettere, relazioni e articoli complessi, supportando il contenuto con una struttura logica efficace che aiuti il destinatario a identificare i punti salienti da rammentare. Riesco a scrivere riassunti e recensioni di opere letterarie e di testi specialistici.

Anche se non stai compilando un curriculum europeo, questo sistema di classificazione può aiutarti a fare un'autovalutazione meno improvvisata evitando così le brutte figure. Quando dovrai giudicare se la tua conoscenza di una lingua è sufficiente, discreta, buona o ottima, tieni conto di questa scala e individua di conseguenza il tuo livello.

Sezione conoscenze informatiche

La prima informazione da indicare in questa sezione è la tua dimestichezza con i programmi più diffusi (Word, Excel, Power Point, Access eccetera). Se ti stai candidando per un ruolo a elevato profilo tecnico, devi segnalare anche le conoscenze più caratteristiche legate alla funzione, ovvero la tua capacità di utilizzare software specifici ad esempio per la grafica, la meccanica, la contabilità eccetera oppure la conoscenza di particolari linguaggi di programmazione. Scrivi ovviamente se possiedi la patente informatica, ottimo passaporto per lavorare in Europa, o se hai conseguito titoli in corsi di specializzazione.

Inutile indicare Internet e posta elettronica

Saper usare Internet e la posta elettronica costituiscono ormai due requisiti indispensabili per lavorare in ufficio e vengono dati per scontati. Indicare una tua competenza in questo senso rischierebbe dunque di sembrare ridondante, se non addirittura ridicolo. A meno che non lo richieda la particolare posizione, meglio sorvolare sulle tue abilità in chat o su Messenger o Skype.

“ In che modo devo indicare nel curriculum le mie competenze informatiche?

Nella nostra valutazione di profili tecnici siamo molto attenti alle parole usate dal candidato nel curriculum o nel colloquio. Nel primo caso, verifichiamo che le conoscenze inserite siano coerenti tra loro: ad esempio, accanto all'indicazione "AS/400" ci aspettiamo di trovare altri termini legati alla programmazione come RPG. Durante il primo colloquio, poi, ci focalizziamo sulla proprietà di linguaggio e sul grado di sicurezza con cui il candidato si esprime. Sarà poi parlando con il Responsabile di Linea che si valuteranno nel dettaglio le singole competenze, chiedendo tra le altre cose qual è la situazione più complessa che il nostro interlocutore si è trovato a gestire.

CINZIA GRIMAUDO

HR Specialist Esprinet Group ”

SISTEMI OPERATIVI E PROGRAMMI CONOSCIUTI:

CORSI DI INFORMATICA FREQUENTATI: ente, periodo, eventuali certificazioni conseguite, votazione:

Sezione hobby e interessi

Molte persone ritengono fuori luogo se non addirittura controproducente inserire nel curriculum informazioni relative ai propri interessi extraprofessionali. In realtà, all'interno del mondo delle Risorse Umane sta sempre più prendendo piede il concetto di work-life balance, vale a dire che rispetto al passato si tende a dar maggior peso all'equilibrio fra la vita lavorativa e quella privata. In tal senso, dimostrarti una persona del tutto priva di passatempi o interessi al di là dell'attività professionale può porti in cattiva luce agli occhi del selezionatore. D'altra parte occorre come sempre usare buon senso e fare riferimento a hobby che rivelino aspetti importanti della tua personalità.

Non è ben visto un candidato senza hobby

Praticare uno sport come il calcio o il basket, ad esempio, può essere indicatore della capacità di lavorare in team e di sapersi coordinare e relazionare con gli altri. D'altro canto, giocare a tennis o nuotare a livello agonistico può denotare un carattere determinato e uno spirito più individualistico. Partecipare ad attività di volontariato o a progetti di utilità sociale può far considerare un candidato affidabile e attento alle esigenze altrui. Leggere molto, così come frequentare cineforum o mostre e convegni, mette in luce una certa vivacità intellettuale.

I tuoi interessi parlano di te

Questi esempi sono comunque delle chiare forzature. Non è detto che un dato hobby sia il segnale univoco di un tratto del tuo carattere. E questo un selezionatore lo sa. Molto più banalmente, indicare quello che ti piace fare nel tempo libero significa aprire un punto di contatto informale con il selezionatore, che, nell'eventuale colloquio, potrà decidere di cominciare l'intervista chiedendoti – per metterti a tuo agio – che cosa ne pensi dell'ultimo libro del tuo scrittore preferito.

Ricordati infatti che il curriculum non esaurisce il suo compito nella prima fase della selezione. Durante il colloquio il selezionatore prenderà certamente spunto da alcuni passaggi del tuo curriculum per farti delle domande, proporti degli argomenti di discussione e farsi raccontare un po' di te. Tienine conto quando lo scrivi.

Ogni passaggio del CV può ispirare una domanda nel colloquio

COSÌ SI FA

"Nel tempo libero amo cucinare per gli amici."

COSÌ NON SI FA

"Mi piace cucinare, in particolare, la mia specialità sono le melanzane alla parmigiana, che cucino per le feste e per le occasioni importanti con parenti e amici. Non mi piace invece preparare i dolci, forse perché sono perennemente a dieta."

L'autorizzazione al trattamento dei dati personali

Un curriculum contiene dati personali, che in alcuni casi possono essere anche di natura sensibile, ovvero, secondo la legge sulla privacy, riguardare notizie circa il tuo credo politico o religioso o il tuo orientamento sessuale, la tua origine razziale o etnica, la tua adesione a partiti politici, sindacati o il tuo stato di salute. Questo può avere particolare rilevanza, ad esempio, se appartieni a categorie protette perché scriverlo nel CV potrebbe agevolare il tuo ingresso in azienda. Per legge, infatti, le imprese hanno l'obbligo di assumere un certo numero di persone con disabilità o parenti di vittime del terrorismo o di caduti sul lavoro, per limitarsi a qualche esempio, proporzionale al numero dei dipendenti. Al contrario, se sei

Se appartieni a categorie protette ti conviene indicarlo

Sull'appartenenza politica meglio sorvolare

politicamente attivo, può non essere una buona idea menzionare il partito a cui sei iscritto, non solo perché rischi di risultare inviso al selezionatore, ma soprattutto perché difficilmente questa informazione è pertinente rispetto alla candidatura.

In tutti i casi, ricordati di inserire in calce al tuo curriculum la dicitura che autorizza il trattamento dei dati ai sensi del Decreto legislativo 196 del 2003 secondo la formula seguente: "Autorizzo il trattamento dei miei dati personali ai sensi del D. lgs. 196/03". Anche se registri il tuo profilo all'interno di un sito per la ricerca di un lavoro occorre concedere l'autorizzazione. Attenzione però in questo caso a verificare punto per punto che tipo di permessi stai dando: puoi decidere ad esempio di rendere accessibile a tutti il tuo curriculum o al contrario bloccare alcune aziende (magari quella in cui stai lavorando adesso, per non farle sapere che stai cercando un altro lavoro...); puoi scegliere di ricevere delle newsletter con le ultime novità del tuo settore o meno; puoi pretendere che i tuoi dati non siano rivenduti a terzi per ragioni di marketing, ma siano utilizzabili solo per finalità legate alla Selezione del Personale.

Attenzione a che cosa autorizzi

La foto

Foto solo se richieste e in primo piano

Solo se richiesta e in primo piano: ecco le due regole auree a proposito dell'inserimento nel curriculum di una tua fotografia. Allegare una tua immagine ha senso più che altro se ti candidi per posizioni legate al rapporto con il pubblico (ad esempio: commessa, segretaria di direzione), mentre può essere fuori luogo per altri tipi di lavoro (la maggior parte, a dire la verità). In più, se ti proponi via mail, il file di una fotografia può pesare molto e bloccare la posta del destinatario. Attenzione quindi a non essere troppo vanesi e a non innervosire un possibile datore di lavoro con materiali non richiesti. Nei casi in cui invece la foto fosse sollecitata, evita assolutamente pose ammiccanti, ritocchi digitali o ambientazioni poco professionali tipo le ultime vacanze al mare. Un primo piano (stile fototessera) andrà benissimo. A seconda delle tue abilità con i programmi di grafica, potrai decidere se inserire la foto in alto a destra direttamente nel Documento Word, allegarla a parte oppure apporla a mano e graffettarla.

No a pose ammiccanti o foto del mare

Gli allegati

Come regola generale, meglio non allegare certificati, attestati o documenti a meno che non lo richieda espressamente il datore di lavoro. Quantomeno nella prima fase difficilmente ti verrà chiesto di spedirli.

Allegati solo se richiesti

Metti il turbo al curriculum ovvero la lettera di presentazione

Perché il tuo curriculum sia davvero efficace, però, deve essere corredato e potenziato da un altro documento: la lettera di presentazione.

La lettera di presentazione è un breve testo che deve contenere non solo una sintesi del tuo profilo professionale (una sorta di riassunto discorsivo del curriculum, come lo faresti a chi ti chiedesse: "Mi dica in due pa-

Che cosa ho fatto finora? Perché voglio lavorare lì?

role che cosa ha fatto finora?"), ma soprattutto saper rispondere in modo convincente alla domanda che si pone chi riceve il tuo CV: "Perché questa persona vuole venire a lavorare proprio qui?". Non mandare la lettera di presentazione può essere scambiato per un segno di pigrizia o di scarso interesse nei confronti della posizione offerta. Allegarla significa viceversa garantirti una chance in più per accedere al colloquio. Essa infatti manifesta ai tuoi interlocutori che sei veramente interessato a quel lavoro e non stai semplicemente mandando curriculum a pioggia. Ricordati che per un selezionatore uno degli aspetti più importanti da considerare in un candidato è la motivazione. Questo è il primo passo per dimostrarla. Scrivere una lettera ad hoc per ciascuna azienda è un'attività che richiede tempo e concentrazione. Tramite essa devi far emergere non solo preparazione, esperienza e personalità ma anche le tue ambizioni. Soprattutto attraverso questo documento hai modo di chiarire il contributo specifico che tu potresti portare all'azienda in questione. Quello che tu e solo tu puoi offrirle. Per fare tutto questo hai a disposizione un modello meno rigido di quello del curriculum, che ti consente maggiore spazio e libertà di espressione. Senza esagerare però. Ci sono infatti anche in questo caso linee-guida da seguire:

Dimostra la tua motivazione

Indirizzala a una persona specifica

① laddove possibile, indirizza la lettera a una persona specifica e non genericamente alla Direzione del Personale (verificando eventuali nominativi nell'annuncio o cercandoli on line)

② se stai rispondendo a un'offerta non dimenticare di menzionare il riferimento, sia esso il codice o il nome della posizione offerta (meglio se entrambi, ad esempio: Riferimento Posizione: SSC08, Capo Reparto Supermercati Supermaxi Convenienza Lodi)

Indica i riferimenti dell'offerta a cui stai rispondendo

③ accertati che non compaiano errori di vario genere (ortografia, sintassi, formattazione eccetera)

④ usa un linguaggio chiaro, diretto, non troppo elaborato

⑤ non superare una pagina di lunghezza. Se inserisci la lettera di presentazione direttamente nel corpo dell'e-mail, non andare oltre la ventina di righe

Non più di una pagina

La struttura della lettera deve essere assolutamente logica, suddivisa preferibilmente in blocchi concettuali. Prova a individuare quali sono i passaggi fondamentali del discorso che vuoi fare e a ognuno di essi dedica un piccolo paragrafo. Metti l'accento su quegli aspetti del tuo curriculum che secondo te sono più rilevanti per l'azienda e la posizione per cui ti stai proponendo. Fai attenzione a non esagerare nell'enfasi e non mentire. Come già detto precedentemente per il CV, anche in questo caso tutti i nodi poi vengono al pettine. È importante inoltre che nelle poche righe della lettera tu dimostri di conoscere l'attività dell'azienda e del mercato in cui opera. A questo proposito i siti Web (quello aziendale, ma anche forum, blog, social network) ed eventualmente una chiacchierata con qualcuno che già vi lavora o che è attivo in quel settore possono essere delle ottime fonti di informazioni. Infine dovresti riuscire a mostrare competenze, se non proprio esperienza,

Dimostra di conoscere l'azienda e la posizione

Fai trasparire il tuo entusiasmo

adatte alla posizione da ricoprire, far capire insomma a chi legge la tua lettera che hai un'idea di ciò di cui stai parlando. Nei limiti del buon senso, lo stile dovrebbe riflettere anche la tua personalità, oltre che far trasparire una buona dose di entusiasmo. In altre parole una buona lettera di presentazione non riassume semplicemente il curriculum, ma gli mette il turbo.

Calibra la lettera sul destinatario

Non esiste una lettera di presentazione perfetta per tutte le occasioni. Devi saper calibrare il tiro di volta in volta a seconda dell'obiettivo che vuoi raggiungere. Sarà tuo compito quindi avere sempre in mente il destinatario (o meglio il tipo di azienda e di posizione per cui ti proponi) a cui la lettera è rivolta, e valorizzare tutti quegli aspetti del tuo percorso formativo e lavorativo che possano apparire come idonei e vantaggiosi agli occhi di quel Direttore delle Risorse Umane. Nel concreto, ad esempio, il fatto che tu abbia frequentato un determinato corso di specializzazione o l'argomento della tua tesi potranno avere rilievo in un certo contesto e apparire al contrario fuori luogo in un altro.
Ricordati inoltre che lo scopo di queste poche righe è quello di convincere il tuo interlocutore che tu sei la persona giusta per quella posizione.

Se scrivi a mano fallo con naturalezza

Da ultimo, un'indicazione sulla forma. A volte le aziende richiedono che la lettera sia scritta a mano per comprendere meglio la personalità e le potenzialità del candidato. In quel caso è inutile che ti sforzi di scrivere "bene" o che forzi il tuo stile. Non serve un'analisi grafologica per verificare subito blocchi, tensioni, forzature.

Quand'è che una lettera di presentazione fa la differenza?

Per noi in CAMST una lettera di presentazione può fare la differenza quando al suo interno il candidato precisa se ha fatto esperienze formative o professionali coerenti con la posizione ricercata, indipendentemente se è scritta a mano o con il computer; non valorizziamo presentazioni troppo generiche o con testi standard. Noi preferiamo che la lettera di presentazione, così come il curriculum, venga inviata attraverso il nostro sito: ciò consente di registrare immediatamente i dati dei candidati nel nostro database.

FRANCESCA AMBROGI
Selezione e Sviluppo Risorse Umane
CAMST Soc. Coop. a r.l.

UN ESEMPIO DI LETTERA DI PRESENTAZIONE

Gentile dottor Pirovano,

[RIFERIMENTO ALLA POSIZIONE]
le scrivo questa lettera di presentazione in riferimento all'annuncio pubblicato su "Il Corriere della Sera" del 24 settembre per la posizione di **Customer Service Manager** per la vostra azienda (codice CS//Corriere).

[ESPERIENZA PROFESSIONALE PERTINENTE]
Mi chiamo Carla Conti e attualmente curo il servizio di **Customer Care** per la Foer srl, società di

noleggio autovetture, presso la sede a Monza. Quanto al mio attuale ruolo, mi occupo di gestire un gruppo di quattro addette all'assistenza clienti, che avviene prevalentemente in forma telefonica. Prima di entrare in Foer ero la **Responsabile Clienti Business** di Manetti Auto, concessionaria di automobili di Gessate. Ho quindi una certa esperienza nella gestione delle flotte aziendali e dei servizi di autonoleggio, che credo potrebbe essermi utile nella vostra organizzazione, soprattutto nella sua Divisione Grandi Clienti.

[MOTIVI DELLA CANDIDATURA]
Come riportato nel curriculum, dopo il diploma ho sempre privilegiato lavori che mi permettessero di entrare in contatto con i clienti e crescere a livello professionale. Per questo sono estremamente interessata a operare in un'azienda più grande e strutturata come la vostra, sviluppando nuove competenze e confrontandomi in un mercato più ampio e concorrenziale. Vorrei anche sfruttare la mia conoscenza della lingua inglese, che ho approfondito anche con un corso serale.
Le invio pertanto il mio curriculum vitae aggiornato e la ringrazio anticipatamente per l'attenzione che vorrà dedicarmi.
Cordiali saluti,

Carla Conti

[CONTATTI]
carlaconti@postamail.it
342.67757XXX

Che differenza c'è tra il curriculum cartaceo e quello on line?

Da qualche anno è sempre più comune il ricorso a Internet per ricercare un lavoro. Non solo il curriculum può essere inviato via mail all'indirizzo di posta elettronica del selezionatore, posto in calce a un annuncio, ma può anche essere registrato all'interno di un sito di recruiting on line. Lo scopo di quest'ultima mossa è quello di aumentare le probabilità di essere contattati da chi cerca personale. Non sempre infatti le aziende pubblicano annunci su quotidiani, riviste specializzate o sul proprio sito quando hanno bisogno di collaboratori. Talvolta preferiscono consultare direttamente e in totale autonomia una banca dati on line di CV, così da fare in prima persona una scrematura dei profili da contattare. Un curriculum on line ha perciò innanzitutto una doppia funzione rispetto a quello cartaceo: mentre quest'ultimo ti serve solo quando ti proponi direttamente all'azienda per un lavoro, il curriculum on line può essere utile per farti trovare dai selezionatori anche quando non stai cercando attivamente un impiego. Dal punto di vista formale un CV on line può essere:

Il CV on line serve anche per farti "pescare"

- caricato on line facendo l'upload del documento word o copiando e incollando il testo sul modello predisposto
- compilato campo dopo campo seguendo una procedura standard definita form.

Il ruolo strategico dei parametri

In entrambi i casi, la natura digitale del curriculum ti consente di fruire di tutta una serie di vantaggi. In primo luogo, i selezionatori che consultano i database di CV del sito di recruiting on line arrivano più facilmente all'individuazione dei candidati più in linea con le proprie esigenze attraverso l'utilizzo di un motore di ricerca che consente loro di estrarre dalla banca dati soltanto chi è in possesso di certi requisiti. Ecco perché è importante inserire con accortezza i parametri del tuo CV, come ad esempio il settore o la professione desiderati: più starai attento a compilare le informazioni richieste (restringendo o allargando le maglie del tuo profilo a seconda dei tuoi obiettivi) più sarà facile che tu venga contattato da chi cerca personale.

COSÌ SI FA

Il CV on line può (anzi, deve) essere gestito: non solo va aggiornato a ogni nuova esperienza, ma va fatto un refresh periodico (ogni tre mesi è l'ideale) per rendere nota la tua disponibilità a prendere in considerazione delle proposte. Non serve in questo caso aggiungere nulla (specie se non c'è nulla da aggiungere, nessuna esperienza nuova o nessun corso frequentato). Basta fare il refresh del tuo curriculum e automaticamente questo risulterà come appena inserito.

COSÌ NON SI FA

Un CV depositato su Internet e abbandonato lì non ha senso: un'azienda non contatterà mai chi ha fatto un'ultima modifica al suo profilo personale un anno fa.

Un'ultima raccomandazione. Se decidi di inviare il tuo CV per posta, la carta scelta deve consentire la massima leggibilità, dev'essere preferibilmente bianca e va imbustata con accuratezza. Non importa che abbia una grammatura particolare o tantomeno che sia prestigiosa. Quel che conta è che non risulti disordinata o, peggio ancora, sporca. Ricordati, anche in questo caso, che il tuo curriculum, in tutti i suoi aspetti, parla *sempre* di te.

Carta sobria ma ordinata

Il curriculum per la carriera internazionale: Europass e il CV in inglese

Tutti i suggerimenti che ti abbiamo fornito finora sono stati pensati per la compilazione ex novo del CV seguendo una procedura standard ma non formalizzata. Tant'è che ti è stata indicata la possibilità di decidere cosa valorizzare a seconda della tua storia professionale e del tipo di lavoro ricercato.

Questo costituisce il punto di forza e insieme di debolezza dei CV "costruiti" ad hoc. Di forza perché rappresentano in tutto e per tutto la tua unicità, e ti consentono di raccontarti in prima persona dando concretezza al percorso professionale compiuto in un modo irripetibile e peculiare. Di debolezza perché a volte un curriculum che non segue canoni formali può risultare poco "vendibile" ed essere, oltretutto, più difficile da redigere.

Per il mercato internazionale meglio un CV standard

Per competere nel mercato internazionale, ad esempio, può essere conveniente utilizzare Europass, un tempo noto come curriculum europeo, un curriculum standard, definito dalla "Gazzetta Ufficiale della

Comunità europea": "una risorsa destinata alla presentazione sistematica, cronologica e flessibile delle competenze e delle qualifiche dei cittadini".

Un linguaggio comune per tutti i Paesi

Nato da un progetto della Commissione europea per favorire lo sviluppo della mobilità dei lavoratori e degli studenti, questo CV standardizzato dovrebbe permettere ai selezionatori di diverse nazionalità di capire al meglio il profilo dei candidati, senza incorrere nei malintesi dovuti ai differenti modi di descrivere il percorso scolastico e professionale a seconda degli usi del proprio Paese di origine.

L'idea alla base del progetto è quindi quella di andare verso una trasparenza e un'efficienza sempre maggiori, così che tutti i candidati siano posti sullo stesso piano anche dal punto di vista formale. A tal fine, la struttura del modello è standardizzata e suddivisa in sei sezioni principali:

- informazioni personali (dati anagrafici e recapiti)
- esperienze lavorative (partendo dalla più recente)
- istruzione e formazione (percorso scolastico ed eventuali specializzazioni)
- capacità e competenze personali (acquisite nel corso della vita e della carriera ma non necessariamente riconosciute da certificati e diplomi ufficiali)
- ulteriori informazioni (note, referenze)
- allegati.

Pregi e difetti dell'Europass

Ma come viene valutato dai candidati questo modo di proporsi alle aziende? C'è chi ne contesta la lunghezza e l'eccessiva burocraticità e chi invece vede la standardizzazione come un fattore che aumenta la "democraticità" del processo di reclutamento del personale. I selezionatori, dal canto loro, sembrano prediligere il curriculum vecchio stile, che – sempre diverso e personalizzato – consente di comprendere meglio alcuni tratti caratteriali del candidato che si sta presentando attraverso quelle righe.

"Meglio privilegiare un modello standard di curriculum o dargli un taglio personale?

Personalmente non apprezzo affatto modelli predeterminati di curriculum. La mia idea è che il CV debba portare con sé tratti molto personali: mi aspetto di vedere il tocco di ciascun candidato, voglio vedere la personalità che emerge nel profilo nel momento stesso in cui lo leggo. Per questo, specialmente per i più giovani, consiglio sempre di inserire le cose in cui si si crede, i propri valori e orientamenti, senza avere paura di sbilanciarsi.

DANILO BENEDETTI
Direttore Centrale Risorse Umane
Banca Mediolanum S.p.a."

Anche le multinazionali possono chiederti un CV in lingua

Redigere un curriculum in lingua è il primo passo se intendi cercare un lavoro all'estero (in tal caso Europass è uno strumento essenziale). Del resto saperlo fare può tornarti utile anche se vuoi lavorare in un contesto multinazionale. Spesso la prima forma di contatto con l'azienda in questi casi è la richiesta di un tuo profilo nella lingua della casa madre. Meglio quindi non farti trovare impreparato.

Anche qui non più di due pagine

Il curriculum in inglese normalmente utilizzato nei Paesi anglofoni non presenta differenze sostanziali di layout rispetto a quello italiano. Devono essere rispettati i medesimi criteri di sintesi, chiarezza e schematicità. E anche in questo caso non si devono superare le due pagine.

Oltre a quelle prese in esame in precedenza, per il CV in inglese sono particolarmente significative le sezioni dedicate alle relevant skills e alle references.

Focalizzati su relevant skills e references

Nel primo caso, vale a dire quello dedicato alle tue competenze specifiche, si tratta di un breve paragrafo che sintetizza le tue abilità e attitudini potenzialmente interessanti per il selezionatore. Ad esempio, se ti stai candidando per un lavoro all'interno di un ufficio stampa, puoi focalizzarti sulle tue abilità relative a scrittura di comunicati, analisi dei media, capacità relazionali, conoscenza del mondo giornalistico. Quel che conta in questo caso è capire quali capacità e conoscenze sono richieste dalla posizione lavorativa per cui ti proponi e quindi inserire le caratteristiche corrispondenti del tuo profilo. Nella sezione dedicata alle referenze, poco diffusa nel curriculum italiano, occorre indicare il nome di una persona che può garantire per te e per la tua qualità professionale, aggiungendo la sua posizione (ad esempio Direttore Commerciale dell'azienda XY o titolare della ditta WZ) e un suo recapito telefonico, oltre a un recapito e-mail. È bene ovviamente inserire solo il nome dei precedenti datori di lavoro con cui sei rimasto in buoni rapporti, avvisandoli che li hai inseriti tra le tue referenze. Soprattutto se chi ti contatta per offrirti un lavoro è straniero, infatti, è molto probabile che vengano effettivamente contattati.

Non aggiungere l'autorizzazione al trattamento dei dati personali: l'obbligo vale solo per i CV rivolti ad aziende italiane, essendo la legge valida solo nel nostro Paese. Il selezionatore straniero non ne comprenderebbe il significato.

Anche le multinazionali possono chiederti un CV in lingua

Ora che si sono passati in rassegna tutti i punti salienti di una biografia professionale, perché non provare a scrivere la tua?

AL LAVORO

Dati personali

NOME, COGNOME:

LUOGO DI NASCITA:

DATA DI NASCITA:

RESIDENZA:

DOMICILIO (da inserire se diverso dalla residenza):

DISPONIBILITÀ AL TRASFERIMENTO (esempio: entro il Comune di residenza/la provincia/la regione // all'estero):

TIPO DI PATENTE:

AUTOMUNITO:

Percorso formativo

TITOLO DEL MASTER FREQUENTATO:

UNIVERSITÀ/ENTE EROGATORE:

EVENTUALI CERTIFICAZIONI (ad esempio: ASFOR):

PERIODO DI SVOLGIMENTO:

EVENTUALE TESI (se svolta), NOME DELLA MATERIA E DEL RELATORE:

EVENTUALE VOTO FINALE:

MODALITÀ DI SVOLGIMENTO DELLO STAGE (se previsto):

TITOLO E TIPOLOGIA DEL CORSO DI LAUREA FREQUENTATO:
UNIVERSITÀ, FACOLTÀ:
PERIODO DI SVOLGIMENTO/ANNO DI CONSEGUIMENTO DEL TITOLO:
TITOLO DELLA TESI, NOME DELLA MATERIA E DEL RELATORE (se svolta in azienda, fornire il massimo numero di dettagli possibili):
VOTAZIONE FINALE:
MODALITÀ DI SVOLGIMENTO DELLO STAGE (se previsto):
TIPO DI DIPLOMA CONSEGUITO, NOME DELL'ISTITUTO, ANNO DI CONSEGUIMENTO, VOTAZIONE:

Percorso professionale

POSIZIONE ATTUALE

Anno di inizio - Oggi
Azienda :
Nome della posizione:
Descrizione mansione e risultati, riporto funzionale, esperienza di gestione delle risorse:
Inquadramento (contratto, livello):

ESPERIENZE PRECEDENTI

Anno di inizio e fine
Azienda:
Nome della posizione:
Descrizione mansione e risultati, riporto funzionale, esperienza di gestione delle risorse:
Inquadramento (contratto, livello):

Conoscenze linguistiche

LINGUA CONOSCIUTA: livello orale/scritto, frequenza dell'eventuale uso professionale
CORSI DI LINGUA FREQUENTATI: ente, periodo, eventuali certificazioni conseguite, votazione:

Conoscenze informatiche

SISTEMI OPERATIVI E PROGRAMMI CONOSCIUTI:

CORSI DI INFORMATICA FREQUENTATI: ente, periodo, eventuali certificazioni conseguite, votazione:

Hobby e interessi

Autorizzo il trattamento dei miei dati personali ai sensi del D. lgs. 196/03

(Firma)

Appendice

Lo si è ripetuto molte volte in questo capitolo: non esiste il curriculum perfetto. Ci sono però degli esempi a cui puoi fare riferimento per prendere degli spunti. Ecco perché qui di seguito riportiamo alcuni CV, classificati per tipologie differenti di candidati. Come vedrai, non seguono "alla lettera" le indicazioni date nel corso del capitolo, ma fanno emergere in maniera brillante ed efficace le caratteristiche distintive di chi li ha scritti. Questi esempi, uniti ai suggerimenti delle pagine precedenti, dovrebbero guidarti nella compilazione della tua biografia personale.

Curriculum Vitae ROBERTO CALDERINI

DATI PERSONALI

Nato a: Milano, il 25.07.1987
Telefono: 02 7777778
Cellulare: 338 4444444
E-mail: roberto.calderini@libero.it
Residenza: Via dei Ciclamini 11 - 20063 Cernusco sul Naviglio (Milano)
Servizio militare: esente

FORMAZIONE

2006 Diploma di Ragioniere/Programmatore presso l'ITC G.Compagnoni di Milano (MI)
Votazione: 84/100

2006 Patente Europea del Computer (ECDL) presso l'ITC G.Compagnoni di Milano (MI)

LINGUE

Inglese Buona padronanza sia della lingua scritta sia di quella parlata
Francese Conoscenza discreta sia della lingua scritta sia di quella parlata

ESPERIENZE

Marzo '07/ Attuale: Impiegato presso Wender S.p.A. (Milano, MI); Network Operation – Attività: Problem Solving, Assistenza
Gennaio '07 / Febbraio '07: stage presso la Riff S.p.A. (MI); Ufficio Amministrazione – Attività: Contabilità

CONOSCENZE INFORMATICHE

Ottima conoscenza fonia tradizionale (TDM)
Conoscenze di base sul Voip
Buona conoscenza reti
Ottima conoscenza del pacchetto MS Office
Configurazione e Istallazione di Hardware e Software
Conoscenza dei sistemi operativi Windows
Fotoritocco utilizzando Photoshop e Fireworks MX
Creazione di pagine Web mediante Dreamweaver MX
Buona conoscenza del linguaggio di programmazione Visual Basic

CARATTERISTICHE PERSONALI

Grande flessibilità e spirito d'adattamento; predisposto al lavoro di gruppo; leale, dinamico, ambizioso e intraprendente; intuitivo e spontaneo; capace di organizzare il lavoro e il proprio tempo.

ALTRI INTERESSI

Arbitro di calcio da cinque anni. Appassionato di musica, di cinema e di sport in generale. Amo viaggiare e utilizzare il computer.

Autorizzo il trattamento dei dati personali ai sensi del D.lgs. 196/2003 sulla Privacy

CURRICULUM VITAE
FORMATO EUROPEO

INFORMAZIONI PERSONALI

Nome	**Daniela BATTISTINI**
Indirizzo	Via Cagliero 77/B – 86170 Isernia
Telefono	**0865 3333333**
Cellulare	**339 811111111**
E-mail	**d.battistini@gmail.com**
Nazionalità	Italiana
Data di nascita	Isernia, 6/01/1983
Patente	Auto, Categoria B

ISTRUZIONE E FORMAZIONE

marzo 2005 - 26 maggio 2008	**Laurea Specialistica in Ingegneria Chimica** presso Università degli Studi di Napoli "Federico II" con votazione di 110/110 e lode Titolo della Tesi di Laurea: **Metodi Innovativi per la Produzione di Biodiesel**. Relatore: Prof. Lorenzo Panvini
ottobre 2001 - marzo 2005	**Laurea di Primo Livello in Ingegneria Chimica** presso Università degli Studi di Napoli "Federico II" con votazione di 108/110 Titolo della Tesi di Laurea: **Stabilità operativa delle lipasi in un reattore enzimatico a letto fisso**. Relatore: Prof. Lorenzo Panvini
giugno 2001	**Diploma di Maturità Scientifica** presso Liceo Scientifico Statale "Ettore Majorana" – Isernia con votazione di 100/100

CAPACITÀ E COMPETENZE PERSONALI

madrelingua	**Italiano**
altre lingue	**Inglese** Capacità di lettura: OTTIMA; Capacità di scrittura: OTTIMA; Capacità di espressione orale: OTTIMA
Note	Certificazione P.E.T. (Preliminary English Test), effettuata dalla *Cambridge University* e conseguita nel 2001

CAPACITÀ E COMPETENZE RELAZIONALI

Attitudine a lavorare in 'team' acquisita durante il corso degli studi universitari sostenendo più volte esami che prevedevano una parte di progetto e/o verifica da svolgere in gruppo. Mi ritengo una persona socievole e dinamica, capace di adattarsi facilmente a ogni ambiente, professionale e non, cogliendo sempre il meglio di ogni situazione.

CAPACITÀ E COMPETENZE TECNICHE

Ottima conoscenza del Pacchetto Office *(Word, Excel, Access, Power Point, Publisher, Front Page)* e Sistemi Operativi Microsoft.
In possesso di Patente Europea ECDL, conseguita nel 2001.
Ottima conoscenza del software Aspen Plus, specifico per la risoluzione di problemi dell'Ingegneria Chimica. In particolare, ho realizzato un progetto per il corso di Impianti Chimici grazie all'utilizzo del suddetto software per la depurazione di una corrente gassosa con solvente in torre di assorbimento (con ricircolo del solvente recuperato).
Ottima conoscenza di programmi applicativi (Matlab, Mathcad e Fluent).
Buona conoscenza di linguaggi di programmazione (C++, Pascal, HTML).
Nel corso della mia attività sperimentale per la realizzazione della Tesi di Laurea ho utilizzato i seguenti macchinari:

- Gas Cromatografo GC 2010 Shimadzu;
- Gas Cromatografo GC 17-A Shimadzu.

INTERESSI, CAPACITÀ E COMPETENZE ARTISTICHE

Interesse per la grafica WEB: utilizzo da autodidatta di programmi quali Adobe Photoshop e Macromedia Dreamweaver per la realizzazione di semplici pagine WEB con grafica personalizzata.
Particolare interesse per cinema, teatro e lettura di qualsiasi genere.
Amante dei viaggi e della buona musica.

INTERESSI, CAPACITÀ E COMPETENZE ARTISTICHE

Alla ricerca di una prima occupazione.
Disponibile a trasferimenti e trasferte in Italia e all'estero.

Autorizzo il trattamento dei dati personali ai sensi del D.lgs. 196/2003 sulla Privacy

Curriculum vitae di LORENZO SABATINI

Via Cavour, 12
20060 Carugate (MI)
Tel. 02.92111111
Cell 328.800000
Cell Az. 335.5000000
l.sabatini@inwind.it

Dati personali

Nazionalità:	Italiana
Luogo e data di nascita:	Milano - 22 Maggio 1964
Stato Civile:	Coniugato e padre di un bimbo di 3 anni

Studi effettuati

Maturità Scientifica nel 1983 presso il Liceo "Enrico Fermi" di Milano, con votazione di 49/60. Ho frequentato per tre anni, presso l'Università Statale di Milano, la Facoltà di Chimica Industriale, sostenendo i relativi esami.

Percorso Formativo

Dicembre 1994 – Programma Italia Investimenti "Acquisizione e gestione della clientela".

Conoscenze informatiche

Conoscenza del Sistema Operativo Windows XP e del pacchetto Office e del programma di Gestione Aziendale Navision.

Conoscenze linguistiche

Tedesco: ottima conoscenza (ho frequentato il Göethe Institut), inoltre ho approfondito la parte tecnica a seguito dei miei viaggi di lavoro in Germania.
Inglese: ottima conoscenza, lingua che utilizzo quotidianamente nella gestione dei rapporti con i clienti internazionali.

Esperienze lavorative

Dal febbraio 2006 a oggi, lavoro presso la **FOSTER POMPE S.p.A.**, (azienda italiana con filiali commerciali e produttive in Francia e in Cina) in qualità di **Product & Area Manager area Internazionale**, per lo sviluppo e la gestione dei gruppi vuoto standard e ingegnerizzati, con pompe ad anello liquido. Il mercato principale di riferimento è il settore power (energia), mercati minori sono il settore chimico, alimentare e industria. Attualmente riporto al General Manager.

Dal luglio 2002 a gennaio 2006 ho lavorato in qualità di **Area Manager Italia**, presso la **MATCHLE ITALIA S.p.A.** (oggi facente parte del gruppo Denver & Denver) multinazionale tedesca, che commercializza soffianti, pompe per vuoto e compressori rotativi a palette, a camme e a vite. Nel mio ruolo ero responsabile dello sviluppo e della gestione dei gruppi ingegnerizzati.

Dal settembre 2001 a luglio 2002 ho lavorato in qualità di **Area Manager Nord Italia**, presso la **FUJIKI ITALIA s.r.l.**, filiale della multinazionale Giapponese **FUJIKI CO. LTD.** che commercializza pompe a trascinamento magnetico, pompe a doppio diaframma azionate ad aria e sistemi di dosaggio. Il mio ruolo prevede la gestione e lo sviluppo del parco clienti, principalmente industrie del settore chimico e chimico-farmaceutico, all'interno dell'area a me assegnata.

Dall'aprile 1995 a luglio 2001 ho lavorato in qualità di **Technical Sale Representative** presso la **KANF ITALIA s.r.l.**, filiale della multinazionale tedesca KANF GmBH che commercializza pompe per vuoto e compressori a membrana.

Dal 1988 al 1995 ho lavorato presso l'azienda ING. **LUIGI DE SANCTIS** s.p.a. che svolgeva attività tecnico commerciale dal 1908 nel settore del vuoto industriale e dello scambio termico (eiettori, gruppi vuoto ad eiettori e termocompressori).

Hobbies/Interessi

Volo libero in parapendio (brevettato da 11 anni e istruttore); sassofonista in un gruppo.

Autorizzo il trattamento dei miei dati personali ai sensi della Legge 196/2003 in materia di privacy.

CV ANTONELLA BERTOLINI

residente in Via M. Gioia , 5 - Milano
cell. 329.000 000
e-mail a.bertolini@libero.it
cittadinanza italiana
nata a Milano il 18 gennaio 1974

ESPERIENZE LAVORATIVE

Gennaio 2005 – Oggi
SK Associati - Via Azuni, 14 - Milano

Agenzia di Comunicazione

Senior Account

Ufficio stampa e attività di Pubbliche Relazioni: stesura comunicati stampa, stesura mailing list per eventi stampa e di marketing, elaborazione strategie di comunicazione, attività di recall e follow up, rassegna stampa. Principali clienti seguiti: Dell, Samsung, Toshiba, Unicredit, Puma, Adidas eccetera.

Dicembre 2003 – Dicembre 2004
B2G S.r.l - Via Santa Maria Valle, 7/A - Milano

New Media Agency

Assistente area comunicazione (stage)
Ufficio stampa, attività di comunicazione interna ed esterna, attività di recall e follow up, stesura comunicati stampa, rassegna stampa, stesura mailing list per eventi stampa, direct marketing.

ISTRUZIONE E FORMAZIONE

1993 - 2003

Facoltà di Scienze della Comunicazione – Indirizzo Marketing e Comunicazione d'Azienda - Università degli Studi di Milano

Laurea in Comunicazione Istituzionale
Tesi discussa: "Assessorato allo sport del Comune di Milano - Analisi di un caso sulla comunicazione pubblica".

1988 - 1993
Liceo – Ginnasio "Siotto-Pintor" - Milano
Maturità Classica

CORSI DI SPECIALIZZAZIONE

Maggio - Luglio 2004: Cegos - Milano
Comunicazione d'impresa, comunicazione assertiva, conduzione della trattativa, pubbliche relazioni, organizzazione di eventi, elementi di PNL, scrittura efficace, public speaking.

LINGUE STRANIERE
Inglese: scritto e orale MOLTO BUONO
Spagnolo: scritto e orale BUONO

CAPACITÀ E COMPETENZE PERSONALI

Grande facilità nelle relazioni, sviluppata sia nell'ambiente di lavoro precedente e attuale attraverso il contatto diretto con tutti i livelli di mansione e responsabilità, spiccata attitudine al problem solving e al lavoro in team.

Applicativi: Word, Excel, Power Point.

OBIETTIVI

Lavoro da più di tre anni in Axis S.p.a. e la ritengo la più bella esperienza di lavoro della mia vita, dato che si tratta di un impiego dinamico, sempre a contatto con il mondo dei media e con i clienti. La mia passione per questo lavoro mi ha portato ad approfondire le mie conoscenze in ambito marketing e comunicazione divenendo un punto di riferimento all'interno del mio ambito lavorativo. La mia voglia di cercare un altro lavoro nasce dalla necessità di avere un planning settimanale più regolare e possibilmente ad orario part-time, perché da quasi un anno sono mamma di uno splendido piccino.

Autorizzo il trattamento dei miei dati personali ai sensi della Legge 196/2003.

Mario Rossi
Nato a Milano il 17/07/1960
Residente in Milano - Corso Magenta, 130
Tel.: 02-5555555
Cell.: 348-11111111
e-mail: mrossi@tiscali.it

Obiettivi

Servizio Legale Contenzioso e Recupero Crediti

Istruzione

- Corso di Perfezionamento in " Diritto Tributario d'Impresa " organizzato dal Centro Ricerche Tributarie d'Impresa presso Università L. Bocconi – anno 1990/91
- Corso di preparazione per l'esame di Procuratore Legale e al Concorso di Uditore Giudiziario tenuto dal prof . Vincenzo Mariconda – anno 1989/90
- Scuola di Notariato della Lombardia F. Guastalla organizzata dall'Ordine dei Notai del distretto di Milano – anno 1988/89
- LAUREA IN GIURISPRUDENZA
  conseguita presso l'Università degli Studi di Milano
  Tesi in Diritto Civile, dal titolo: "La responsabilità dell'imprenditore per il fatto dell'ausiliare" relatore prof. Pietro Trimarchi – anno 1987

Esperienze Professionali

Dal gennaio 2006 al novembre 2007 assunto con qualifica di "Supervisor" presso Delmonte Property Solutions Agency S.p.A. dove ho rivestito il ruolo di Vice Responsabile del settore Recupero Crediti (Mutui Ipotecari erogati da Cotta) – già membro del Consiglio di Amministrazione di Cotta NPL SRL – società facente parte del gruppo Cotta Holding con oggetto sociale l'acquisto, la gestione e il recupero di crediti non performing.
Dal 1992 al dicembre 2005 presso Finanziaria Ferrari S.p.A., dove ho maturato esperienza nel recupero giudiziale e stragiudiziale di crediti di origine

commerciale e finanziaria e nella valutazione di portafogli di crediti chirografari e ipotecari.
Rivestivo il ruolo di Responsabile della Sezione "Recupero Crediti di Titolarità dell'Azienda" con le seguenti competenze e funzioni operative:
– coordinare l'attività di recupero delle filiali e fornire supporto ai settoristi per le problematiche inerenti a crediti affidati per il recupero – seguire le pratiche di particolare impegno – verificare la rete dei legali esterni – verificare l'attività delle società di recupero esterne – vagliare le proposte di definizione bonaria dei crediti da presentare per l'approvazione; inoltre curavo i rapporti con i partners (anche esteri) della società fornendo il supporto tecnico necessario nonché i reports delle attività svolte e dei risultati conseguiti.
Quale responsabile della Sezione "Valutazione Crediti" aveva il compito di elaborare e predisporre le offerte di acquisto pro soluto di portafogli di crediti.

Competenze e Funzioni Operative svolte in Delmonte Property Solutions Agency S.p.A.

Compiti e attività :

- supervisionare le pratiche più complesse e importanti e la gestione di eventuali problematiche;
- partecipare ai comitati di valutazione delle proposte per la definizione dei crediti in qualità di relatore e/o, in caso di indisponibilità del Head of NPL Office, con poteri transattivi nei limiti conferiti;
- monitorare la rete dei legali esterni dedicati al recupero crediti, predisponendo valutazioni sul loro operato e segnalando eventuali necessità di sostituzioni o di inserimenti al Head of NPL Office;
- sviluppare l'ottimizzazione dell'intero processo di gestione recupero crediti;
- contribuire allo sviluppo di configurazioni dei sistemi informatici di supporto più adeguati per la gestione dei crediti.
- Controllare mensilmente il budget, verificando in modo analitico gli incassi conseguiti da ciascun addetto, e in modo sintetico, confrontando l'andamento dei recuperi rispetto al budget;

- supportare il responsabile NPL nella formulazione e predisposizione delle previsioni di incasso annuali per la Direzione.

Campi di Interesse

Settore legale: contrattuale; recupero crediti; valutazione portafogli di crediti.

Lingue

Inglese parlato e scritto – Francese parlato.

Conoscenze Informatiche

Windows: Excel; Word; Office.

Attestati

- Tirocinio di pratica notarile presso lo studio del Notaio dott. Giuseppe Lonati di Milano. Anno 1988-1990
- Tirocinio di pratica di Procuratore legale presso lo studio dell'avv. Paolo Bersani di Milano. Anno 1991-1992.

Autorizzo l'utilizzo e l'elaborazione elettronica dei dati sopra riportati ai sensi del D. Lgs 196/03.

Il giovane professionista, in inglese

CURRICULUM VITAE ANTONIO BIANCHI

Born in Padova 27/04/72 - Italian
Military Service done - Unmarried
Via Argine Destro, 16
30174 Mestre-Venezia-ITALY
Ph: +39/041/000000 - +39/335/8888888
E-mail: a.bianchi@gmail.com

WORKING EXPERIENCES

XSL SPORT ITALIA SPA, MONTEGROTTO (PADOVA)
Italian market leader for sporting goods, shoes, apparel and accessories. Turn over '06 277 millions of, export sales 75%; 544 employees.

Nov/04-Now: MARKETING & COMMUNICATION DIRECTOR

Advertising, Public Relations, Sport Sponsoring, Market Researches and Brand Licensing & Sales Promotions departments; budget 19,5 mil.; 16 employees.

Nov/01-Oct/04: MARKET RESEARCH AND BRAND LICENSING MANAGER

Brand extensions (eyewear, underwear, fragrances, stationary, socks, watches). Market and business performance analysis, market researches. Direct staff of the President and CEO; 2 employees.

Nov/99-Nov/01: SALES AREA MANAGER ITALIAN MARKET

Management of sales force and key accounts; sales policies; analysis of the market; product recommendations. Launches of productions.

ACME3 GROUP, PADOVA
Worldwide market leader in the eyewear segment. Turn over '98 50 mil $ (Export 85%), 5.000 employees.

Jun-Oct/99: Stage: Product Manager assistant for the main brands.

EUROPEAN COMMISSION, GD XXIV "POLICY OF CONSUMERS AND FINANCIAL SERVICES", BRUSSELS, BELGIUM

Jan-Jun/99: Stage: Unit A5 "Financial Services". Analysis on introduction of payment in the transitional period (1/1999-12/2001); communication tools; development of "Euro Observatories".

EDUCATION

SDA BOCCONI, MILAN: "FASHION BRAND MANAGEMENT" - Jul/07
Brand equity in the fashion business; competitive positioning; image and communication strategies; customer relationship management.

CEGOS, MILAN: "INTERNATIONAL MARKETING STRATEGIES" - Dec/01
Management of commercial structures: market scanning; performance evaluations; budgeting and targets.

1991-1998: CÀ FOSCARI UNIVERSITY, VENEZIA
Degree in Economics, specialization in Marketing: 102/110.
Thesis titled "The Brand Licensing, a spreading strategy. The Acme3 Group experience", written in collaboration with Acme3 Group (Padova), world market leader for sunglasses, frames and sportglasses.

1986-1991: LICEO SCIENTIFICO "N. TRON", TREVISO
Specialized in scientific studies: 50/60.

LANGUAGES AND COMPUTER SKILLS

- Italian (Mother tongue)
- English (Very Good)
- French (Basic)

Depth knowledge of Windows software systems.
Proficiency of the Office package (Word, Excel, Powerpoint, Netscape, Explorer, Outlook) and knowledge of the NPD's Powerview software.

EXTRACURRICULAR ACTIVITIES

- Deep personal interest in marketing and business strategies.
- Hobbies: literature, arts and modern music.
- Sports: basketball, skiing, mountain bike, fitness.
- Frequent journeys abroad for studies, work and leisure.

E ADESSO A NOI DUE

il colloquio

"Chi sei? Da dove chiami? Per quale posto mi chiami?"

Tra l'invio di un curriculum e il feedback da parte dell'azienda può passare diverso tempo. La risposta potrebbe anche non arrivare mai. Perciò, se e quando riceverai la fatidica telefonata, è bene che ti faccia trovare pronto e preparato. Tanto per cominciare tieni conto che probabilmente il Responsabile della Selezione esordirà chiedendoti se sei nelle condizioni adatte per parlare. Questo perché è perfettamente consapevole che in quel momento potresti trovarti sul posto di lavoro, circondato dai tuoi colleghi o dai tuoi capi, e dunque impossibilitato a esprimerti liberamente. Se fosse così, calma e sangue freddo: basta fargli presente con gentilezza che sei impegnato e suggerirgli un altro orario per poter discutere con maggiore calma.

Se non puoi parlare basta dirlo

COSÌ SI FA

Essere educato e propositivo con il tuo interlocutore: anche lui sta facendo il suo lavoro. Vietato avanzare pretese assurde, tipo: "Mi può chiamare alle 20.30, che sono a casa e parliamo con più tranquillità?". Verosimilmente anche lui a quell'ora sarà a casa, ma non avrà la minima intenzione di trascorrere la sua serata a chiacchierare con una persona che sta selezionando. Bisogna rendersi conto che chi è alla Ricerca di Personale, sia esso un'azienda o una Società di Selezione, lavora in linea di massima in orari di ufficio, che possono andare dalle otto del mattino alle sette di sera, dal lunedì al venerdì. Certo, negoziare è sempre possibile, ma abusare della disponibilità del selezionatore non ti aiuterà certo ad attirare la sua simpatia.

COSÌ NON SI FA

Guai a cadere dalle nuvole, guai a chiedere: "Scusi, per quale offerta mi sta chiamando?", magari giustificandoti con un: "Sa, mi sono candidato a talmente tanti annunci" o peggio ancora: "Mi prende alla sprovvista, mai mi sarei immaginato che qualcuno mi chiamasse davvero". Due risposte del genere non possono che significare una bella croce sul tuo nome. Niente paura, esiste una via d'uscita anche per la "sindrome da candidatura multipla". Ci sono infatti due semplici strategie per individuare la posizione per cui ti stanno contattando. La prima è tenere traccia dei CV inviati: i siti di recruiting on line ti permettono di visualizzare lo storico delle tue candidature in ogni momento, ma può essere utile anche segnartele in un'agendina, soprattutto se non consulti con frequenza Internet. La seconda è rimandare la telefonata a un momento successivo, chiedendo all'interlocutore il nome dell'azienda e il titolo della posizione, così da poter rintracciare senza troppa fatica chi sta dall'altra parte del telefono (sempre che tu abbia attuato la prima strategia, altrimenti non c'è posticipo che tenga).

Segnati comunque *sempre* il nome della persona con cui hai parlato, la sede del colloquio e il numero da chiamare per eventuali imprevisti.

Segnati nome, indirizzo e telefono

Preparati al colloquio

Se ci sei passato lo sai: quando ti prepari per un colloquio di lavoro ti senti più o meno come prima di un esame. Sai perfettamente che verrai valutato e che l'esito ultimo della tua performance sarà ottenere o meno il posto per cui ti stai proponendo. Non esistono i secondi classificati in un processo di selezione. Normale quindi che l'ansia da prestazione cresca e invada anche ambiti non strettamente legati ai contenuti del colloquio, come l'abbigliamento o la strada migliore da fare per non arrivare in ritardo.

"Come mi vesto?"

Sembra una domanda banale o frivola, ma non lo è affatto. Il modo in cui ti presenti da un punto di vista puramente esteriore ha una grandissima importanza in un colloquio, non solo per quei lavori che hanno nel "bell'aspetto" un requisito fondamentale. Oltre a costituire l'elemento sul quale si formerà la prima impressione che il selezionatore avrà di te, la tua immagine sarà

Il tuo aspetto parla di te

per lui anche una fonte preziosa di indizi sulla tua persona. Non è solo questione di tailleur o di doppiopetto: ogni elemento del tuo stile verrà passato al setaccio alla ricerca di ulteriori informazioni su di te. D'altra parte, se ci pensi bene, anche tu spesso sarai partito dall'abbigliamento di chi ti stava davanti per farti un'idea, anche più generale, su di lui. Questo però non significa affatto che tu debba indossare dei panni che proprio non ti si confanno pur di piacere. Piuttosto, prova ad adeguare il tuo look alla posizione cercata. Indossare un completo troppo formale ed elegante per un colloquio in un'agenzia Web può essere del tutto fuori luogo, così come non portare la cravatta può apparire inadeguato se stai varcando la soglia di un istituto di credito. Valgono quindi le regole del buon senso: vestiti in maniera consona al contesto, portando rispetto nei confronti dell'interlocutore e dimostrandoti serio e professionale fin dal primo sguardo.

Adegua il look al contesto

COSÌ SI FA

– Per le donne

Abbigliamento sobrio, non troppo elegante, orecchini e collana minimal.

– Per gli uomini

Camicia, pantalone elegante.

COSÌ NON SI FA

– Per le donne

Minigonne mozzafiato o scollature esagerate, gioielli troppo vistosi, trucco pesante o pettinature stravaganti.

– Per gli uomini

Cappellini da baseball, T-shirt, barba non curata.

L'abbigliamento che scegli dovrà essere coerente con la posizione per cui ti candidi, ma senza forzature o cliché. Il tuo interlocutore si accorgerebbe immediatamente del tuo disagio. Senza contare poi che, se sei allergico a cravatte e divise eleganti di ordinanza, forse un impiego all'interno di una società di consulenza non fa al caso tuo: se dovessero assumerti, il disagio rispetto all'ambiente circostante potrebbe essere più forte della passione per quel lavoro.

Non forzare troppo il tuo stile

“ Quanto conta il mio abbigliamento in un colloquio?

CONSIGLIO

Quando accogliamo i candidati nel colloquio poniamo una certa attenzione al modo di vestire, con valutazioni diverse a seconda del ruolo. Se cerchiamo un allievo manager del punto vendita e il candidato si presenta in T-shirt, gli facciamo esplicitamente presente che per la posizione che andrà ad assumere gli sarà richiesto un certo tipo di stile. Questo non significa che dovrà ripresentarsi alle fasi successive del colloquio in abito da matrimonio, ma dovrà essergli molto chiara l'esigenza di avere uno stile adatto alla mansione. Se invece cerchiamo addette alle vendite, è importante che fin dalla prima intervista si dimostrino attente alle ultime tendenze di accessori o colori, sempre con buon gusto.

FRANCA VECCHIATO
Responsabile Sviluppo Oviesse S.p.a. ”

"Come ci arrivo?"

Giungere in orario o, meglio ancora, in anticipo, a un colloquio di lavoro è importante non solo perché così puoi cominciare con il piede giusto il processo di selezione, ma anche perché in tal modo avrai il tempo di fare mente locale rispetto all'intervista che dovrai sostenere. Per evitare ogni rischio in questo senso, ti basta seguire poche regole: verifica quanto si impiega a raggiungere da casa tua la sede dell'azienda (su Internet, con i programmi di mappe interattive, o facendo la prova dal vivo) e aggiungici almeno una mezzora per evitare intoppi dell'ultimo minuto, come ad esempio la difficoltà nel trovare parcheggio. Possono sembrare sciocchezze, ma qualsiasi selezionatore può raccontare decine di episodi riguardanti candidati arrivati trafelati o sudati per non aver calcolato bene i tempi. Il contrattempo può accadere, naturalmente: ma devi fare il possibile per prevenirlo, pena dare di te una pessima prima impressione. Se comunque ti capita di essere in ritardo, avvisa immediatamente (il numero e il nominativo del tuo referente servono anche a questo) e spiega la situazione con calma.

Calcola i tempi e aggiungi mezzora

Se sei in ritardo avvisa subito

Che il colloquio abbia inizio

Una volta arrivato in azienda o nella Società di Selezione, devi seguire poche semplici regole: mantenere un basso profilo, spegnere il cellulare, attendere diligentemente di essere chiamato, evitare di essere accompagnato dalla mamma (ebbene sì, succede anche questo). Allo stesso tempo puoi sfruttare l'attesa per cercare di carpire quante più informazioni possibili dall'ambiente circostante: quadri o poster appesi, calendari e tipi di sedie, giornali e riviste. Tutti gli indizi "rubati" possono aiutarti a farti un'idea di com'è fatta l'impresa per cui ti stai candidando e tornarti magari utili in sede di colloquio.

Sfrutta l'attesa per raccogliere informazioni

Una volta che sarai davanti al selezionatore, presta la massima attenzione a come ti porrai, dalla postura al modo di gesticolare, dal tono di voce allo stile di conversazione. Vietatissimo ad esempio sbriciolare per nervosismo il biglietto da visita del tuo interlocutore, guardare in qualsiasi angolo della stanza tranne che nei suoi occhi, stare ripiegato su te stesso (ti ricordi Fantozzi sulla poltrona pouf del megadirettore?) o seduto scomposto sulla sedia, agitare troppo le mani o schiamazzare. Il colloquio di lavoro è, per l'appunto, un incontro di natura professionale, che in quanto tale richiede serietà e self control. Cerca di essere il più tranquillo e rilassato possibile: sarà un buon punto di partenza, tanto più che raramente un Responsabile di Selezione ti metterà intenzionalmente in difficoltà nelle prime fasi di colloquio. È più facile che cominci con un banalissimo: "Mi parli di lei", una sorta di "domanda a piacere" alla quale però devi essere più che preparato. La virtù come sempre sta nel mezzo: no a modestia eccessiva ma pure a presunzione arrogante. Guai a essere troppo sintetico, ma evita di annoiare con discorsi prolissi. Bando sia alla timidezza sia alla vanagloria. Il buonsenso suggerisce di rispondere con una presentazione del tuo percorso professionale che duri tre-quattro minuti, focalizzan-

Attenzione ai gesti e alla postura

Preparati alla "domanda a piacere"

Se non sei abituato, allenati allo specchio

doti sulle ultime mansioni svolte. Se non sei abituato a esporre, è meglio che ti alleni a casa davanti allo specchio, se non altro per acquisire sicurezza.

Dopo averti chiesto questo primo ritratto generale, il selezionatore entrerà nel dettaglio. È il momento del curriculum (a proposito, ricordati di portarlo con te in duplice copia). Ti verranno rivolte domande su che cosa stai facendo attualmente, su quali sono i tuoi compiti e le tue responsabilità, sulla struttura organizzativa della tua azienda (come è composto il tuo attuale gruppo di lavoro, come è costituito il vertice, a chi riporti, se hai delle risorse da coordinare eccetera), ti verrà chiesto quali aspetti della tua vita professionale ami di più e quali invece vorresti cambiare.

Sii pronto a "raccontare" il curriculum

Non c'è motivo di agitarti: chi meglio di te, che il curriculum l'hai scritto e "vissuto", sa davvero cosa c'è dietro a quelle poche righe di sintesi? Ripercorrere la tua biografia formativa e professionale è esattamente quanto ti viene richiesto in questa sede. In caso di cambi di rotta nel percorso ti verrà chiesto di motivare le tue scelte: fallo adducendo sia motivi concreti ("Ho cambiato perché cercavo una maggiore gratificazione economica") sia ambizioni di altro genere.

Non dilungarti in particolari inutili

Anche in questa occasione è importante che tu sia preciso ed eviti di dilungarti in particolari inutili, prevedendo quali saranno le domande che ti verranno poste. Se ad esempio nel tuo CV emergono dei "buchi" tra un lavoro e l'altro oppure non hai specificato delle informazioni importanti per chi ti sta parlando, è bene non cadere dalle nuvole o balbettare risposte smozzicate ma dimostrarsi pronti e ferrati. Chi seleziona sa riconoscere bugie o palesi difficoltà a rispondere. Per questo devi essere convincente anche se ti ritrovi costretto a rivelare aspetti poco positivi della tua storia professionale come licenziamenti, cambi repentini, periodi di inattività o susseguirsi di contratti a termine. Chi si occupa di Selezione del Personale non vive in un mondo parallelo, è perfettamente consapevole che il mercato del lavoro è fatto anche di tutte queste cose. Saper spiegare perché hai affrontato certe scelte, ammettere eventualmente degli errori e dimostrare un atteggiamento non rancoroso sarà di sicuro apprezzato. Evita di parlare male del tuo attuale o precedente datore di lavoro. Sia perché potresti subito apparire come un tipo problematico sia perché il tuo interlocutore potrebbe piuttosto facilmente sentire "l'altra campana" e scoprire episodi poco piacevoli sul tuo conto.

Affronta con serenità i passaggi negativi

Non parlare male del tuo ultimo lavoro

Il selezionatore passerà poi a indagare i motivi per cui ti sei candidato. È fondamentale che tu abbia le idee molto chiare al riguardo. A questo scopo possono essere molto utili un'attenta analisi dell'annuncio per conoscere le caratteristiche salienti della posizione e la raccolta di informazioni sull'azienda. Dedicaci un po' di tempo prima del colloquio, ne varrà la pena. Dimostrarsi preparati riguardo al ruolo oggetto dell'incontro è nella maggior parte delle selezioni la strategia vincente di chi viene poi effettivamente assunto, anche perché, e i selezionatori possono testimoniarlo, non capita così di frequente. In questo modo non solo esprimerai entusiasmo e interesse per quanto viene proposto, ma risulterà anche più facile inserirti all'interno dell'organizzazione.

Preparati bene sulla posizione offerta

COSÌ SI FA

– Approfondire le competenze acquisite nel corso della tua esperienza professionale.

– Richiamare i risultati concreti ottenuti o le soddisfazioni avute.

COSÌ NON SI FA

– Alludere alle tue conoscenze o menzionare possibili raccomandazioni.

– Dimostrare un interesse eccessivo per l'aspetto economico, quantomeno nel primo colloquio. La busta paga, così come l'inquadramento, difficilmente vengono trattati nel primo incontro. Vista la delicatezza del tema, è bene comunque non farti cogliere impreparato: è bene che tu abbia le idee chiare in merito alla RAL, ovvero la Retribuzione Annua Lorda attualmente percepita, gli eventuali benefit o variabili, un'ipotesi di quanto vorresti guadagnare nel tuo prossimo salto di carriera. A questo proposito evita pretese assurde, non solo perché non verrebbero accolte, ma anche perché sono sintomo di una scarsa coscienza del mercato. Per evitare brutte figure, meglio fruire dei servizi gratuiti di benchmarking retributivo disponibili su Internet. Quanto al tuo stipendio attuale, attenzione a non barare: la richiesta della busta paga per controllare quanto hai dichiarato è dietro l'angolo.

– Utilizzare un gergo troppo tecnico o ricorrere sconsideratamente a una lingua straniera (specie se la tua pronuncia non è perfetta).

“ **Cosa mi chiederanno per verificare se conosco le lingue?**

Air Liquide Italia valuta il livello delle conoscenze linguistiche indicato nel curriculum vitae durante l'iter di selezione, sia nel primo colloquio attitudinale motivazionale sia in quello tecnico: in fase di Assessment somministriamo un test in lingua, con domande aperte, a cui facciamo seguire una prova orale (ad esempio un giro di tavolo in cui ciascun candidato fa e riceve domande dal suo vicino). Nelle interviste individuali, invece, stabiliamo il livello anche sulle basi dei certificati menzionati nel CV, decidendo di volta in volta se proseguire il colloquio direttamente in lingua.

La conoscenza del francese (lingua della nostra casa madre) non è una conditio sine qua non per essere assunti in Air Liquide, ma di certo assicura più opportunità.

BARBARA FREGOSI, ANNA LASCARI
Recruiting, Internal Mobility e Diversity Management
Air Liquide Italia S.p.a. ”

Le dieci domande che ti faranno durante il colloquio

Non esiste una struttura unica di colloquio: ogni selezionatore ha il suo stile, le sue preferenze. C'è chi predilige seguire uno schema prestabilito, chi invece lascia co-condurre la conversazione al candidato. Molto dipende naturalmente anche dal tipo di figura ricercata: professioni dall'alto contenuto tecnico saranno ogget-

Il tipo di colloquio dipende dal tipo di lavoro

to di investigazioni dettagliate e specifiche, posizioni di primo impiego focalizzeranno invece l'attenzione su aspetti più soft, legati soprattutto alle caratteristiche personali dell'individuo e alla sua motivazione.
Si possono tuttavia individuare dieci domande ricorrenti – alcune di esse molto probabilmente ti verranno rivolte nel corso del colloquio –, sulle quali è meglio che non ti faccia cogliere impreparato:

① "Che cosa sa dell'azienda?"
② "Qual è stato il suo percorso formativo e professionale?"
③ "Perché ha compiuto queste scelte, sia scolastiche sia lavorative?"
④ "Qual è il suo grado di preparazione linguistica e informatica?"
⑤ "Che cosa l'ha spinta a candidarsi per questa posizione?"
⑥ "Quali sono le sue aspettative rispetto a questa opportunità?"
⑦ "Che ruolo ha la vita professionale nella sua vita?"
⑧ "Come si vede fra tre/cinque/dieci anni?"
⑨ "Mi dica un suo pregio e un suo difetto."
⑩ "Saprebbe stimare quante palline da golf stanno dentro a un Boeing 747?"

Come è evidente, le prime cinque sono domande piuttosto classiche, e tu dovrai rispondere in base al tuo vissuto. Le ultime invece sono volte a indagare aspetti più specifici del tuo approccio al lavoro.

Chiederti di fare una proiezione del tuo futuro ha come scopo cercare di carpire i tuoi desideri, la tua capacità di visione, le tue ambizioni, verificando al contempo se queste sono coerenti con la posizione per la quale ti stai candidando.

Esprimi desideri realistici

L'indicazione di un tuo pregio – e soprattutto di un tuo difetto – serve al tuo interlocutore per indagare la percezione che hai di te: se sei borioso o consapevole dei tuoi limiti (o, all'estremo opposto, con troppa poca autostima), se sei realista rispetto a ciò che ti circonda o se al contrario hai atteggiamenti presuntuosi o poco aderenti alla realtà. Molti selezionatori suggeriscono ai candidati di individuare un difetto che possa anche essere visto come un pregio. Inevitabilmente, la scelta dipenderà dal contesto: dichiararsi ad esempio "troppo perfettino" per un ruolo che richiede meticolosità o "eccessivamente sicuro di sé" per una posizione di leadership potrebbe rivelarsi un buon lasciapassare per il posto in questione, trattandosi di "non-difetti" rispetto ai singoli casi citati. Fai attenzione, però, perché chi ti sta ponendo la domanda non si lascerà abbindolare troppo facilmente. Meglio interrogarti con coscienziosità sui tuoi vizi e dichiararne uno non troppo banale. Alcuni selezionatori alzano la posta e anziché un pregio e un difetto ne chiedono addirittura tre. Anche in questo caso meglio arrivare al colloquio preparati, per non cadere troppo dalle nuvole.

Scegli un difetto che sia anche un pregio

Preparati tre pregi tre difetti

“ Ma un’azienda si accorge se bluffo?

Il primo segnale di un candidato che bluffa è l’utilizzo di espressioni “da manuale”, il più delle volte generiche. Chiediamo ai candidati di entrare nel dettaglio delle loro esperienze, descrivendo il modo in cui hanno gestito una certa situazione. Chiediamo loro di descrivere come hanno agito per raggiungere un certo obiettivo e come hanno reagito i colleghi e i membri del loro team. Questa tecnica ci fornisce un migliore livello di conoscenza di quali probabili comportamenti il candidato avrà in futuro, e ci aiuta a far emergere eventuali bluff. Anche la postura può tradire chi sta raccontando bugie sulla propria biografia personale. Il nostro consiglio è di essere sempre sinceri. Nel colloquio di selezione vogliamo confrontarci con persone sincere e trasparenti. Non ci piace chi mente: preferiamo chi ha una storia magari non perfetta, ma ne sa parlare senza nasconderla.

MASSIMILIANO SPINELLO
Direttore Vendite Italia Autotrasporti TSX
Servizi logistici alle imprese ”

Infine, domande come quella delle palline contenute nel Boeing (o sul numero di peli presenti nella zampa di un gatto soriano) non devono spaventarti. Inutili in questo caso le ricerche preventive su Wikipedia. Quel che conta per l’intervistatore infatti non è la risposta esatta (che verosimilmente non saprebbe fornire neppure lui), ma osservare il tuo modo di affrontare il problema, i ragionamenti che sviluppi e le soluzioni che inventi. Nel caso, durante un colloquio di lavoro, ti venisse posta veramente una domanda del genere, non innervosirti, ma cerca di passare in rassegna tutte le variabili di cui sei a conoscenza, mettendole in relazione logica tra di loro. Magari la risposta non sarà corretta, ma avrai dimostrato di saper fare lavorare le meningi senza venire scoraggiato da un quesito quantomeno inusuale.

Non spaventarti per domande strane

Un ultimo consiglio, più generale, ma spesso cruciale per l'esito di un colloquio. Ti sei mai chiesto che cosa differenzi, agli occhi di un selezionatore, le tue risposte da quelle di un altro candidato che ha un curriculum simile al tuo? Non certo la sostanza di quello che dite, ma piuttosto gli avverbi, gli aggettivi che usate quando parlate. Sono i *con passione*, i *diligentemente*, i *con cura*, gli *scrupolosamente* la tua carta vincente, perché lasciano trapelare il tuo approccio al lavoro, la tua specifica personalità professionale. Quando ti verranno rivolte domande su capacità e competenze, dunque, non perdere l'occasione di dare alle tue risposte il "condimento" (la sfumatura, il tono, il carattere) che più rispecchia il tuo stile, nella vita come nel lavoro, il che altro non è se non il vero valore aggiunto che *tu e solo tu* puoi dare a quell'azienda.

Attento agli avverbi

Le dieci domande da fare durante il colloquio

Un colloquio di lavoro è una sorta di trattativa di "marketing reciproco". Così come tu cercherai di vendere al meglio le tue competenze, il selezionato-

Evita fraintendimenti

re farà il possibile per presentarti tutti gli aspetti positivi della posizione per la quale ti stai candidando. Ricordati che il suo scopo è quello di trovare la persona giusta per quel posto e di convincerla ad accettare con entusiasmo l'offerta dell'azienda. È bene, dunque, che ti prepari ad affrontare anche questo aspetto del colloquio per ridurre al massimo i rischi di fraintendimento in merito al profilo in questione e per non ritrovarti magari poi a svolgere un lavoro radicalmente diverso da quello che avevi creduto. Ecco il motivo per cui è di fondamentale importanza che anche tu faccia delle domande al selezionatore, la qual cosa richiede, com'è logico, un'adeguata preparazione. Per questa ragione devi informarti preventivamente sull'azienda (attraverso il suo sito Internet o una ricerca più generica on oppure off line, cioè attraverso i canali tradizionali quali quotidiani, periodici eccetera), per capire meglio che cosa fa di preciso e come opera, qual è la sua struttura e in quale scenario lavora.

Informati sull'azienda

COSÌ SI FA

Consultare la sezione "Chi siamo" nel sito dell'azienda alla quale ti stai proponendo, raccogliendo quanti più dati possibili.

Effettuare una ricerca su Google per poter costruire una sorta di rassegna stampa aggiornata dell'azienda e farti un'idea sul suo stato di salute.

Verificare attraverso i tuoi contatti come si lavora in quella azienda.

COSÌ NON SI FA

Arrivare impreparati al colloquio, ignorando le ultime novità dell'azienda e del settore in cui opera.

Dovresti, infine, stilare un decalogo di domande indispensabili da porre al selezionatore, domande che andranno formulate con cortesia e tendenzialmente in forma indiretta. Attraverso di esse trasmetterai il tuo bisogno di capire al meglio la situazione, per il bene di entrambe le parti. Chi ti sta intervistando conosce e apprezza questa tua esigenza. Ecco il tuo decalogo da sottoporre durante il colloquio:

Le tue domande sono ben accette

① "Quali sono i valori e la cultura aziendali?"
② "Esistono delle concrete possibilità di crescita all'interno dell'azienda?"
③ "In azienda c'è una gerarchia rigidamente piramidale oppure predominano i rapporti informali?"
④ "Quali sarebbero precisamente le mie mansioni?"
⑤ "A chi si deve far riferimento per seguire le procedure?"
⑥ "Perché la posizione è aperta?"
⑦ "È possibile incontrare il responsabile diretto dell'area alla quale pertiene la posizione?"
⑧ "Da chi è composto il team con cui lavorerei?"
⑨ "Com'è l'ambiente fisico dell'azienda? Ci sono open space o uffici separati?"
⑩ "Di quali strumenti di lavoro mi potrò avvalere?" / "Quali sistemi operativi utilizzate?" / "Quali programmi di grafica potrò utilizzare?"

“ In sede di colloquio, come sono valutate le mie eventuali domande?

In Accenture è molto apprezzato chi affronta il colloquio con un approccio serio ma spontaneo, ponendo domande durante l'incontro. È un modo per dimostrare la propria consapevolezza e motivazione nel compiere una scelta professionale. Le domande possono vertere su temi diversi, quali l'azienda, l'ambiente, l'attività che si andrà a svolgere, ma è importante comunque presentarsi al colloquio preparati. Per quanto riguarda la modalità e la tempistica con cui intervenire, è meglio farlo alla fine o se invitati dall'intervistatore. Infine, è bene tener sempre presente il ruolo di chi si ha di fronte, per porre quesiti mirati.

MONICA PALMA
Recruiting Manager Accenture ”

Accogli tutte le informazioni possibili

Nulla deve essere dato per scontato o lasciato al caso. E comunque, in caso di esito positivo del colloquio, prima di accettare il lavoro che ti è stato proposto cerca di provare a immedesimarti nella posizione che dovresti ricoprire e capire se è quella che più ti si adatta. Per far sì che tale identificazione sia efficace è opportuno raccogliere prima e durante il colloquio il più ampio numero possibile di informazioni. Proprio per questo tale fase analitica è davvero imprescindibile e da non sottovalutare. Scegliere il lavoro sbagliato perché non si è capito bene di che cosa si trattava sarà motivo di frustrazione nonché, se comporta un passo indietro nella tua carriera, fortemente penalizzante per il tuo curriculum.

“ **Qual è il modo giusto per superare un colloquio?**

Perché un colloquio abbia un esito positivo non esiste di certo una formula magica, dal momento che al successo di un'intervista concorre una molteplicità di fattori. Quello che posso consigliare è di focalizzare l'attenzione sul tipo di lavoro proposto e sulla motivazione che spinge a svolgerlo. Le domande sono assolutamente benvenute, specialmente se riferite alle attività specifiche del ruolo, alle prospettive di sviluppo e di formazione; in fondo il colloquio è un momento di confronto reciproco fra azienda e candidato ed è quindi doveroso chiarire i punti di interesse di entrambe le parti.

LAURA SPAGNOLO
Recruiting Coordinator Gruppo Johnson and Johnson ”

Le faremo sapere…

Soprattutto nelle aziende più strutturate è frequente che non ci si fermi a un solo colloquio individuale, ma che il processo di selezione sia pensato in più step. Prima, cioè, dovrai incontrare le Risorse Umane, poi i Responsabili di Linea (vale a dire i capi diretti), magari persino i componenti del management. Lo stesso accade – a maggior ragione – nei colloqui che hanno luogo in Società di Selezione. Per evitare dubbi o fraintendimenti, in genere, prima di pronunciare il fatidico: "Le faremo sapere", il selezionatore si preoccuperà di spiegarti quali saranno i passaggi successivi, dandoti allo stesso tempo un'idea di massima delle tempistiche. A questo punto dell'incontro

Un colloquio potrebbe non bastare

dovrebbe esserti ormai chiaro sia come è andata l'intervista sia quando ti verrà verosimilmente dato un feedback.

COSÌ SI FA

Ricontattare il selezionatore per eventuali approfondimenti o per rivolgere ulteriori specifiche domande, qualora tu sia stato invitato a farlo, specie se sei stato rassicurato sul buon esito del tuo colloquio.

COSÌ NON SI FA

Tartassare di telefonate il selezionatore per avere un riscontro sul colloquio. Sarà l'azienda o la Società di Selezione a farsi viva nel momento opportuno.

“ Com'è normalmente strutturato un processo-tipo di selezione?

CONSIGLIO

I nostri tempi di selezione sono molto rapidi: dalla convocazione all'ingresso in azienda può anche passare una sola settimana. Il processo è in tre fasi: all'Assessment di gruppo segue il colloquio individuale, finalizzato all'incontro conclusivo con il partner, che deciderà se assumere o meno il candidato. Il mercato delle società di consulenza è estremamente competitivo, per questo di solito contattiamo anche entro le ventiquattr'ore i neolaureati più interessanti che ci mandano il loro curriculum.

ALESSANDRO LA ROSA

Responsabile Resourcing & Recruiting Ernst & Young

IL COLLOQUIO DI GRUPPO

Specialmente per le figure junior o al contrario per gli executive, l'Ufficio del Personale può far precedere l'intervista individuale da un Assessment Center, vale a dire un colloquio di gruppo in cui una decina di candidati dalle caratteristiche similari vengono messi a confronto. Lo scopo è quello di indagare attitudine e tratti della personalità relativi alle dinamiche di gruppo che solo una situazione del genere può far emergere.

Come primo passo, una volta riunito il gruppo, ti verrà chiesto di autopresentarti. Avrai a disposizione tendenzialmente centottanta secondi per dire chi sei, da dove vieni, che cosa fai. Ad alcuni tre minuti potranno sembrare pochi, ad altri un'eternità. Tieni conto che qui si valuta la tua capacità di gestire bene il tempo e di saper esporre al meglio il tuo curriculum. Preparati a valorizzare al massimo ciò che vuoi dire senza perdere di vista l'orologio. E ricordati che i selezionatori ti giudicheranno anche attraverso gli indizi che gli fornirai attraverso la tua comunicazione verbale e non verbale.

Quando anche gli altri tuoi compagni avranno raccontato le loro esperienze di studio e di vita, che gli esaminatori (solitamente un paio) avranno annotato accuratamente, è la volta di presentare l'azienda. La parola passa così al selezionatore senior, che spiega le caratteristiche dell'impresa per la quale tu e gli altri esaminati vi state candidando.

Una volta chiariti i compiti e le prospettive del lavoro in questione, verrà chiesto a te e al resto del gruppo di proporvi esplicitamente: ancora tre minuti a disposizione per far capire che sei davvero interessato a ricoprire quel ruolo. Tieni conto che lo scopo di questo momento è quello di far emergere la tua reale motivazione (abbiamo già detto quanto sia ritenuta importante dai selezionatori). Cerca dunque di risultare entusiasta e consapevole.
A questo punto è probabile che veniate tutti coinvolti in una sorta di gioco di ruolo collettivo. Sotto osservazione saranno soprattutto la vostra capacità di ascoltare e di agire in un'ottica di team. Nel corso del dibattito emergeranno infatti le doti di ciascuno in fatto di leadership, di capacità di negoziazione e di problem solving.
Come prova finale vi verrà richiesto di risolvere tutti assieme un caso aziendale. Anche in questa circostanza il lavoro di gruppo consente ai selezionatori di osservare quali sono gli apporti di ciascuno alla scelta della soluzione migliore per superare il problema. Risultare ostinati o concilianti, risoluti o remissivi, qui fa la differenza. Ed è infatti questa la fase in cui vengono selezionati definitivamente i candidati per il colloquio individuale successivo.

“ Come faccio a emergere nei colloqui di gruppo?

Il colloquio di gruppo offre al selezionatore l’opportunità di valutare il candidato in relazione a una dinamica che nasce, in modo indotto o spontaneo, dal confronto con gli altri. È quindi evidente che maggiore è la partecipazione del candidato al dibattito creatosi, maggiori sono gli elementi offerti al selezionatore per la sua valutazione. Il contributo che il candidato può offrire, in modo autentico e non costruito, coerentemente al mandato assegnato o al tema emerso, lascia emergere le sue capacità personali di interazione con il gruppo, di ascolto attivo e di propositività.

MONICA PROCACCIANTI
Selezione e Rapporti con le Università Enel ”

I test

I test ormai sono stati inseriti in modo sistematico nel processo di selezione dei candidati sia nelle grandi/medie imprese sia nell’ambito delle Società di Ricerca e Selezione. Per mezzo dei test è possibile ottenere misurazioni standardizzate delle diverse caratteristiche di un candidato, consentendo di scegliere in modo più oggettivo tra i partecipanti alla selezione quello più adatto alla posizione ricercata. Gli elementi di valutazione più importanti sono:

- le conoscenze professionali acquisite nelle precedenti esperienze lavorative
- le attitudini, le motivazioni e le aspettative

- le capacità specifiche richieste dal lavoro in questione
- il livello di adattabilità all'ambiente aziendale e il grado di flessibilità
- le potenzialità di sviluppo (potenziale).

I test possono essere suddivisi in diverse tipologie. Ecco le più comuni:

- test della personalità: permettono di far emergere le note caratteriali salienti del soggetto. Questi test possono essere sia a risposta aperta sia chiusa, nei quali il candidato dovrà scegliere una delle possibili soluzioni indicate dall'esercizio stesso
- test attitudinali: sono volti a misurare specifiche qualità del candidato, come la facilità di comprensione verbale, la capacità di ragionamento, l'attitudine numerico-matematica eccetera
- test di intelligenza: forniscono la misura globale delle capacità intellettive del candidato
- test di conoscenza: hanno lo scopo di valutare il livello di preparazione di una persona in relazione a un dato argomento (economia, diritto, scienza, storia).

Essere sottoposti a un test non è piacevole, come del resto non lo è ogni situazione in cui sei soggetto al giudizio altrui. Perdipiù il rapporto, in questo caso, è certamente sbilanciato: da un lato il selezionatore che ti valuta, dall'altro tu, il candidato, che ti sottoponi alla prova senza neppure poterne magari capire o intuire la logica. Ma niente paura, l'obiettivo del selezionatore non è quello di rifiutare i candidati, ma quello di analizzare le caratteristiche di ogni aspirante alla posizione oggetto della selezione, per verificare se esiste congruenza tra il singolo candidato e il profilo ideale richiesto.

La garanzia di efficacia di questo processo risiede nella preparazione dei selezionatori. Essi sono dei veri professionisti capaci di interpretare i dati raccolti sia dai colloqui, sia dai test, per redigere un profilo accurato del candidato che hanno di fronte. È importante ricordare che il verdetto finale espresso su di te non è in assoluto un giudizio su di te o sul tuo valore come persona, ma sulla corrispondenza o meno del tuo profilo con quello ricercato. Se dovessi venire escluso da una selezione, perciò, non significa che non sei professionalmente valido, ma solo che non sei adatto all'esigenza di quella realtà aziendale.

È solo un giudizio relativo

"Ma perché mai ricorrere ai test?" ti chiederai. "Non è sufficiente un buon colloquio?"

Non sempre. Affiancare al colloquio l'utilizzo dei test diventa fondamentale se si vuole studiare e valutare il candidato da diversi punti di osservazione e limitare il rischio di assumere la persona sbagliata. Il profilo del candidato ideale, infatti, è definito da caratteristiche sia professionali sia personali e, se per le prime è piuttosto semplice raccogliere elementi di valutazione analizzando dettagliatamente il percorso professionale, per le seconde, vale a dire il carattere, la personalità e il potenziale, è molto più complesso, ma di basilare importanza per il processo di selezione.

COSÌ SI FA

– Allenarti: on line e in libreria puoi trovare molti esercizi da fare.

– Rispettare le istruzioni e i tempi dati il giorno della somministrazione del test.

– Formulare subito a chi ti sottopone la prova le tue eventuali domande.

– Leggere con calma e attenzione le consegne.

– Alle domande di natura personale rispondere con il massimo della spontaneità e della sincerità: forzature e illogicità volute sono immediatamente verificabili agli occhi di un selezionatore.

– Affrontare con serietà e disciplina i test (sono una cosa seria), senza sminuirne la portata o sottovalutare il compito che hai di fronte.

COSÌ NON SI FA

– Rifiutare di sottoporsi al test. Se manca un elemento di valutazione il processo di selezione non potrà che dirsi chiuso e avrai perso un'opportunità.

– Fare domande nel corso dello svolgimento della prova.

– Tentare di manipolare i risultati, mentendo o forzando dei passaggi.

– Ostinarti su una risposta che non conosci. Perderesti tempo, concentrazione, fiducia in te stesso. Passa oltre: se ne avrai la possibilità, la rivedrai alla fine.

– Demoralizzarti se il test non è andato bene.

“ Quanto contano i test nei processi di selezione?

La selezione dei neolaureati prevede un processo di Assessment Center, a cui si accede in seguito a una preselezione che viene effettuata tramite dei test on line numerico-verbali. Questi ci danno delle indicazioni utili per individuare i candidati che verranno convocati alle fasi successive. Una volta selezionati per la sessione di Assessment Center, i candidati dovranno sostenere dei test on line di matrice motivazionale e verranno poi convocati per la sessione in aula. L'Assessment Center, della durata di circa una giornata, prevede prove individuali e di gruppo. Il suggerimento è di rispondere ai test on line e di partecipare alle prove di aula nella maniera più onesta e spontanea possibile, scegliendo le opzioni più familiari e senza tentare di dissimulare i propri comportamenti.

GIOVANNA TAIANA

Source and Select Manager ABB S.p.a. ”

CI METTEREI LA FIRMA

il contratto

Ce l'hai fatta, hai superato tutte le fasi della selezione e ora non ti rimane che sottoscrivere la lettera di assunzione, il tuo contratto con l'azienda, appunto. Ma sai davvero che cosa ti stanno proponendo? In questo capitolo potrai trovare tutto quello che ti serve per affrontare quest'ultimo passo con tranquillità.

Prima un po' di storia (recente)

Nell'ultimo decennio le Leggi Bassanini, Treu e Biagi hanno cambiato radicalmente lo scenario del lavoro nel nostro Paese, sia sotto il profilo dei protagonisti coinvolti, sia rispetto alle possibili tipologie contrattuali.

L'ingresso dei privati

Di fatto, dal 1997 i sindacati non sono più gli unici operatori non pubblici ammessi nel mercato del lavoro. È stato l'intervento della Comunità europea a far individuare nell'impresa privata il possibile nuovo interlocutore tra chi cerca e chi offre lavoro.
Come abbiamo visto in precedenza, gli unici sogget-

L'aumento della flessibilità

ti privati autorizzati a svolgere il delicato compito di far incontrare domanda e offerta di lavoro sono le Agenzie per il Lavoro con autorizzazione ministeriale. Di quelle puoi avere la massima fiducia.

Un'ulteriore trasformazione importante intervenuta in questi ultimi anni nel mercato del lavoro riguarda i rapporti instaurati tra lavoratore e impresa. Si sono moltiplicate le tipologie contrattuali e si è fatto largo un nuovo modello di collaborazione basato sulla flessibilità.

Una prima distinzione: subordinato o autonomo

Prima di affrontare le differenti tipologie contrattuali esistenti nel nostro Paese è bene compiere la macrodistinzione fra contratto subordinato o dipendente e contratto di lavoro autonomo. Secondo l'art. 2094 del Codice Civile è un lavoratore subordinato chi si impegna, in cambio della retribuzione, a svolgere il proprio lavoro intellettuale o manuale alle dipendenze e sotto la direzione di un altro soggetto (datore di lavoro). Ai sensi dell'art. 2222 del Codice Civile, invece, svolge invece lavoro autonomo chi, dietro corrispettivo, si impegna a svolgere un'attività o a compiere un'opera senza alcun vincolo di subordinazione. Quelle che verranno prese in considerazione qui di seguito sono le principali tipologie contrattuali che ti possono proporre. Tieni presente che queste poche pagine non le esauriscono tutte, dato che si possono configurare anche altri tipi di rapporti di lavoro.

Il lavoro subordinato

Ci sono tanti modi di essere alle dipendenze di un'impresa.

Se ti propongono un *contratto a tempo indeterminato* potrai godere di tutta una serie di garanzie:

Nessun limite temporale

- come dice il nome stesso, non è stabilita a priori la durata del rapporto di lavoro
- se mentre lavori arrechi danno a te stesso o ad altri, sei tutelato dall'assicurazione INAIL che l'azienda è obbligata a stipulare
- l'azienda versa per tuo conto le imposte sul reddito
- sono i contributi versati dal tuo datore di lavoro all'INPS a costituire la base di quella che sarà la tua futura pensione

Ferie, permessi, maternità

- ti spettano un certo numero di giorni di ferie e di ore di permesso pagati dall'azienda, la tredicesima (ovvero uno stipendio in più oltre a quello percepito nei dodici mesi) e hai diritto anche a dei permessi per la maternità con la garanzia di non perdere l'impiego
- quando lasci l'azienda, ti dovrà essere corrisposto il TFR, ovvero il trattamento di fine rapporto, che varierà in funzione di quanto è stato lungo il rapporto di lavoro

Licenziamento solo se...

- non puoi essere licenziato a meno che non ci sia una giusta causa (per motivi molto gravi legati al comportamento del dipendente, ad esempio se si è colti in flagrante a rubare in azienda) oppure in presenza di un giustificato motivo soggettivo (notevoli inadempimenti delle obbligazioni lavorative) o oggettivo (per esempio se l'azienda chiude i battenti)

– prima che l'assunzione diventi effettiva può essere previsto un periodo di prova, durante il quale sia tu sia l'impresa potete decidere di interrompere immediatamente la collaborazione, per qualsiasi motivo e senza obbligo di fornirlo

Dimissioni quando vuoi ma col preavviso

– se vuoi andartene, puoi comunque dare le dimissioni, rispettando però il periodo di preavviso, che può essere più o meno lungo a seconda di diverse variabili, ad esempio il tuo inquadramento o il tipo di CCNL, contratto collettivo nazionale di lavoro, applicato.

Nel caso di *contratto a tempo determinato*:

Deve essere indicato il motivo

– esiste un limite temporale, che deve essere indicato per iscritto, raggiunto il quale il rapporto con l'azienda, qualora non intervenga un rinnovo, si risolve
– vi si fa ricorso generalmente per supplire a una temporanea insufficienza di personale (ad esempio in presenza di picchi di produzione) o per prendere il posto di lavoratori assenti per un certo periodo (il caso classico è la sostituzione di maternità). Anche tali ragioni devono essere formulate esplicitamente per iscritto nella lettera di assunzione
– non potrai essere chiamato in sostituzione dei dipendenti in sciopero

Non per più di 3 anni

– il rapporto di lavoro non potrà durare più di tre anni, comprensivi di rinnovi o proroghe, per lo svolgimento della stessa o (equivalente) mansione
– hai comunque diritto a ferie e permessi pagati, alla mensilità aggiuntiva e al TFR.

Se ti offrono un *part time*:

- a tempo determinato o indeterminato, avrai a tua disposizione un contratto che si distingue dal lavoro a tempo pieno solo per il minor numero di ore lavorative previsto, senza alcun tipo di differenza in termini di diritti e doveri
- il datore di lavoro dovrà indicare per iscritto il numero di ore complessive che dovrai fare e la loro distribuzione nell'arco della settimana
- puoi chiedere che ti venga dato un part time *orizzontale* (lavoreresti tutti i giorni della settimana, ma per un minor numero di ore rispetto ai colleghi a tempo pieno) o *verticale* (lavoreresti a orario pieno solo per alcuni giorni alla settimana)
- nel tuo contratto potranno essere inserite clausole elastiche o flessibili che consentono al datore di lavoro di modificare unilateralmente la collocazione temporale della prestazione lavorativa oppure di poterla aumentare. Tali ultime clausole, in ogni caso, potranno essere formulate solo se previste dalla contrattazione collettiva di riferimento per la tua particolare attività.

Cambia solo il numero di ore

Orizzontale o verticale

Se ti propongono un *contratto di inserimento* (che sostituisce, con la sola eccezione delle pubbliche amministrazioni, il *contratto formazione e lavoro*):

- a monte, significa che rientri in una di queste categorie (altrimenti non ti può essere proposto): soggetti di età compresa tra i diciotto e i ventinove anni; disoccupati di lunga durata, da ventinove a trentadue anni; lavoratori con più di cinquant'anni

Solo se appartieni a certe categorie

Progetto formativo formalizzato

di età privi di un posto di lavoro; lavoratori che vogliano riprendere a lavorare dopo almeno due anni di inattività; donne di qualsiasi età residenti in aree geografiche il cui tasso di occupazione è più basso di quello maschile; persone riconosciute affette da un grave handicap fisico, mentale o psichico

- dal momento che questa tipologia contrattuale prevede sia un aspetto più propriamente professionale sia una dimensione più educativa, ti dovrà essere formalizzato per iscritto un progetto individuale che metta insieme i contenuti del rapporto sia in termini di formazione sia di lavoro

Durata dai 9 ai 18 mesi

- sarai alle dipendenze dell'azienda per un periodo minimo di nove e un massimo di diciotto mesi
- laddove compatibili con la mansione svolta, hai tutte le tutele garantite nei contratti di lavoro subordinato a tempo determinato.

Se il contratto che ti prospettano è una *somministrazione di manodopera*:

Solo da un'Agenzia per il Lavoro autorizzata

- siamo in presenza della cosiddetta "triangolazione del rapporto di lavoro". Un'azienda (l'utilizzatore) può rivolgersi a un altro soggetto appositamente autorizzato (somministratore), per utilizzare il lavoro di personale non assunto direttamente, ma dipendente del somministratore. Come abbiamo già visto, il somministratore non può essere altro che un'Agenzia per il Lavoro debitamente autorizzata dal Ministero del Lavoro e iscritta nell'apposita sezione dell'Albo Informatico
- si configurano due tipi diversi di contratti: uno di

somministrazione (tra cliente e Agenzia) di natura commerciale, che potrà essere stipulato solo a tempo determinato, e uno di lavoro subordinato (tra Agenzia e lavoratore) a tempo determinato o indeterminato

Non più di quattro proroghe

- la triangolazione soddisfa esigenze di carattere tecnico, produttivo, organizzativo o sostitutivo dell'azienda
- potrai avere delle proroghe (non più di quattro), sempre sancite per iscritto
- hai diritto alla parità di trattamento economico e normativo rispetto ai dipendenti di pari livello dell'utilizzatore.

Stesso stipendio dei dipendenti

Nel caso dell'*apprendistato*:

- significa che sei un giovane di età compresa tra i quindici e i ventiquattro anni, che ha assolto l'obbligo scolastico, anche con qualifica o diploma post-obbligo idonei rispetto all'attività da svolgere. Il limite massimo di età è elevabile a ventisei anni nelle aree degli Obiettivi 1 e 2 del Fondo Sociale Europeo (Mezzogiorno e aree con difficoltà strutturali) e fino a ventinove per apprendisti artigiani addetti a mansioni di alto contenuto professionale. Questi limiti di età sono innalzabili di due anni per i portatori di handicap su tutto il territorio nazionale
- potrai avere riconoscimenti diversi a seconda del tipo:

Tra i 15 e i 24 anni salvo eccezioni

① apprendistato per diritto-dovere di istruzione e formazione a seguito del quale otterrai una qualifica professionale

② apprendistato professionalizzante: otterrai la qualifica attraverso una formazione sul lavoro e un apprendimento tecnico-professionale

③ apprendistato per acquisizione di un diploma o per percorsi di alta formazione: in questo caso otterrai un titolo di studio di livello secondario, universitario o di alta formazione e per la specializzazione tecnica superiore

- il contratto dura minimo diciotto mesi e massimo sei anni nel settore artigiano e quattro anni in tutti gli altri settori produttivi
- percepirai uno stipendio proporzionato percentualmente a un lavoratore qualificato al tuo stesso livello

Assunzione dopo il periodo di prova

- verrai regolarmente assunto dopo un periodo di prova
- hai diritto alle ferie

Corsi di formazione e tutor aziendale

- dovrai frequentare corsi di formazione interni ed esterni (minimo centoventi ore) all'azienda e sarai seguito da un tutor aziendale.

Se ti propongono un *lavoro ripartito*:

- come dice la parola stessa, sarete almeno in due ad assumervi la responsabilità di svolgere un'unica e identica obbligazione lavorativa

La suddivisione del lavoro dipende da voi

- la suddivisione dei compiti è a discrezione dei lavoratori, che possono sostituirsi reciprocamente e si obbligano a eseguire la prestazione prevista dal contratto nei tempi stabiliti
- andrà stabilito per iscritto il grado di ripartizione, il luogo di lavoro e la retribuzione di ciascun lavora-

tore, nonché le misure di sicurezza eventualmente adottate
- dal punto di vista previdenziale sarai assimilato a un lavoratore a tempo parziale
- se uno dei lavoratori coinvolti si licenzia, il contratto di lavoro si estingue per tutti.

Se uno dei due si licenzia si estingue il contratto per entrambi

In presenza della formula contrattuale chiamata *distacco*:
- puoi acconsentire a lavorare per un soggetto (distaccatario) diverso dal tuo datore di lavoro abituale (distaccante)
- si può ricorrere a esso solo per un periodo limitato di tempo e solo per soddisfare esigenze della società distaccante.
- non è richiesta la forma scritta
- qualora intervenga un mutamento di mansioni è necessario il tuo consenso e comunque dovranno essere equivalenti a quelle per le quali sei stato originariamente assunto
- qualora comporti un trasferimento a un'unità produttiva sita a più di cinquanta chilometri da quella in cui eri adibito, tale contratto deve essere giustificato da specifiche ragioni tecniche, organizzative e produttive
- è sempre il tuo datore di lavoro originario a farsi carico del trattamento economico e normativo.

Non è richiesta la forma scritta

Lo stipendio è a carico del datore di lavoro originario

Se ti propongono un contratto di *lavoro a chiamata*:
- sarai a disposizione del datore di lavoro per svolgere prestazioni di carattere intermittente

Se sei vincolato hai l'indennità di disponibilità

- a seconda che tu scelga di essere o meno vincolato alla chiamata potresti avere una indennità di disponibilità, corrisposta mensilmente
- se hai optato per il vincolo alla chiamata e ti rifiuti di rispondere a essa senza un giustificato motivo potresti veder risolto il rapporto, essere costretto a restituire la quota di indennità di disponibilità riferita al periodo successivo all'ingiustificato rifiuto, e a dover provvedere al risarcimento del danno la cui misura è predeterminata nei contratti collettivi di riferimento o, in mancanza, nel contratto di lavoro
- dovrai verificare che siano specificati per iscritto: durata, presenza di condizioni di intermittenza, luogo, modalità della disponibilità, relativo preavviso, trattamento economico e normativo per la prestazione eseguita, ammontare dell'eventuale indennità di disponibilità, tempi e modalità di pagamento, forma e modalità della richiesta del datore, modalità di rilevazione della prestazione, eventuali misure di sicurezza specifiche

Non puoi sostituire i lavoratori in sciopero

- non potrai sostituire lavoratori in sciopero.

In caso di *telelavoro*:

- potrai svolgere il tuo lavoro da luoghi diversi dai locali dell'impresa attraverso le tecnologie

Strumenti forniti e curati dall'azienda

- avrai a disposizione strumenti forniti dall'azienda, che dovrà curarne sia l'installazione sia la manutenzione
- dovrai impegnarti a gestire in maniera autonoma l'organizzazione del lavoro.

Il lavoro autonomo

Tra le forme di lavoro autonomo esistenti, ti segnaliamo le più ricorrenti tra singolo e azienda: la libera professione e il rapporto d'agenzia.

Se disponi di una particolare competenza, un sapere o una tecnica, puoi decidere di lavorare come *libero professionista con partita IVA*. Se per alcuni professionisti iscritti agli albi (avvocati, commercialisti, notai eccetera) l'apertura della partita IVA è un obbligo, per altri soggetti è una scelta basata essenzialmente sulla convenienza. In quest'ultimo caso il professionista (che è spesso un grafico, un informatico o un free lance per limitarsi a qualche esempio) deve rispondere soltanto della bontà dell'esecuzione dell'incarico richiesto. Il committente, cioè, non potrà entrare nel merito dell'organizzazione del lavoro ma solo valutare se questo è corrispondente a quanto commissionato. Perché il singolo possa esercitare la sua attività deve ottenere il numero di partita IVA da parte dell'Amministrazione finanziaria, passando a un regime fiscale simile a quello delle aziende (con tutti gli oneri relativi, tra cui l'emissione della parcella per le singole prestazioni).

Devi rendere conto solo del risultato

Un regime fiscale simile alle aziende

Se invece vuoi fare l'agente o il rappresentante, quello che ti verrà proposto è un *contratto di agenzia*. Attraverso la firma della lettera di incarico ti impegnerai a vendere stabilmente entro certi limiti geografici determinati beni o servizi dell'impresa, concordando con quest'ultima le provvigioni, i compensi e la durata del rapporto. Anche in questo caso ti potrai orga-

Se monomandatario non puoi lavorare per altre aziende

nizzare in totale autonomia, fatti salvi i termini sopra descritti. Se ti viene proposto un incarico come monomandatario, non potrai lavorare per altre aziende. Se non sei già iscritto all'ENASARCO (Ente nazionale assistenza agenti e rappresentanti) è compito dell'impresa farlo per te.

Altre tipologie: contratto a progetto e tirocini formativi

Nessun vincolo di orario e presenza

L'assenza per malattia non è retribuita

Firmando un *contratto a progetto* ti impegni a portare a termine entro una certa scadenza un'attività commissionata dall'azienda. Non ci sono quindi vincoli di orario né di presenza, né importa quando svolgi la prestazione. Quello che conta è che arrivi al risultato entro i tempi definiti, coordinandoti con il committente sulle caratteristiche della prestazione. In caso di malattia puoi beneficiare di un periodo massimo di assenza *non* retribuita di trenta giorni se il contratto ha scadenza determinabile o di un sesto della durata prevista se il contratto ha un termine prestabilito. In caso di gravidanza la durata del rapporto di lavoro è prorogata per un periodo di centottanta giorni. Nel capitolo successivo potrai trovare un approfondimento al riguardo. Il compenso deve essere commisurato a quello di attività analoghe. Non è previsto trattamento di fine rapporto. Non trattandosi di un lavoro subordinato, naturalmente puoi svolgere più lavori per diversi committenti.

L'abbiamo detto fin dalla premessa e del resto te ne sarai reso conto anche tu. Negli ultimi dieci anni il mercato del lavoro italiano è stato teatro e oggetto di enormi cambiamenti, soprattutto sul versante normativo. Questo significa che sono cambiate le regole e i principi che disciplinavano il rapporto tra lavoratore e azienda e in concomitanza di questi mutamenti, i singoli individui si sono ritrovati spesso senza interlocutori con i quali affrontare i problemi emergenti. Problemi seri come la precarietà, la mancanza di diritti, se non addirittura veri e propri abusi.

Difendersi dagli abusi

In questo capitolo ti abbiamo segnalato le principali tipologie contrattuali e per ciascuna ti abbiamo indicato i punti essenziali. Nel caso in cui tu ti ritrovi a fronteggiare situazioni di gravi illeciti puoi tentare varie strade, scegliendo l'interlocutore più adatto. Tra gli altri, ti segnaliamo il NIdiL CGIL, struttura sindacale, nata per dare voce e rappresentanza ai lavoratori atipici, il sito emanato dalla Regione Emilia-Romagna Atipici.net, la Federazione Unitaria dei Lavoratori e Professionisti Precari.

Possono valere come crediti formativi

I *tirocini formativi* non rappresentano un vero e proprio rapporto di lavoro, ma svolgono un importante ruolo di orientamento per chi sta ancora studiando o si prepara a entrare nel mercato del lavoro. A seconda che tu stia frequentando ancora le scuole superiori o ti sia già laureato, i tirocini possono avere una durata variabile. Le attività che svolgerai nel corso di un tirocinio possono avere anche valore di credito formativo ed essere riportate nel curriculum ai fini dell'erogazione da parte delle strutture pubbliche dei servizi per favorire l'incontro tra domanda e offerta di lavoro. Al termine del tirocinio, l'Azienda è tenuta a certificare l'esperienza svolta. In tutti i casi, durante tutto questo periodo godrai di una copertura assicurativa. Non esiste invece l'obbligo di retribuzione. Possono promuovere i tirocini i Centri per l'impiego, le Università, gli Istituti d'istruzione universitaria, le istituzioni scolastiche, le comunità terapeutiche, le cooperative sociali, gli enti di formazione accreditati.

“Cosa devo assolutamente fare prima di firmare un contratto di lavoro?

Innanzitutto, bisogna documentarsi sul tipo di contratto (non solo come tipologia ma anche come CCNL di riferimento), verificando con cura tutte le singole clausole che lo compongono. Non ci si deve focalizzare solo sulla parte retributiva, occorre prestare attenzione anche al livello di inquadramento, alle mansioni attribuite, accertarsi di come avverrà lo svolgimento dell'attività lavorativa, compresa l'organizzazione dell'orario di lavoro. Se ci sono dubbi, verificarli con l'aiuto di un legale o rivolgendosi a un Centro per l'Impiego o a un sindacato. Se invece ci sono cose diverse rispetto a quanto era stato accordato durante il processo di selezione, chiarirle immediatamente con l'azienda.

GABRIELE FAVA,
Avvocato, esperto di diritto del lavoro, editorialista
Studio Legale Fava & Associati”

COSA FACCIO SE...

soluzioni a problemi concreti

In questo capitolo troverai risposte concrete a problemi concreti. Divise per condizioni (neolaureato, mamma, over 40...) e situazioni (aumento, dimissioni, busta paga...), così che tu possa individuare subito la soluzione più adatta alle tue esigenze. Dare una sbirciatina anche alle altre sezioni, comunque, non è vietato e potrai scoprire altri suggerimenti preziosi – anche dalla viva voce dei Direttori delle Risorse Umane – per cavartela in ogni fase della tua ricerca di lavoro e per soddisfare ogni tua curiosità.

Dai una sbirciatina anche alle altre sezioni

... è la prima volta che cerco lavoro?

Non ho ancora avuto esperienze lavorative. Posso arricchire il mio curriculum parlando diffusamente del mio percorso formativo?

Dipende. Se mandi il tuo curriculum in risposta a un annuncio per un laureando/neolaureato può avere senso dare informazioni dettagliate qualora il percorso formativo richiesto sia molto affine alla posizione

Meglio le motivazioni che gli esami sostenuti

ricercata (ad esempio se si tratta di un posto per Ricercatore oppure per un Project Manager Junior per un'azienda che si occupa di polimeri). Se non è così – tanto più se si tratta di una candidatura spontanea – meglio non scendere troppo nel dettaglio. Piuttosto, metti in rilievo le tue aspettative e motivazioni.

"Visto che sto ancora studiando, posso inserire gli esami sostenuti nel CV?

CONSIGLIO

Chi legge il CV di un laureando cerca informazioni utili per capire come la persona che si candida sta costruendo il suo futuro e quanta grinta ci mette. E gli esami ci aiutano spesso a entrare all'interno di Corsi di Laurea poco noti. Per cui il suggerimento è far emergere le materie che caratterizzano l'indirizzo di studio e quelle che hanno più appassionato, al di là del voto. Come evidenziarle? In modo intelligente, creativo, con un ordine che sollecita chi legge e suggerisce un messaggio comunque positivo.

FABIO LA CAVA
Direttore Risorse Umane BIESSE S.p.A."

Negli annunci viene sempre richiesta un'esperienza pregressa. Ma se sono appena uscito dalla Scuola superiore/dall'Università come posso averla già maturata?

"Richiesta esperienza pregressa." Questo è il leitmotiv che fa da sfondo alla maggior parte degli annunci che i giovani leggono ogni giorno nel corso della loro ricerca di un posto di lavoro. Ma come si può pensare che un giovane laureato o diplomato possa avere già maturato questa benedetta esperienza?

Sfrutta i lavori temporanei per fare esperienza

Una possibilità per farla è sicuramente quella di svolgere dei lavori temporanei, sfruttando le opportunità di somministrazione proposte dalle Agenzie per il Lavoro accreditate. Del lavoro temporaneo si parla spesso a sproposito, tanto che a volte si rischia di farsi condizionare da tale diffuso pregiudizio e proprio per questo lasciarsi sfuggire delle buone opportunità. È senz'altro vero che il lavoro temporaneo può diventare teatro di abusi e di situazioni quantomeno poco edificanti, che possono avere a che fare con la precarietà se non addirittura con l'illegalità. Ma questo non significa che sia sempre così e che tu non debba prendere in considerazione le proposte (che, specie se sei ancora all'Università o ti sei appena laureato, potrai sfruttare a tuo vantaggio) avanzate dalle Agenzie per il Lavoro specializzate nella somministrazione. Queste, di fatto, si possono rivelare dei veri e propri "apricancelli" delle aziende, e con un mix di fortuna, serietà e professionalità possono trasformare un'esperienza ad interim in un posto di lavoro stabile. Mal che vada, avrai fatto i tuoi primi passi in azienda e, anche se la stabilità rimane giustamente un tuo obiettivo, non sarai completamente digiuno dell'esperienza che viene richiesta di solito per poter concorrere alla selezione di un posto di lavoro continuativo.

“ In che modo posso usare a mio vantaggio i lavori temporanei?

CONSIGLIO

Passare da un contratto a un altro vuol dire arricchire il proprio curriculum vitae e riempire il bagaglio con cui si viaggia da una esperienza a quella successiva. Vuol dire acquisire un patrimonio differenziato di competenze tecniche e trasversali. Non bisogna, quindi, temere di rimanere imbrigliati in una spirale di contratti temporanei, ma bisogna fare leva sulle opportunità di essersi sperimentati in contesti e attività differenti.

ILARIA D'AQUILA
Human Resources Director Adecco Italia ”

Mi hanno proposto l'ennesimo stage, cosa posso fare?

Troppi stage non fanno bene al CV

Il mercato del lavoro attuale prevede dei tempi di inserimento più lunghi rispetto a una volta. La "gavetta", quindi, può essere davvero lunga prima di trovare un lavoro soddisfacente, stabile e, soprattutto, retribuito. Ciò non significa però che tu debba trasformarti in un eterno tirocinante. Di fatto, avere al tuo attivo troppi stage rischia di farti fare brutta figura col selezionatore, che di certo si chiederà come mai tu non sia mai riuscito a inserirti nel contesto organizzativo in cui ti trovavi.

Uno stage può essere un'importante occasione formativa, oltre che una porta d'ingresso privilegiata in azienda. Prima di accettare passivamente l'esperienza che ti propongono, però, verifica se ci sono oggettive possibilità di inserimento o almeno quanto può essere il tuo "ritorno sull'investimento", nel caso, ad esempio, che tu decida di entrare in una grossa azienda senza sviluppi lavorativi sicuri ma il cui nome fa sicuramente curriculum.

Verifica il tuo ritorno sull'investimento

Finora ho svolto solo lavoretti estivi o nel fine settimana. Quale deve essere la durata minima di un'esperienza professionale o di stage per inserirla nel CV?

In linea di massima, perché un'esperienza sia rilevante dovrebbe avere una durata di almeno tre mesi. Se sei al tuo primo impiego, però, va benissimo indicare anche esperienze "minori", perché danno al selezionatore un quadro più completo di te.

Indica esperienze di almeno tre mesi

“ Non ho esperienza sul campo: sarò comunque preso in considerazione dalle aziende?

CONSIGLIO

Il fatto che il candidato neolaureato non abbia esperienza sul campo e non abbia potuto accrescere attraverso questo il proprio know how tecnico non è un problema: quello che cerchiamo è passione per il business industriale, forte orientamento ai risultati e interesse a lavorare in un contesto multiculturale. Test attitudinali mirati e colloqui con le Risorse Umane e con i Line Manager permettono una valutazione dei candidati a 360°. Successivamente, programmi di formazione di alto livello consentiranno ai neoassunti di sviluppare le competenze tecniche e gestionali necessarie per il loro sviluppo di carriera.

GIOVANNA UBIALI

Responsabile Recruitment&Selection Tenaris Dalmine ”

Vorrei intraprendere una carriera all'estero. A chi posso rivolgermi?

Esistono diversi siti che propongono lavori all'estero. Una buona fonte di informazioni è senz'altro Eures, il portale europeo della mobilità professionale. Ma cercare una buona offerta non è l'unica cosa da fare. Prima di decidere di partire devi tenere in conto anche quello che può significare per te avventurarti fuori dal tuo Paese in cerca di esperienza e di fortuna. Contatta l'Informagiovani o il Centro per l'Impiego della tua città, cerca di raccogliere quante più informazioni possibili, se riesci parla con persone che l'hanno già fatto, e solo una volta chiarita la situazione prepara la valigia. Nel capitolo dedicato al curriculum trovi esempi di CV di neodiplomati o neolaureati, anche scritti in inglese, che puoi usare come traccia da cui partire per redigere il tuo.

Contatta chi l'ha già fatto

"Perché si dice sempre che un'esperienza all'estero "fa curriculum"?

CONSIGLIO

Se l'Italia ti sta stretta e hai voglia di confrontarti con un ambiente nuovo, un'esperienza all'estero può senz'altro arricchire il tuo CV e farti sviluppare delle doti che ti verranno riconosciute una volta rientrato nel mercato del lavoro nazionale. Non solo darai prova di conoscere bene una seconda lingua, ma soprattutto dimostrerai di saperti adattare in un contesto diverso da quello cui sei abituato, rapportandoti con mentalità e culture differenti dalla tua. I Direttori delle Risorse Umane apprezzano molto chi sa mettersi concretamente in gioco, tanto più se si tratta di persone giovani che possono portare questo valore aggiunto direttamente in azienda.

ANDREA BERTONE

Regional Senior Vice President Monster Europe West ”

Siti Web per lavorare all'estero

Internazionale	www.careerbuilder.com
	www.europa.eu.int/eures
	www.monster.com
	www.stepstone.com
Austria	http://derstandard.at
	www.jobfinder.at
	www.jobmedia.at
	www.jobmonitor.com
Belgio	www.jobscareer.be
	www.vacature.com
	www.vdab.be
Bulgaria	www.jobtiger.bg
	www.jobs.bg
	www.neogen.bg
Cipro	www.cyprusjobs.com
	www.jobincyprus.com
Danimarca	www.jobindex.dk
	www.ofir.dk
Estonia	www.amet.ee
	www.cv.ee
	www.hyppelaud.ee
Europa	http://www.europass-italia.it

Finlandia	www.oikotie.fi
	www.rekry.fi
	www.uranus.fi
Francia	www.apec.fr
	www.cadremploi.fr
	www.cadresonline.com
	www.carriereonline.com
	www.emailjob.fr
	http://emploipublic.fr
	www.keljob.com
	www.regionsjob.com
Germania	www.jobmonitor.de
	www.jobscout24.de
	www.jobware.de
	www.meinestadt.de
	www.stellenanzeigen.de
	www.stellenonline.de
Grecia	www.kariera.gr
Irlanda	www.irishjobs.ie
	www.loadzajobs.ie
	www.nicemove.ie
	www.recruitireland.com
Lettonia	www.cv.lv
	www.edarbs.lv
	www.ss.lv
	www.workingday.lv
Lituania	www.cv.lt/index.do
	www.cvonline.lt
	www.takas.lt

Lussemburgo	www.jobsearch.lu
Norvegia	www.nav.no
	www.jobbdirekte.no
	www.jobbnorge.no
	www.sol.no
Olanda	www.jobtrack.nl
	www.cwi.nl
	www.intermediair.nl
	www.jobnews.nl
	www.nationalevacaturebank.nl
	www.totaljobs.nl
	www.vacaturekrant.nl
Polonia	www.pracuj.pl
	www.infopraca.pl
	www.jobs.pl
	www.praca.pl
Portogallo	http://clix.expressoemprego.pt
Regno Unito	www.cv-library.co.uk
	www.fish4.co.uk/iad
	www.reed.co.uk
	www.totaljobs.co.uk
	www.jobsearch.co.uk
	www.jobserve.com
	www.jobsite.co.uk
	www.ukjobsnet.co.uk
Repubblica Ceca	www.jobs.cz
	www.prace.cz
	www.sprace.cz
Romania	www.ejobs.ro

Romania	www.jobbank.ro
	www.lucrez.ro
	www.myjob.ro
	www.neogen.ro
Slovacchia	www.ponuky.sk
	www.praca.sk
	www.profesia.sk
Slovenia	www.mojedelo.com/delo
	www.zaposlitev.net/delo.php
	www.zaposlitev.net/delo.php
Spagna	www.infoempleo.com/
	www.infojobs.net
	www.laboris.net
	www.servijob.es
	www.tecnoempleo.es
	www.trabajar.com
Svezia	www.ams.se
	www.jobbguiden.se
	www.jobsafari.se
	www.karriarguiden.se
	www.offentligajobb.se
Svizzera	www.jobscout24.ch
	www.jobs.ch
	www.jobup.ch
Ungheria	www.cvonline.hu
	www.jobmonitor.hu
	www.pozi.hu

... intendo proseguire con gli studi invece di cercare lavoro?

Quali prospettive ci sono se decido di fare un Master?

Cercare di capire quale lavoro sia giusto per te significa metterti in una nuova prospettiva, fare dei bilanci, portare in superficie i tuoi obiettivi per il futuro. E questo può anche condurti alla conclusione che hai bisogno di approfondire il tuo percorso formativo. Dato che il conseguimento di un titolo può avere un ruolo importante per entrare nel mondo del lavoro o per migliorare la tua posizione o carriera, è fondamentale che tu abbia le idee ben chiare in proposito. Questo per evitare di perdere tempo e denaro, oltre che di vedere deluse le tue aspettative. Cerchiamo dunque di fare un po' di luce sull'argomento per aiutarti a comprendere se continuare il tuo percorso formativo potrebbe avere senso oppure no.

Una scelta da ponderare

Cos'è un Master?

Prima di tutto, mettiamo bene a fuoco quello di cui stiamo parlando: il Master è un corso postlaurea di perfezionamento scientifico e di alta formazione permanente e ricorrente, successivo al conseguimento della laurea.

Master di primo e secondo livello

Con l'introduzione della recente riforma universitaria, i *Master Universitari* si differenziano tra quelli di primo e di secondo livello: si accede ai Master di primo livello dopo aver conseguito una laurea triennale, a quelli di secondo livello dopo una laurea specialistica. Con le lauree quadriennali preriforma si può accedere a entrambi. I Master di primo livello sono caratterizzati da multidisciplinarietà, mentre gli altri sono orientati alla massima specializzazione. La differenza sostanziale tra i Master Universitari e corsi analoghi organizzati da altri enti consiste nel fatto che soltanto i primi consentono di acquisire un titolo accademico legalmente riconosciuto. Esistono infine i *Master in Business Administration*, quelli per executive, o per specialisti, volti ad approfondire competenze specifiche. Perlopiù serali o in formula weekend per venire incontro alle esigenze dei lavoratori, sono erogati solitamente da business school italiane o straniere.

Perché fare un Master?

I motivi per cui si sceglie di frequentare un Master possono essere i più diversi. Sempre più spesso i Master sono post-experience, vale a dire che a parteciparvi sono persone che hanno già avuto un'esperienza aziendale di tre-cinque anni e che vogliono sistematizzare meglio quanto hanno già provato sul campo, consolidando ulteriormente la propria professionalità. In linea di massima, però, chi decide di continuare gli studi lo fa subito dopo la laurea per sviluppare una professionalità specifica e spendibile, avvertendo come inadeguata dal punto di vista strettamente operativo la propria preparazione universitaria.

Soprattutto per aziende molto strutturate

In particolare, frequentare un Master può agevolare il tuo ingresso all'interno di aziende ben strutturate, che per loro natura richiedono figure molto specializzate. A questo proposito può rivelarsi utile lo stage che completa questo tipo di proposta educativa. In ogni caso, è bene sottolinearlo, raramente i Master possono offrire garanzie di placement assolute, e non bisogna quindi né pensarli come delle panacee miracolose in termini occupazionali, né come riempitivi postlaurea, in attesa di tempi migliori. Per quel che riguarda una ricaduta in termini retributivi, infine, secondo diverse indagini svolte intervistando Direttori delle Risorse Umane essere in possesso di questo titolo non garantisce una busta paga più pesante. Attenzione quindi ai costi: conviene sempre che verifichi la presenza di borse di studio e agevolazioni. Solitamente queste informazioni sono contenute nel bando di ammissione al Master oppure vanno richieste alla segreteria didattica.

Il master non alza lo stipendio

Come scegliere un Master?

Stabilire quale Master frequenterai è una decisione delicata. In ballo c'è il tuo futuro professionale, oltre a un importante investimento a livello economico, di tempo e di risorse. Ti consigliamo dunque di passare attentamente al vaglio alcuni parametri, che ti indicheranno la serietà, l'autorevolezza e la "convenienza" del Master stesso. In primo luogo metti sotto esame la didattica, per capirne il valore intrinseco e la "spendibilità" sul mercato del lavoro. Verifica intanto quanto siano effettivamente richieste le professionalità che il Master dichiara di formare. A questo scopo ti può essere utile concentrare gli sforzi in tre direzioni.

Verifica la "spendibilità"

– Da un lato, sfrutta i differenti canali a disposizione per la ricerca di lavoro per individuare le figure più apprezzate dalle aziende e capire il grado di occupabilità che il tuo percorso formativo può prospettare. Potrai scoprire ad esempio che un Master dal nome estremamente affascinante forma figure professionali di cui le aziende non hanno alcun bisogno.

– In seconda battuta, richiedi agli organizzatori del Master (e magari anche a chi l'ha già frequentato negli anni precedenti: utilissime in questo senso le associazioni di Alumni) informazioni dettagliate circa il placement proposto, cioè l'insieme delle attività che agevolano l'inserimento degli allievi del Master nel mondo del lavoro.

Informati su partner, placement e docenti

– Da ultimo, considera con attenzione i partner e i patrocinatori del progetto formativo, così da coglierne la credibilità e i reali collegamenti con il mondo del lavoro, non dimenticando di ponderare anche l'autorevolezza del comitato scientifico e del corpo docente.

– Un ulteriore accertamento da fare per decretare la validità di un Master è il suo accreditamento ASFOR, l'associazione dedicata alla formazione manageriale. Tale associazione ha avviato da molto tempo il Processo di Accreditamento dei programmi Master, monitorando costantemente la qualità dei sistemi formativi. Qui di seguito trovi la lista di tali Master accreditati, quelli che hanno, insomma, tutte le carte in regola.

Master accreditati ASFOR

CIS - SCUOLA PER LA GESTIONE D'IMPRESA
Master in International Business Studies
Via Cadoppi, 8-10 - 42100 Reggio Emilia
www.cis-formazione.it - info@cis-formazione.it
0522 232911 - 0522 232990

FONDAZIONE CUOA
Master in Gestione Integrata d'Impresa
Villa Valmarana Morosini - 36077 Altavilla Vicentina (Vicenza)
www.cuoa.it - master@cuoa.it
0444 333764 - 0444 333991

ISIDA
Master in General Management
Via San Lorenzo, 98 - 90146 Palermo
www.isida.it - info@isida.it
091 6886805 - 091 6886812

ISTITUTO GUGLIELMO TAGLIACARNE
Master di Sviluppo Economico sul Terziario Avanzato
Via Appia Pignatelli, 62 - 00178 Roma
www.tagliacarne.it/sito - infomaster@tagliacarne.it
06 780521 - 06 7842136

SDA BOCCONI
Master Piccole e Medie Imprese
Via Bocconi, 8 - 20136 Milano
www.sdabocconi.it - mpi@sdabocconi.it
02 58363284 - 02 58366890

SDOA - FONDAZIONE ANTONIO GENOVESI SALERNO
Master in Direzione d'Impresa
Via G. Pellegrino,19 - 84019 Vietri sul Mare (Salerno)
www.sdoa.it - sdoa@sdoa.it
089 761166 - 089 210002

SMEA - UNIVERSITÀ CATTOLICA DEL SACRO CUORE
Master in Economia del Sistema Agro Alimentare
Via Milano, 24 - 26100 Cremona
www.unicatt.it/smea - smea@unicatt.it
0372 499160 - 0372 499191

SPEGEA S.C.A.R.L. - SCUOLA DI MANAGEMENT
Master in Management e Sviluppo Imprenditoriale
Via Amendola, 172/C - 70126 Bari
www.spegea.it - master@spegea.it
080 5919411 - 080 5919435

STOA' S.C.P.A - ISTITUTO STUDI PER LA DIREZIONE E GESTIONE DI IMPRESA
Master in Direzione e Gestione d'Impresa
Villa Campolieto, Corso Resina, 283 - 80056 Ercolano (Napoli)
www.stoa.it - mdgi@stoa.it
081 7882111 - 081 7772688

ACCADEMIA DI COMUNICAZIONE
Master in Marketing e Comunicazione d'Impresa
Via Savona, 112/A - 20144 Milano
www.hdemia.it - info@hdemia.it
02 230061 - 02 23006200

ALMA GRADUATE SCHOOL
Master in Amministrazione Finanza e Controllo
Via degli Scalini, 18 - 40136 Bologna
www.almaweb.unibo.it - info@almaweb.unibo.it
051 2090111 - 051 2090112

ICE ISTITUTO NAZIONALE COMMERCIO ESTERO
Master per l'Internazionalizzazione delle Imprese
Cor C.E. Fausto De Franceschi
Via Liszt, 21 - 00144 Roma Eur
www.ice.it - formazione.manageriale@ice.it
06 59926737 - 06 59926212

MIB - SCHOOL OF MANAGEMENT
Master in Insurance e Risk Management (MIRM)
English Edition
Palazzo Ferdinandeo - Largo Caduti di Nasiriya, 1
34142 Trieste
www.mib.edu - info-imtl@mib.edu
040 9188111 - 040 9188112

PUBLITALIA '80
Master in Marketing, Comunicazione, Sales Management
Viale F. Testi, 223 - 20162 Milano
www.masterpublitalia.it - master@publitalia.it
02 64167511 - 02 66100610

UMANESIMO LATINO S.P.A
New Europre Master in Banking and Entrepreneurship
Sede Master-Campus: Via E. De Amicis, 4
31015 Conegliano (Treviso)
www.masterbe.it - info@masterbe.com
0438 377501 - 0438 377599

ALMA GRADUATE SCHOOL
MBA - Master in Business Administration Profingest
Via degli Scalini, 18 - 40136 Bologna
www.almaweb.unibo.it - info@almaweb.unibo.it
051 2090111 - 051 2090112

LUISS BUSINESS SCHOOL - DIVISIONE LUISS GUIDO CARLI
Master in Business Administration
Viale Pola, 12 - 00198 Roma
www.formazionelbs.luiss.it - mba@luiss.it
06 85225328 - 06 8413998

MIB - SCHOOL OF MANAGEMENT
Executive MBA
Palazzo Ferdinandeo - Largo Caduti di Nasiriya, 1
34142 Trieste
www.mib.edu - info-imtl@mib.edu
040 9188111 - 040 9188122

MIB - SCHOOL OF MANAGEMENT
MBA in International Business - English Edition
Palazzo Ferdinandeo - Largo Caduti di Nasiriya, 1
34142 Trieste
www.mib.edu - info-mba@mib.edu
040 9188111 - 040 9188122

MIP POLITECNICO DI MILANO
MBA - Master of Business Administration
Via Garofalo, 39 - 20133 Milano
www.mip.polimi.it - mba@mip.polimi.it
02 23992820 - 02 3992844

MIP POLITECNICO DI MILANO
Executive Master in Business Administration
Via Garofalo, 39 - 20133 Milano
www.mip.polimi.it - executivemba@mip.polimi.it
02 23992820 - 02 3992844

SDA BOCCONI
Master of Business Administration
Via Balilla, 16/18 - 20136 MILANO
www.sdabocconi.it - MD@sdabocconi.it
02 58363125/3278 - 02 58363293

Sto lavorando ma vorrei dedicare del tempo anche a imparare cose che mi permettano di migliorare la mia professionalità. La mia azienda potrebbe garantirmi della formazione?

Finanziamenti per piani formativi

A partire dal 2003, le organizzazioni di rappresentanza delle parti sociali hanno costituito i Fondi Paritetici Interprofessionali Nazionali per la Formazione Continua, previsti dalla legge 388 del 2000. Le aziende private hanno oggi la possibilità di destinare a uno di questi Fondi (non necessariamente quello del loro settore) l'aliquota contributiva – lo 0,30 per cento delle retribuzioni – che in precedenza veniva obbligatoriamente versata all'INPS per l'assicurazione obbligatoria contro la disoccupazione involontaria. Le aziende aderenti a un Fondo possono farsi finanziare piani formativi individuali, aziendali, settoriali o territoriali per i propri dipendenti, previo accordo con le parti sociali. I Fondi Paritetici Interprofessionali definiscono criteri e modalità per la raccolta, la valutazione e il finanziamento delle proposte formative provenienti dalle imprese. Questo canale di finanziamento si integra con i finanziamenti pubblici e quelli privati con l'obiettivo di diffondere la cultura e la prassi della formazione continua, soprattutto per i lavoratori più deboli nel mercato del lavoro.

La cultura della formazione continua

I Fondi fino a oggi costituiti e autorizzati sono quindici:

- Fondo Artigianato Formazione: fondo per la formazione continua nelle imprese artigiane
- Fon.Coop: fondo per la formazione continua nelle imprese cooperative
- Fondimpresa: fondo per la formazione continua
- Fondo Dirigenti PMI: fondo per la formazione professionale continua dei dirigenti delle piccole e medie imprese industriali
- Fondo Formazione PMI: fondo per la formazione continua per le piccole e medie imprese
- FONDIR: fondo per la formazione continua dei dirigenti del terziario
- FORTE: fondo per la formazione continua del terziario
- Fondirigenti: fondirigenti Giuseppe Taliercio (Fondazione per la formazione alla dirigenza nelle imprese industriali)
- FONTER: fondo per la formazione continua dei lavoratori dipendenti nelle imprese del settore terziario: comparti turismo e distribuzione servizi
- Fondoprofessioni: fondo per la formazione continua negli Studi Professionali
- FondER: fondo per la formazione continua degli Enti Religiosi

- FonArCom: fondo per la formazione continua nei comparti del terziario, dell'artigianato e delle piccole e medie imprese
- ForAgri: fondo di settore per la formazione professionale continua in agricoltura
- Fondazienda: fondo per la formazione continua dei quadri e dipendenti dei comparti commercio-turismo-servizi, artigianato e piccola e media impresa
- Fondo Banche Assicurazioni.

Per ulteriori informazioni è possibile consultare il sito dedicato, http://www.fondinterprofessionali.it.
Verifica se la tua azienda è iscritta a un fondo e chiedi come potrebbero far partire dei progetti di formazione, a meno che non siano già istituiti internamente, nel qual caso puoi rivolgerti direttamente ai Responsabili della Formazione e Sviluppo, solitamente all'interno della Direzione Risorse Umane.

Verifica se la tua azienda è iscritta a un Fondo

... sono una mamma (o un papà)?

Dopo la gravidanza non so più come (re)inserirmi nel mercato del lavoro. A chi posso rivolgermi?

Ricominciare a lavorare dopo aver avuto un bambino non è cosa facile. Mancano spesso le strutture di sostegno e anche i datori di lavoro non sempre dimostrano apertura nei confronti delle neomamme. Una soluzione può essere richiedere il part time o il telelavoro, ma è esperienza comune che queste formule contrattuali non vengano concesse tanto facilmente.

Prova a chiedere il part time o il telelavoro

Che fare allora? Prima di arrenderti, ti consigliamo di usare alcuni strumenti per capire come reimpostare al meglio il tuo ritorno sul campo professionale:

Rivolgiti agli sportelli rosa

- rivolgiti agli sportelli rosa. Aperti in questi ultimi anni a cura di enti e istituzioni statali e privati, possono fornirti informazioni utili sulle opportunità di impiego, nonché assisterti durante il percorso di (re)inserimento nel mercato del lavoro
- cerca di raccogliere quante più informazioni possibili sulle aziende vicine alle tue esigenze, privilegiando quelle più sensibili al tema delle pari opportunità e che consentono flessibilità negli orari
- verifica la presenza all'interno degli uffici o nel distretto di riferimento di asili nido aziendali, pensati e organizzati per venire incontro alle necessità delle mamme lavoratrici

Cogli l'occasione per riqualificarti

- cogli l'occasione per riqualificarti, frequentando corsi di lingua, di informatica o di aggiornamento

Chiedi alle altre mamme

- usa tutti i canali a tua disposizione (dalla mamma che incontri abitualmente al parco giochi, al sito Internet specializzato) per far emergere tutte le opportunità professionali che possono fare al caso tuo. Una volta poi trovato il lavoro che fa per te, candidati. Nel capitolo dedicato al curriculum trovi un esempio di un buon CV scritto da una mamma, che puoi usare come traccia da cui partire per redigere il tuo.

Vorrei avere un bambino, ma non posso permettermi di perdere il lavoro. La legge mi tutela?

Nel 2001, con il Decreto Legislativo 151 è stato introdotto il Testo Unico sulla maternità. Scopo di questa normativa è permettere ai genitori di conciliare le esigenze familiari con la necessità di percepire un reddito e di preservare il posto di lavoro.

Esistono fondamentalmente tre forme di astensione dal lavoro legate alla nascita di un figlio:

La sospensione è prevista prima e dopo il parto

– *congedo di maternità*: noto un tempo come astensione obbligatoria, prevede che la donna possa non lavorare nei due mesi antecedenti al parto e per i tre mesi successivi alla nascita del bambino. Qualora la lavoratrice lo desiderasse, può lavorare fino all'ottavo mese e godere quindi di quattro mesi di stop dopo il parto, dietro certificazione di un medico del Servizio Sanitario Nazionale. Dal punto di vista economico, in questo periodo la busta paga dovuta risulta essere pari all'ottanta per cento della retribuzione normalmente percepita (si considera la retribuzione media giornaliera) e viene corrisposta dall'INPS, anche se materialmente anticipata dal datore di lavoro. Quasi tutti i contratti collettivi prevedono tuttavia una integrazione del rimanente venti per cento a carico del datore di lavoro, in modo tale che la lavoratrice non subisca penalizzazioni economiche. Tale permesso è estendibile anche al padre (congedo di paternità) laddove si verifichino casi gravi tra cui l'abbandono del

Nessuna penalizzazione economica

bambino da parte della madre, la morte o la grave invalidità della madre, l'affidamento esclusivo del bambino al padre

- *congedo parentale*: noto un tempo come astensione facoltativa, è di durata massima di dieci mesi e riferibile a entrambi i genitori. Il periodo di astensione facoltativo spetta per ogni figlio e può essere fruito entro l'ottavo anno di vita del bambino anche in modo frazionato. Il trattamento economico spettante durante questo congedo ammonta al trenta per cento della retribuzione normalmente percepita

In caso di gravidanza a rischio

- *astensione anticipata*: nel caso in cui si presentino delle complicazioni, la lavoratrice può astenersi anche subito dal lavoro, dietro presentazione dell'attestazione della Direzione Provinciale sullo stato di gravidanza a rischio. Godrà così di fatto di un periodo di astensione obbligatorio anticipato.

Se sei a progetto puoi chiedere la sospensione

Se sei una collaboratrice a progetto, il tuo contratto non può essere estinto e, dietro presentazione di idonea certificazione scritta, può essere richiesta e ottenuta la sospensione del rapporto: in questo caso non avrai diritto ad alcun compenso, ma potrai solo chiedere e ottenere una proroga del rapporto di lavoro per un periodo di centottanta giorni, salvo più favorevole disposizione del contratto individuale.

Se il lavoro è particolarmente pesante o pregiudizievole per la salute tua o del nascituro e non ci siano altre mansioni da affidarti, potrai godere della maternità anticipata a tre mesi dalla data presunta del parto.

Hai diritto a un'indennità di maternità pari all'ottanta per cento del salario (ma in questo caso calcolato sul percepito giornaliero medio dell'ultimo anno) per i due mesi che precedono la data presunta del parto e i tre mesi che lo seguono, a condizione che tu abbia versato all'INPS la contribuzione, comprensiva dello 0,50 per cento, quota utilizzata a finanziare la maternità, per almeno tre mesi nei dodici mesi precedenti il parto.

L'indennità di maternità

La lavoratrice in possesso del requisito minimo contributivo ha diritto all'indennità di maternità anche se questa risulta cancellata dalla Gestione separata, solo se non ha diritto a un diverso e migliore trattamento economico a carico di un'altra gestione pensionistica.

Sono un padre, vorrei stare più tempo con il mio bambino. Come posso fare?

Puoi fruire del congedo parentale garantito a entrambi i genitori, che devono però suddividersi il periodo concesso.

Congedo parentale anche per il padre

... ho superato i quarant'anni?

Cosa faccio se ho più di quarant'anni e mi ritrovo fuori dal mercato? Come posso rientrare in azienda?

Innanzitutto non vivere l'età come un handicap, ma cerca di valorizzare al massimo il tuo percorso, comunicandolo al meglio agli altri. Se ti ritrovi a essere espulso da un'azienda o hai deciso di andartene,

Non vivere l'età come un handicap

magari dopo molti anni, avrai di fronte uno scenario molto diverso rispetto all'ultima volta che hai cercato lavoro. Certamente sono cambiate le tipologie contrattuali, le esigenze delle imprese, i rapporti tra datori di lavoro e lavoratori, il ruolo dei sindacati eccetera. Normale quindi che tu ti senta disorientato e spaventato dall'ipotesi di non riuscire più a trovare un posto adatto. Ci sono però alcune mosse che ti possono aiutare a reimmetterti nel mondo del lavoro:

Troverai uno scenario mutato

- fai il punto rispetto alla tua professionalità e cerca di capire come venderla al meglio sul mercato
- individua le aziende che possono aver bisogno delle tue competenze e apprezzarle veramente e proponiti a quelle
- preparati a riformulare le tue pretese retributive e contrattuali e ad accettare anche compensi meno alti di prima
- non rifiutare a priori esperienze professionali diverse dal tuo settore di appartenenza.

Non precluderti alcuna possibilità

L'età è spesso considerata un ostacolo e talvolta, inutile negarlo, lo è davvero. Tu, però, prova a guardarla come una risorsa, se ne accorgeranno (positivamente) anche i selezionatori. Vale anche qua il consiglio dato poco sopra alle mamme: sfrutta tutti i canali a tua disposizione (dagli ex colleghi all'Agenzia per il Lavoro più vicina) per far emergere tutte le opportunità professionali che possono fare al caso tuo. Infine, quando pensi di aver individuato l'azienda giusta, proponiti. Guarda nel capitolo dedicato al curriculum come dovrebbe essere un buon CV di un lavoratore over 40.

Sfrutta tutti i canali

“La mia azienda mi ha licenziato, preferendo a me personale più giovane. A chi posso rivolgermi per avere un aiuto?

L'Associazione Lavoro Over 40 è nata a opera di un gruppo di lavoratori che vivendo in prima persona l'esclusione dal mondo del lavoro in età matura hanno verificato la grande difficoltà a reinserirsi, superando del tutto o in parte i momenti critici descritti. Da qui la volontà di unire gli sforzi per predisporre strumenti di analisi del fenomeno, ricerca delle soluzioni e supporto formativo e psicologico, che possano rendere più rapido ed efficace il reinserimento nel mondo del lavoro. Tutti possono rivolgersi all'Associazione, a prescindere dal tipo di occupazione e dal livello di inquadramento che si aveva precedentemente. L'associazione è no profit e riconosciuta come associazione di promozione sociale.

GIUSEPPE ZAFFARANO

Presidente Associazione Lavoro Over 40”

... ho uno scheletro nell'armadio?

Sono stato licenziato dall'azienda precedente. / Non ho superato il periodo di prova. / Sono stato fermo per un po' di tempo. / Ho cambiato molti lavori. Come spiegarlo con le parole giuste?

Non temere di essere onesto

In qualsiasi percorso, tanto più in quello professionale, ci possono essere degli incidenti. Prenderne atto e valutarne la motivazione è la cosa più importante. Solo se sei in grado di dare a te stesso una risposta serena e lucida di quanto è accaduto potrai

I selezionatori conoscono il mercato

convincere anche chi sta dall'altra parte in un colloquio. I selezionatori vivono nel mercato del lavoro almeno tanto quanto te, sono quindi perfettamente consapevoli e abituati a confrontarsi anche con i suoi aspetti più drammatici (fallimenti aziendali, ridimensionamenti, conflitti personali che sfociano in episodi di mobbing, precarietà, abusi e quant'altro).

“La mia biografia professionale ha qualche macchia... Come posso giustificarmi?

CONSIGLIO

Se nel corso della propria carriera professionale si sono avute delle difficoltà – periodi di prova non superati, contratti non rinnovati, fasi di inattività – sono due le cose da fare. Sicuramente questi problemi non vanno troppo sottolineati nel curriculum. Bisogna però essere prontissimi a rispondere alle domande del selezionatore nel colloquio, che senz'altro chiederà ragione di questi intoppi, notando nel percorso delle incoerenze o dei "buchi". Guai a essere fumosi, non si ottiene altro che indispettire e insospettire ulteriormente chi si ha davanti. Molto meglio essere franchi, spiegare in trasparenza le proprie scelte e non aver paura di scendere – con buon senso – nel personale.

LAURA D'AMICO
HR Director Manpower”

... non mi piace il nuovo lavoro?

Non voglio accettare il lavoro che mi hanno proposto. Come posso motivare la mia scelta?

Magari non ne eri convinto quando ti sei candidato. O magari ti ha chiamato un head hunter e ti sei pre-

Rifiuta con professionalità

sentato al colloquio solo per curiosità. Fatto sta che – a mano a mano che la proposta si è fatta più chiara e definita – hai perso interesse per il ruolo offerto. Certo, non è che si debba accettare tutto, meno che mai se non si è sicuri. Ma d'altronde bisogna saper gestire questo rifiuto, per non bruciarsi il contatto e per assicurarsi altre opportunità in futuro. Se sei certo che quel lavoro non fa per te, comunicalo con gentilezza a chi hai di fronte. Potrebbe darti ulteriori informazioni, utili per avvalorare la tua scelta o al contrario per cambiare idea. Spiega perché quel posto non ti convince, sii professionale e renditi sempre disponibile per incontri futuri, nel caso in cui si aprissero delle posizioni più vicine al tuo profilo. Sarai di certo ricordato positivamente dal tuo interlocutore, anche perché ha evitato di "portarsi in casa" una persona inadatta al ruolo indicato.

Non fuggire

Una raccomandazione finale, che può sembrare assurda ma che in realtà riguarda molti più casi di quanto si pensi: non fuggire e non renderti irreperibile. Se quel posto non fa al caso tuo, non sei costretto ad accettarlo!

“ La proposta che mi hanno fatto non mi convince. Cosa posso fare?

CONSIGLIO

Fra candidato e selezionatore la regola numero 1 è la franchezza. Se il lavoro proposto non ti convince, fallo subito presente. Evita sia di mandare troppo avanti il processo (faresti perdere tempo alla Società di Selezione e all'azienda che ha commissionato la ricerca) sia soprattutto di sparire nel nulla, non facendoti più trovare. Se invece il problema è di natura economica, considera il selezionatore un tuo alleato: lui potrà farti da tramite per le tue esigenze e raggiungere un accordo con l'azienda.

DANIELA GARBELLI
Direttore Divisione Sintex ”

Il posto che credevo fosse stato fatto apposta per me si è rivelato del tutto inadeguato al mio profilo e alle mie aspettative. Vado o resto?

Inizia con l'autocritica

Prima di attribuire colpe all'azienda, a chi ha curato la selezione o al destino, fai una seria analisi autocritica, per capire se e dove tu abbia sbagliato nella scelta di questa opportunità professionale. Gli errori di valutazione possono essere dovuti a diversi elementi che magari non sono stati approfonditi in sede di colloquio. Ad esempio, hai fatto delle domande dettagliate su quali fossero i valori e la cultura aziendali o le modalità di relazione all'interno dell'azienda? Hai indagato con precisione e accuratezza i contenuti fattivi e operativi della posizione che avresti ricoperto? Hai chiesto al tuo interlocutore quali fossero gli strumenti di lavoro di cui ti saresti potuto avvalere?

Hai fatto le domande giuste al momento giusto?

Non aver sondato con sufficiente scrupolosità questi temi prima di accettare il nuovo impiego può rivelarsi estremamente pericoloso. Non solo perché rischi di trovarti in una situazione alquanto scomoda e spinosa, ma anche perché può risultare molto frustrante rimetterti nuovamente alla ricerca di un lavoro subito dopo averne appena trovato uno.

Da parte sua, il Responsabile della Selezione potrebbe non averti fornito informazioni fondamentali sull'organizzazione o sul profilo per cui ti sei proposto. Questo potrebbe essere successo, nelle peggiori delle ipotesi, per superficialità o leggerezza. O, più banalmente, perché ha dato per scontato degli aspetti che invece per te era necessario sviscerare perché importanti elementi su cui basare la tua scelta.

Sfrutta il periodo di prova

Una volta stabilite le ragioni per le quali non sei a tuo agio nel nuovo contesto professionale, rimane da dare una risposta all'unico vero quesito sostanziale: è meglio restare nell'azienda e cercare di cambiare la situazione a tuo vantaggio oppure rimettersi immediatamente alla ricerca di una nuova opportunità?

Di solito si predilige sempre la prima opzione, sia perché si preferisce prendere tempo, sia perché si vogliono avere più elementi per valutare la propria condizione. Perciò prima di parlare al tuo superiore della tua insoddisfazione, fai fruttare al massimo il periodo di prova e raccogli più informazioni possibili per capire se e quale sia lo spazio effettivo di miglioramento. In altre parole, comprendi se il malessere che provi è irreversibile oppure se si tratta di un turbamento temporaneo, dovuto al semplice cambiamento di regole, funzioni, abitudini.

Malessere irreversibile o temporaneo?

Se le motivazioni del tuo scontento sono esclusivamente professionali o legate alla tua posizione e relative mansioni, potrebbero esserci margini di negoziazione e di trasformazione. I contenuti specifici

Alcuni problemi sono risolvibili

del ruolo, la strumentazione necessaria per svolgere il tuo lavoro, la definizione delle aree di responsabilità sono infatti temi su cui è possibile discutere senza eccessiva difficoltà. Si tratta anche di questioni facilmente risolvibili, sempre ammesso che esista la volontà (o la capacità) da parte dell'azienda di venire incontro alle tue esigenze.

Non farti sopraffare dalla demotivazione

Diversamente, se i problemi sono di natura personale o relazionale, si fa tutto più difficile. Di fatto, se la causa del tuo senso di insoddisfazione riguarda il clima, i valori o la visione aziendali è molto più arduo mettere le cose a posto. Cambiare lavoro si rivela quindi la soluzione più sensata. In questa seconda eventualità, è opportuno che tu esca il più in fretta possibile dall'azienda, evitando ovviamente di ricadere nello stesso errore cioè accettando la prima occasione che ti capita. Al contrario, fai tesoro dell'esperienza negativa appena vissuta e impara a gestire la tua temporanea demotivazione con calma e lucidità.

… ho trovato finalmente il lavoro perfetto?

Devo dire alla mia attuale azienda che me ne vado. Quali sono i passaggi da fare?

No a polemiche e recriminazioni

Dire addio a un'azienda è sempre un momento delicato. Non perdere l'occasione per lasciare un buon ricordo e gestisci con professionalità anche la fase del distacco, senza recriminazioni inutili o atteggiamenti rancorosi che non hanno alcun senso. Un nuovo lavoro ce l'hai già e a questo punto le polemiche servono a poco.

La prima persona da informare è senz'altro il tuo responsabile: dovrai esporgli le motivazioni che ti hanno portato a cambiare. Anche qui: non soffermarti sugli aspetti negativi della tua attuale posizione, ma segnala quelli positivi che, dall'altra parte, ti hanno portato ad accettare. In un secondo tempo potrai andare dalla Direzione del Personale per formalizzare il tutto con la consegna della lettera di dimissioni. Anche in questa occasione è meglio evitare diatribe e lamentele: le aziende fra di loro si parlano, e lasciare un'impresa in malo modo non è mai una buona mossa strategica.

Prima rivolgiti al tuo responsabile

Dal momento delle dimissioni alla tua partenza effettiva dovrai gestire con correttezza e impegno il passaggio di consegne, facendo vedere a chi prenderà in carico le tue mansioni come le svolgevi tu, quali sono le problematiche più ricorrenti, quali i referenti da contattare in caso di necessità. È vero, sei con la testa da un'altra parte, pensi già al tuo prossimo lavoro e probabilmente non ti importa poi più di tanto di quello che stai per abbandonare. La nuova azienda magari ti sta facendo pressioni per entrare il prima possibile, offrendosi anche di pagarti quello che perderesti per il mancato rispetto del preavviso. Cerca comunque di avere un atteggiamento equilibrato e leale anche nei confronti dei tuoi (ormai ex) colleghi. Mostrati disponibile a qualche sacrificio e a degli straordinari (pagati, se la situazione lo consente), così potrai velocizzare il processo accontentando tutti e portando a casa il miglior risultato possibile.

Le imprese tra loro si parlano

Fai un buon passaggio di consegne

Ricordati poi che se in futuro qualcuno chiedesse delle referenze alla tua attuale azienda, un comportamento non professionale anche solo nell'ultimo periodo (a fronte magari di anni di grandi meriti) potrebbe seriamente compromettere la tua immagine presso eventuali nuovi datori di lavoro.

Preparati a una controproposta

Da ultimo, preparati a una possibile controproposta da parte del tuo attuale datore di lavoro. Non usare le dimissioni come minaccia, ma stai a sentire con attenzione quello che ha da proporti, prenditi il tuo tempo per decidere e vedi dove pende l'ago della bilancia. Considera gli aspetti retributivi e contrattuali, ma non dimenticare fattori come il clima aziendale, la dimestichezza nel ruolo e la possibilità di crescere ancora (o meno) lì dove sei.

Da un addio può nascere un nuovo inizio

Non partire con dei preconcetti: non è detto che un incontro che pensavi finalizzato a un addio non diventi il punto di partenza di un nuovo modo di lavorare.

Quanto preavviso devo dare?

Come prima cosa, recupera una copia del contratto collettivo di lavoro, che in linea teorica dovrebbe esserti stato consegnato al momento dell'incarico. Questo dovrebbe agevolarti per capire come il tuo CCNL affronta il tema delle dimissioni e la durata del periodo di preavviso. Non è di fatto previsto un periodo standard entro cui l'azienda va avvisata dal lavoratore della sua volontà di lasciare l'azienda, ma dipende dai diversi contratti e dai diversi livelli di inquadramento.

Solo se hai ricevuto la lettera di impegno

Ricordati di non dare mai le dimissioni se prima non hai ricevuto una lettera di impegno da parte della nuova azienda, dove non devono mancare le condizioni economiche, il livello di inserimento e la data di inizio del nuovo rapporto. Nel caso in cui si sia dichiarata disponibile ad assorbire il costo del tuo mancato preavviso, questo deve essere messo per iscritto.

Come si scrive una lettera di dimissioni?

I contenuti che non possono mancare in una lettera di dimissioni sono:

Occhio alla data

- la data della lettera. Non è una formalità, servirà a fissare la decorrenza delle tue dimissioni e a calcolare il preavviso. Di fatto per la maggior parte dei contratti tale periodo parte dal 1° o dal 16 del mese ed è da lì che ha inizio il conteggio effettivo. Se la lettera è datata al 3 del mese, quindi, il periodo di preavviso effettivo partirà il 16, a meno che non sia diversamente specificato dal contratto nazionale di lavoro di riferimento. Potendo, quindi, ti conviene dare le dimissioni poco prima della metà o della fine del mese
- la durata del preavviso con l'indicazione della data dell'ultimo giorno di lavoro in azienda
- i ringraziamenti, per quanto sintetici, all'azienda o al management, a seconda dei rapporti che nel tempo si sono stabiliti tra di voi.

Puoi negoziare l'uscita

Prima della consegna della lettera di dimissioni è prevista la possibilità di negoziare la tua uscita con l'azienda, accordandoti per andartene prima della scadenza contrattuale prevista. Se riesci a raggiungere un'intesa in questo senso, ricordati di inserire anche una formula che ti tuteli sul pagamento del

Attenzione alla copertura del mancato preavviso

periodo di preavviso: "Resta inteso che l'Azienda non tratterrà il periodo di mancato preavviso".
Nel caso in cui invece il tuo futuro datore di lavoro ti volesse subito nella sua impresa, dovrà rendersi disponibile ad accollarsi anche questo costo, garantendoti nella lettera di impegno la copertura del mancato preavviso. In un senso o nell'altro, devi fare quindi estrema attenzione alla gestione del mancato preavviso che ti sarebbe altrimenti decurtato dal TFR.
Nella pagina a fianco un esempio di lettera di dimissioni presentata nei tempi corretti, che, come tale, non ha rischiesto la formulazione di richieste speciali ai datori attuali o futuri.

Consegna la lettera di persona

Il modo più facile per consegnare la lettera è farlo personalmente, indicando in testa la dicitura "Raccomandata a mano" e facendoti firmare per ricevuta una delle due copie che dovrai preparare, che rimarrà a te. L'alternativa è spedirla per posta mandando una raccomandata con ricevuta di ritorno, ricordandoti sempre di conservare tutta la documentazione.

… devo affrontare la questione stipendio?

Quando devi parlare di soldi, sia in fase di trattativa iniziale sia quando sei già inserito in azienda da un po' di tempo, è importante che dimostri di avere ben chiari alcuni elementi:

– quale contributo concreto apporti all'azienda (citando numeri e casi reali, senza magnificare astrattamente la tua performance)

RACCOMANDATA A MANO

Gian Pietro Mattioli
via Petruccioli, 48
40100 Bologna

Alla cortese attenzione
della Direzione del Personale di
Addioli Software Srl
Viale Filzi, 38
40100 Bologna

Bologna, giorno mese anno
Oggetto: **DIMISSIONI**

Buongiorno,
con la presente intendo rassegnare le mie dimissioni da questa società, fornendo un preavviso di **XX** giorni, così come previsto dalle norme contrattuali.
Vogliate pertanto considerare quale termine ultimo del mio rapporto di lavoro la data del prossimo **giorno/mese/anno**.
Resto naturalmente a disposizione sino a quella data per effettuare il passaggio delle consegne.
Colgo l'occasione per ringraziarvi per l'esperienza maturata in questa società e per quanto ho potuto imparare in questi anni di fattiva collaborazione.

In fede

Gian Pietro Mattioli

____

Ufficio Direzione del Personal Addioli Software Srl

____

Il tuo apporto, la tua responsabilità, le loro politiche

– che genere di responsabilità hai (in termini di budget e risorse gestite)
– che tipo di politiche retributive ha l'azienda nel suo complesso (ad esempio se attribuisce importanza alla sola produttività commerciale, se assieme al fisso propone un variabile o dei bonus, se valorizza l'anzianità tout court o dei singoli exploit).

Una volta che tutto questo ti è chiaro, cerca anche di tenere in considerazione fattori extra-aziendali (come ad esempio economia stagnante o settore di riferimento in crisi). Dimostrati quindi conscio del quadro in cui operi, magari andando a controllare anche sui siti che offrono servizi di benchmarking retributivi quanto guadagna chi ha la tua stessa storia professionale.

Potresti ricevere un rifiuto

Vai dal tuo responsabile con in testa una scala di riferimento, un minimo sotto il quale non vuoi scendere e un massimo a cui ambisci. Non essere aggressivo, non lanciare rivendicazioni spiacevoli e non fare riferimento a colleghi: lascia parlare il più possibile il tuo interlocutore e prendi mentalmente nota di ogni singola informazione che ti verrà data. Ti tornerà utile in fase di contrattazione. Ricordati infine che esiste la concreta possibilità che ti venga detto di no: se dovesse accadere non ti scoraggiare o irritare ma chiedi consiglio su come puoi ottenerlo ed entro quali tempi.

“ Quali sono le cose che devo evitare quando vado a chiedere un aumento?

CONSIGLIO

Il modo peggiore per chiedere un aumento è sicuramente rivolgersi al proprio capo facendo dei confronti con colleghi che l'hanno ricevuto, magari criticando il loro operato e proclamando palesi ingiustizie che si pensa di avere subito. Al contrario, è molto apprezzabile chi si presenta in modo coerente e professionale, illustrando i risultati ottenuti, ricordando da quanto tempo è fermo il suo stipendio, dimostrando di sapere quanto vale sul mercato una figura come la sua. Se le condizioni lo permettono, se gli equilibri interni sono mantenuti e le politiche retributive vengono rispettate, questa strategia è sicuramente la più premiante.

NICOLETTA TRAVAGLINI
Organization & Development Manager
DHL Express Italy ”

... voglio stabilire quanto mi arriverà in busta paga?

Spesso quando si tratta di soldi, tu e la tua azienda avete due diverse unità di misura. Loro parlano di cifre lorde, mentre quello che interessa a te è il netto, ovvero quanto ti entra effettivamente in tasca. Purtroppo riuscire a determinare il valore netto dello stipendio non è impresa facile, e proprio nel momento in cui ti servirebbe di più (quando ad esempio hai davanti a te chi ti sta facendo la proposta economica) non puoi usare uno dei tanti convertitori automatici disponibili gratuitamente on line col quale fare velocemente i conti.

Non è un'impresa facile

Attenzione a lordo e netto

Accade di frequente che nelle fasi finali di un colloquio di lavoro, quando si arriva a discutere degli aspetti retributivi, i valori presi in considerazione si intendano normalmente lordi, vale a dire comprensivi di imposte e contributi che necessariamente devono essere sottratti per determinare l'importo che veramente finirà sul tuo conto corrente.

Riuscire a identificare questa cifra con una buona approssimazione ti può evitare spiacevoli sorprese, e soprattutto metterti nella condizione di capire in termini reali il valore della proposta retributiva che ti stanno facendo.

Ecco quindi alcune regole generali che, se correttamente applicate, permettono di determinare il proprio stipendio netto partendo dal relativo valore lordo. Per semplicità di esposizione, senza addentrarci troppo nei dettagli di calcoli, spesso complicati anche per gli addetti ai lavori, ci limitiamo a mettere in evidenza alcuni passaggi essenziali facilmente eseguibili anche per chi non ha dimestichezza con la materia.

Sottrai INPS e Fondi Pensione

Dal valore lordo mensile, spesso identificato nelle buste paga come "imponibile previdenziale", in prima battuta devono essere detratti i contributi previdenziali e assistenziali destinati all'INPS (utili per la futura pensione e per la copertura retributiva in particolari situazioni quali malattia, maternità eccetera). Se sei iscritto a un Fondo Pensione, i relativi contributi a tuo carico devono essere anch'essi sottratti.

Il risultato così ottenuto, definito "imponibile fiscale", rappresenta l'importo su cui viene calcolata l'IRPEF (imposta sul reddito per le persone fisiche) che rappresenta la vera e propria tassazione della busta paga. Come è noto l'IRPEF è un'imposta progressiva che si ottiene applicando le aliquote in vigore a determinati scaglioni di reddito. L'applicazione di tali aliquote all'imponibile fiscale determina l'imposta lorda, alla quale dovranno essere sottratte eventuali detrazioni che ti spettano per carichi familiari o per posizione reddituale. La detrazione costituisce, infatti, una sorta di sconto sull'imposta dovuta.

Le aliquote IRPEF dipendono dall'imponibile

Dovranno essere calcolate infine le cosiddette "addizionali regionali e comunali" che non sono altro che ritenute fiscali destinate appunto a Regioni e Comuni e da loro determinate sull'ammontare complessivo del tuo stipendio (comunque entro determinati limiti fissati dalla Legge Finanziaria).

Calcola le addizionali regionali e comunali

Sottraendo dall'imponibile fiscale l'imposta netta (imposta lorda meno detrazioni) e le "addizionali regionali e comunali", si ottiene lo stipendio netto normalmente indicato in basso a destra, dove immediatamente ti cade l'occhio al momento dell'apertura della busta paga.

Qualora tu abbia diritto, in virtù della composizione della famiglia e del livello di reddito percepito, all'assegno per il nucleo familiare, tale importo, non essendo soggetto a tassazione, si aggiungerà direttamente al valore netto sopra definito. Ricorda che l'assegno è materialmente corrisposto dal datore di lavoro per conto dell'INPS.

L'assegno familiare non è soggetto a tassazione

Ecco un esempio pratico per capire meglio queste operazioni. Ipotizziamo che tu sia un lavoratore dipendente di un'industria privata con più di cinquanta dipendenti, con due figli a carico al cinquanta per cento (nell'ipotesi di una famiglia con entrambi i coniugi lavoratori), che percepisca uno stipendio lordo mensile di 2000 euro per tredici mensilità, e che non sia iscritto a un Fondo Pensione né che tu abbia diritto all'assegno per il nucleo familiare.

Facciamo un esempio

Per semplicità di esposizione, non spieghiamo il complesso meccanismo di calcolo delle detrazioni fiscali derivante dall'applicazione di particolari formule matematiche, ma evidenziamo solamente i relativi importi. Si riportano inoltre, per comodità di calcolo, le aliquote IRPEF attualmente in vigore con i relativi scaglioni di reddito.

IRPEF

Scaglioni di reddito mensili	*aliquote*
fino a 1250	23%
da 1250 a 2333,33	27%
da 2333,33 a 4583,33	38%
da 4583,33 a 6250	41%
oltre 6250	43%

Scaglioni di reddito annuali	*aliquote*
fino a 15000	23%
da 15000 a 28000	27%
da 28000 a 55000	38%
da 55000 a 75000	41%
oltre 75000	43%

Esempio

Voci	Importi €	Note
Valore lordo mensile	2000	Somma di tutte le voci retributive
Contributi previdenziali e assistenziali	189,80	9,49% del valore lordo. La percentuale può tuttavia variare a seconda del settore di appartenenza dell'azienda o del tipo di rapporto di lavoro
Imponibile fiscale	1810,20	Differenza tra i precedenti importi
Imposta lorda IRPEF del mese	438,75	23% di 1250 (primo scaglione) + 27% di 1810,20–1250 (secondo scaglione)
Detrazione figli	52,40	L'importo deriva dall'applicazione di una formula matematica a un valore massimo stabilito. La detrazione è di solito distinguibile con un'apposita voce nella busta paga
Ulteriore detrazione	87,33	L'importo deriva dall'applicazione di una formula matematica a un valore massimo stabilito. La detrazione è di solito distinguibile con un'apposita voce nella busta paga
Imposta netta	299,02	Imposta lorda meno le detrazioni
IRPEF regionale e comunale	30	Calcolata sull'imponibile fiscale dell'anno precedente in base alle aliquote definite dagli enti locali
Valore netto	1481,18	Imponibile fiscale meno imposta netta meno IRPEF regionale e comunale

Aspetta il conguaglio alla fine dell'anno

Tieni conto che le trattenute effettuate ogni mese dal tuo datore di lavoro costituiscono comunque un prelievo a titolo provvisorio, e saranno soggette a conguaglio alla fine dell'anno, quando sarà perfettamente noto il tuo reddito percepito (anche per effetto delle mensilità aggiuntive e delle variazioni retributive avvenute nel corso dell'anno). Pertanto, per avere ben chiaro a quanto ammontano con precisione le trattenute subite in busta paga, sarà necessario applicare le regole di calcolo sopra riportate alla retribuzione lorda annua.

“ Penso che ci siano delle ingiustizie retributive nella mia azienda. Come e con chi affrontare la faccenda?

Non vogliamo che la meritocrazia sia una parola vuota di significato, per questo in azienda facciamo una valutazione costante delle performance dei dipendenti e cerchiamo di instaurare con loro un dialogo aperto e franco. Se ci sono delle differenze retributive, di benefit, di formazione offerta è perché abbiamo cercato di premiare i migliori con la massima chiarezza e trasparenza nei confronti di tutti. Laddove una persona si sente discriminata è nostro compito invitarla a non tenersi tutto dentro e supportarla nel risolvere il suo problema. Il nostro consiglio è non lasciarsi prendere dall'emotività partendo con recriminazioni, ma affrontare con calma e lucidità le questioni, in primis con il proprio capo.

ELIANA MARCHIÒ

HR Manager Océ-Italia S.p.A. ”

LE PAROLE SONO IMPORTANTI

il dizionario

Quante volte ti è capitato di:

- non capire niente di un annuncio?
- trovare quantomeno astruso il linguaggio del selezionatore?
- leggere un articolo sulle tendenze occupazionali e avere più di qualche difficoltà nella comprensione?

La colpa non è tua. Chi lavora nell'ambito delle Risorse Umane ha sviluppato un gergo tutto suo che è ignoto ai più e che può crearti parecchie difficoltà quando cerchi un impiego. In questo capitolo faremo un po' di chiarezza, illustrando con esempi e riferimenti pratici che cosa significano le *parole del lavoro*.

Ad interim

Locuzione latina che indica qualcosa di *temporaneo*. Da questa espressione deriva anche il termine *interinale*, tipologia di lavoro subordinato introdotta anche in Italia con la Legge Treu nel 1997 e trasformata in *somministrazione di lavoro* nel 2003 con la Legge 30 (nota come Legge Biagi).

Agenzia per il Lavoro

Operatori privati che attraverso diverse modalità si propongono di far incontrare domanda e offerta di lavoro. Autorizzate dal Ministero del Lavoro, possono svolgere attività di somministrazione, intermediazione, Ricerca e Selezione del Personale e attività di supporto alla ricollocazione professionale.

Albo Informatico

Registro elettronico in cui sono iscritte le Agenzie per il Lavoro autorizzate dal Ministero del Lavoro. È affidato alla Direzione Generale per il mercato del lavoro.

Alumni

Associazione che riunisce gli ex studenti, in particolar modo di Università, Master e Business School. Rivolgerti a un'associazione di Alumni può esserti d'aiuto per ottenere informazioni direttamente da chi ha frequentato un certo corso. Agli ex studenti delle edizioni passate di un Master, ad esempio, puoi chiedere se la qualità delle lezioni era buona, se la didattica era adeguata, se si sono poi avute effettive possibilità professionali eccetera.

Ammortizzatori sociali

Sistema di tutela del reddito dei lavoratori che sono in procinto di perdere o hanno già perso il posto di lavoro. Tra le diverse forme di ammortizzatori sociali, ricordiamo le principali in ambito lavorativo:

- *cassa integrazione guadagni*: ordinaria o straordinaria, essa prevede un intervento a sostegno delle imprese in difficoltà che *garantisce* al lavoratore un reddito sostitutivo della retribuzione
- *contratti di solidarietà*: si tratta di accordi aziendali, che coinvolgono le parti sociali della singola impresa (datori e lavoratori o rispettive rappresentanze), la cui finalità è sia evitare riduzioni di personale sia favorire nuove assunzioni mediante una diminuzione dell'orario di lavoro
- *indennità di disoccupazione*: importo riconosciuto ai lavoratori licenziati o sospesi da aziende colpite da eventi temporanei non causati né dai lavoratori né dal datore di lavoro (mancanza di lavoro, di commesse o di ordini, crisi di mercato eccetera): dura otto mesi, che diventano dodici per coloro che hanno superato i cinquant'anni d'età
- *indennità di mobilità:* importo che spetta ai lavoratori collocati in mobilità dalla loro azienda a seguito dell'esaurimento della cassa integrazione straordinaria, del licenziamento per riduzione del personale o trasformazione dell'attività o del lavoro, del licenziamento per cessazione dell'attività da parte dell'azienda.

Analisi grafologica

Studio dei tratti caratteriali di una persona attraverso l'esame della sua scrittura. Se in un annuncio vedi richiesto l'invio del curriculum o della lettera di presentazione scritti a mano, è verosimile che il processo di valutazione preveda anche questo tipo di analisi.

Assessment Center

Strumento di selezione che prevede colloqui di gruppo dei candidati, spesso utilizzato per la valutazione del potenziale del singolo e per rilevarne le caratteristiche attitudinali e di personalità.

Associazioni di Categoria

Associazioni di imprese affini per attività produttive situate in tutto il territorio nazionale. Esempi di Associazioni di Categoria sono Confindustria, Confcommercio, Confartigianato. Puoi rivolgerti ai loro sportelli per ottenere informazioni utili per il tuo inserimento nel mercato del lavoro, specie in termini di opportunità e di contratti.

Autocandidatura

Candidatura spontanea a un posto di lavoro, non necessariamente indotta dalla presenza di posizioni aperte.

Banca dati di CV

Database digitali di CV che i siti di recruiting on line mettono a disposizione delle aziende alla ricerca di personale. Sono consultabili attraverso diversi parametri di ricerca, come il settore di appartenenza, la professione, il livello di istruzione. L'inserimento del curriculum è totalmente gratuito da parte del candidato, mentre la consultazione della banca dati da parte delle imprese è a pagamento. Se inserisci il tuo CV in una banca dati puoi essere contattato da un'azienda alla ricerca di personale, anche se non stai attivamente cercando un impiego.

Benchmark retributivo

Servizio interattivo di comparazione delle retribuzioni sulla base di determinati parametri tra cui mansioni, età, anzianità e sesso. I risultati ottenuti si rivelano particolarmente utili quando si deve dare inizio a una trattativa economica, quando si cambia lavoro o si desidera chiedere un aumento. Esempi di benchmark retributivi sono Quantomipagano.com e il Salary Survey di Monster.

Bilancio di competenze

Tecnica di orientamento finalizzata a portare alla luce capacità, attitudini, potenzialità e aspirazioni dell'individuo con lo scopo di definire dei possibili percorsi formativi o professionali. Se sei in crisi o non hai ancora ben chiaro cosa vuoi fare da grande, questo servizio può darti delle risposte concrete e utili nella definizione del tuo futuro.

Career coaching

Servizio di consulenza alla carriera. Al pari di un allenatore, il coach cerca di stimolare consapevolezza e responsabilità nel suo interlocutore, per permettergli di migliorare la sua performance professionale. Se pensi di essere sottoutilizzato o al contrario credi di stare operando al di sopra delle tue possibilità, allenarti con un esperto non potrà che giovare alle tue prestazioni.

Categorie protette

Individui che possono beneficiare delle quote obbligatorie di assunzione riservate previste dalla legge n. 68 del 1999.
Rientrano nelle categorie protette: invalidi civili in età lavorativa affetti da minorazioni fisiche, psichiche o sensoriali e portatori di handicap intellettivo, che comportino una riduzione della capacità lavorativa superiore al quarantacinque per cento, invalidi del lavoro con un grado di invalidità superiore al trentatré per cento, non vedenti e sordomuti, invalidi di guerra, invalidi civili di guerra e invalidi per servizio, vedove e orfani di guerra, del lavoro o per servizio, invalidi del personale militare e della protezione civile, profughi, vittime del terrorismo e della criminalità organizzata.
Il proprio status di categoria protetta va segnalato nel CV. Per iscriversi nell'elenco di queste categorie occorre rivolgersi ai Centri per l'Impiego della propria provincia di residenza. È necessario avere documento di riconoscimento e la documentazione che attesti l'invalidità o il diritto all'iscrizione a tali liste.

Centro per l'Impiego

Ufficio pubblico (ex Ufficio di Collocamento) che offre gratuitamente servizi di accoglienza informativa, orientamento professionale al lavoro, consulenza ai singoli individui (anche con progetti speciali dedicati ai diversamente abili o agli stranieri) e alle imprese, *matching* di domanda/offerta di lavoro, gestione di procedure amministrative ordinarie, erogazione di tirocini formativi e di orientamento. Puoi trovare una lista dei Centri per l'Impiego nel capitolo Risorse Utili.

CCNL

Contratto Collettivo Nazionale di Lavoro. Nel diritto italiano, contratto stipulato a livello nazionale con cui le organizzazioni rappresentative dei lavoratori (i sindacati) e le associazioni dei datori di lavoro (o un singolo datore) stabiliscono sia gli aspetti economici (retribuzione, trattamenti di anzianità) sia quelli normativi (disciplina dell'orario, qualifiche e mansioni, stabilità del rapporto eccetera) validi per un certo settore (commercio, industria metalmeccanica, industria chimica eccetera). Copia del CCNL dovrebbe esserti consegnata nel momento dell'assunzione. Se così non fosse, puoi domandarla alla Direzione del Personale, oppure scaricala da Internet o richiedila ai sindacati. Ti tornerà utile sia in fase negoziale, quando magari ti appresti a cambiare settore, sia in caso di abusi, sia per risolvere qualsiasi dubbio tu possa avere in merito alle tue mansioni o ad altri aspetti del tuo lavoro.

Diversity management

Gestione e valorizzazione delle diversità tra i lavoratori all'interno di un'impresa, siano esse di natura etnica, razziale, di genere, di età, di estrazione sociale. Servizi come asili nido aziendali, programmi di aggiornamento, abbattimento delle barriere architettoniche negli uffici sono tutti modi attraverso cui può essere gestita la complessa articolazione degli elementi di diversità tra dipendenti e collaboratori.

Endorsment

Appoggio, segnalazione. All'interno di certi siti di social network ottenere un *endorsment* significa rendere pubblico a tutta la rete di contatti che si sta "patrocinando" una persona (un collega, un ex capo, un fornitore) per la qualità del lavoro svolto.

Executive

Figure legate al top (o senior) management, cioè coloro che ricoprono ruoli di responsabilità rispetto all'azienda nel suo complesso (ad esempio il presidente, l'amministratore delegato, il direttore generale).

Form

Modulo che consente all'utente di inserire on line dei dati attraverso il completamento di campi prestabiliti. Nel caso della compilazione di un curriculum via Internet è possibile che all'utente venga richiesto di compilare un form, grazie al quale i dati principali relativi al suo profilo potranno essere individuati con facilità dai selezionatori che consultano i database di CV.

Formazione continua-Long life learning

Aggiornamento continuo delle competenze del lavoratore, che potenzialmente può acquisirne di nuove lungo l'intero arco della vita lavorativa. La formazione continua rappresenta uno dei punti chiave dell'occupabilità, un vero e proprio scudo contro la disoccupazione in tutte le fasi della vita.

Guerra dei talenti

Espressione coniata nel 1997 dalla società di consulenza McKinsey, e ora di uso comune, per indicare le iniziative da parte delle imprese volte ad attrarre e a mantenere in azienda le risorse migliori, al fine di garantirsi un solido vantaggio competitivo nei confronti dei propri concorrenti.

Head hunting

Metodologia di reclutamento utilizzata con l'obiettivo di individuare dei candidati che ricoprano ruoli precisi all'interno di una struttura. Noto anche come "caccia" o "ricerca diretta", può avvalersi, oltre che degli strumenti tradizionali come bancadati o telefono, anche della Rete, dando luogo al cosiddetto "net head hunting".

HR

Acronimo di *Human Resources*, Risorse Umane. Indica la funzione aziendale che si occupa dei diversi processi che riguardano la gestione del Personale: pianificazione, reclutamento, selezione e inserimento in azienda, formazione, valutazione, carriera e mobilità del personale, politiche retributive, relazioni sindacali e aspetti organizzativo-amministrativi.

Jobseeker

Un individuo in cerca di lavoro.

Job description

Descrizione dei requisiti, dei compiti e delle responsabilità che definiscono uno specifico ruolo in azienda. All'interno dell'annuncio, è l'insieme di elementi che permettono di capire quali mansioni spetteranno a chi ricoprirà la posizione ricercata. Leggila con attenzione perché ti sarà utile per capire quanto il tuo profilo sia adeguato rispetto alla posizione ricercata.

Job title

Nome della figura professionale ricercata. Noto anche come "carica", "titolo della posizione". Si tratta di una delle informazioni chiave tanto nell'assegnazione del nome di CV depositato in bancadati quanto nell'utilizzo dei motori di ricerca delle offerte.

Junior

Non esistono parametri universali per definire chi è junior, ma in linea di massima si tratta di una figura professionale neodiplomata o neolaureata, con al massimo due anni di esperienza alle spalle. Si tratta di un buon discrimine per comprendere quali sono le posizioni a cui si può legittimamente ambire per livello di esperienza. Se hai appena concluso i tuoi studi, evita di candidarti per posizioni senior e non millantare un'esperienza che ancora non puoi avere, verresti scartato automaticamente.

Inquadramento

A seconda dei contenuti professionali richiesti e della retribuzione accordata, ciascun lavoratore dipendente ha un certo tipo di inquadramento in azienda, corrispondente a un livello. Oltre ai livelli operai, impiegatizi, esistono i cosiddetti quadri e dirigenti, a cui corrispondono le posizioni di maggiore responsabilità.

Interinale

Aggettivo che qualifica un lavoro temporaneo e, per estensione, le Agenzie per il Lavoro specializzate nella somministrazione di lavoro, che però può anche non essere di natura temporanea.

Libretto formativo del cittadino

Documento che raccoglie informazioni, dati e attestazioni riguardanti esperienze effettuate in ambito educativo/formativo, in ambito lavorativo, sociale, ricreativo o familiare. Sostituisce il libretto del lavoro e viene rilasciato dai Centri per l'Impiego.

Mansione

Insieme delle attività, dei compiti e delle responsabilità che identificano il ruolo e la qualifica di un lavoratore all'interno di un contratto.

Metamotore

Sito che svolge la sua interrogazione su più motori di ricerca contemporaneamente, dandone tutti i risultati all'utente. Nel settore lavoro, luogo virtuale dove convergono le offerte estratte da altri siti.

Mobile recruiting

Utilizzo della telefonia mobile per campagne di reclutamento o per fidelizzare il candidato, ad esempio attraverso la segnalazione via SMS di posizioni vacanti.

Middle management

Lavoratori che ricoprono ruoli di responsabilità in alcuni ambiti dell'azienda (Business Unit o unità organizzative), rispondono al top management e occupano posizioni intermedie tra questo e il livello operativo. La definizione di middle management comprende, quindi, i responsabili delle cosiddette Direzioni Intermedie, siano esse di tipo funzionale o divisionale, ai quali è frequentemente attribuito il titolo di manager con la specificazione della funzione (ad esempio HR manager) o dell'unità organizzativa (ad esempio manager di sezione) sotto la sua responsabilità.

Politiche del lavoro

Provvedimenti volti ad aumentare la qualità e la tutela del lavoro, possono essere passive (ad esempio attraverso interventi di sostegno al reddito, indennità di disoccupazione, indennità di mobilità, integrazioni salariali, prepensionamenti) o attive (ad esempio attraverso interventi sul mercato del lavoro promuovendo l'occupazione femminile, creando programmi di mobilità territoriale, supportando le imprese per la formazione).

Potenziale

Patrimonio individuale di capacità, attitudini, energia eccetera che, in un dato momento o situazione, può risultare inespresso a causa di condizioni sfavorevoli e per mancanza di motivazione. Il potenziale può essere indagato e rilevato per mezzo di metodologie di selezione (la più nota è l'Assessment Center) che inoltre permettono di mettere a confronto le caratteristiche dell'individuo con quelle richieste per una determinata posizione.

Occupabilità

Secondo il Ministero del Lavoro, capacità delle persone di essere occupate, e quindi di cercare attivamente un impiego, di trovarlo e di mantenerlo. Tende ad aumentare quanto più alto è il grado di formazione, quante più sono le lingue conosciute, quanto più è elevata la propensione alla mobilità eccetera.

Orientamento

Insieme di servizi e ausili di supporto dato alle persone, indipendentemente dalla loro età o dal loro status professionale, per individuare e costruire percorsi in ambito formativo e professionale.

Placement

Servizio finalizzato all'incrocio tra domanda e offerta di lavoro e svolto da un'istituzione o da un'impresa autorizzata. Laureandi e neolaureati possono rivolgersi all'Ufficio Placement della propria Università per ottenere informazioni utili al proseguimento del loro percorso postlaurea, sia attraverso percorsi formativi ulteriori, sia tramite proposte concrete di stage e di lavoro.

RAL

Acronimo di Retribuzione annua lorda, solitamente non comprensiva della parte variabile. Il relativo importo deve essere inserito nella lettera di assunzione e costituisce il punto di riferimento per tutte le trattative di natura economica.

Recruiting on line (e-recruiting)

Ricerca di Personale tramite Internet. Questa espressione con il tempo ha finito per identificare i siti che ospitano offerte di lavoro delle imprese a cui si possono candidare gli utenti, registrando al contempo anche il proprio curriculum nel database.

Referenze

Attestazione rilasciata (su richiesta) da un precedente datore con la quale si testimonia che il candidato ha lavorato per quell'azienda, e si offrono informazioni sia personali sia professionali. Specie nei contesti anglosassoni può rivelarsi una carta vincente per essere selezionati.

Ricerca diretta

Metodologia di reclutamento che consente di individuare profili per posizioni di top management o molto specialistiche. Sinonimo di "caccia" o head hunting.

Ricollocazione professionale

Detto anche *outplacement*, è l'attività con cui le società autorizzate dal Ministero del Lavoro ai sensi del Decreto Legislativo n. 276 del 2003, agiscono a favore della ricollocazione di uno o più dipendenti in uscita da un'azienda. L'*outplacement* è un processo importante soprattutto per chi non ha competenze spendibili nell'attuale mercato del lavoro e ha bisogno di reinventarsi per trovare una nuova collocazione professionale. Non va quindi vissuto negativamente come momento di espulsione da un'impresa ma come occasione per prendere consapevolezza del proprio percorso lavorativo e rendersi visibili ad altre aziende.

RPQ

Acronimo di Ricerca di Personale Qualificato. Per estensione, le pagine dei giornali dedicate alle inserzioni.

Senior

Figura professionale con almeno cinque anni di esperienza. Se in un annuncio di lavoro viene specificata la seniority come requisito essenziale, evitare di candidarsi se non si è in possesso di tale "anzianità" nel ruolo.

Social network

Rete di relazioni sviluppate on line, specie attraverso siti specializzati.

Stage

Tirocinio formativo svolto in azienda. Ottima occasione per conoscere l'azienda e le sue dinamiche dall'interno, possibile primo passo verso la formalizzazione del rapporto di lavoro.

Statuto dei lavoratori

Riferimento base di molte normative in materia di Diritto del Lavoro, è la Legge n. 300 del 20 maggio 1970, recante "Norme sulla tutela della libertà e dignità dei lavoratori, della libertà sindacale e dell'attività sindacale nei luoghi di lavoro e norme sul collocamento".

Tasso di disoccupazione

Si tratta di un indicatore statistico, utile anche per valutare la congiuntura economica di un dato periodo nel suo complesso: è il rapporto tra le persone in cerca di lavoro e il totale della forza lavoro e, in quanto tale, permette di fare considerazioni sulla salute economica di un Paese.

TFR

Acronimo di Trattamento di Fine Rapporto, noto anche come liquidazione, è il corrispettivo economico che spetta a tutti i dipendenti nel momento in cui cessa il loro rapporto con l'azienda. A parità di inquadramento, il suo importo sarà tanto più elevato quanto più lunga è stata la permanenza del lavoratore all'interno dell'azienda.

Variabile

Con i sistemi di retribuzione variabile si collega parte della retribuzione a uno specifico risultato. A seconda del raggiungimento di certi obiettivi, quindi, la busta paga sarà più o meno pesante. Ad avere una parte variabile dello stipendio sono soprattutto i dirigenti e le divisioni commerciali.

Videoannuncio

Presentazione dell'azienda di una posizione vacante attraverso un breve filmato.

Videocurriculum

Presentazione da parte del candidato del proprio profilo professionale attraverso un breve filmato.
Autopresentarsi tramite un breve filmato in rete ha senz'altro il vantaggio di mettere in evidenza alcune caratteristiche distintive che emergono poco in un curriculum scritto. L'aspetto fisico, lo standing, la gestualità, la dimestichezza con le lingue straniere risultano giocoforza più visibili se la propria presentazione viene veicolata attraverso un video. D'altro canto, però, utilizzare questa formula può presentare anche dei punti di debolezza. I Responsabili della Selezione, ad esempio, difficilmente dedicheranno minuti interi alla visione di un videoCV: il formato tradizionale permette loro non solo di scorrere in pochissimo tempo la biografia professionale del candidato, ma per sua stessa struttura consente l'immediata individuazione delle informazioni interessanti. Non è poi detto che

tutti dispongano dei programmi necessari per la visualizzazione o che l'accesso a siti come YouTube sia permesso per policy aziendale. Impensabile poi la ricezione del file in posta elettronica, per via del peso. Infine, va detto, su ammissione delle stesse imprese, che il videocurriculum sembra più idoneo a certe professioni piuttosto che ad altre. Se per un esperto di pubbliche relazioni può essere una buona vetrina, per un contabile poco comunicativo rischia di essere un'arma a doppio taglio perché mette in risalto il suo disagio di fronte alla telecamera e non la sua bravura a far tornare i conti. Da ultimo, non va tralasciato l'aspetto tecnico. Se i contenuti sono sicuramente il centro della ripresa è anche vero che immagini sfocate piuttosto che un audio disturbato rovinano anche la migliore delle autopresentazioni. Facendo un parallelo con la musica, se a un concerto una stonatura non si nota, da un CD registrato in studio ci si aspetta una qualità ottima. Allo stesso modo, se dal vivo nel corso di un colloquio non sei perfetto, il selezionatore ci passerà sopra interagendo a sua volta con te. Ma, trattandosi di una comunicazione monodirezionale, col *rewind* e il *fast forward*, un videoCV è oggetto di attenzioni più scrupolose.

Welfare

Stato sociale, sistema di norme con il quale lo Stato cerca di eliminare le diseguaglianze sociali ed economiche fra i cittadini, aiutando in particolar modo i ceti meno abbienti.

Workaholic

Persona affetta dalla sindrome da dipendenza dal lavoro.

Work-life balance

Equilibrio tra la sfera professionale e la vita privata, raggiungibile anche attraverso programmi specificamente realizzati dall'impresa. Pagamenti centralizzati di bollette, lavanderia interna, asili nido, convenzioni con palestre e negozi sono tutti esempi di possibili aiuti a dipendenti e collaboratori per vivere meglio la propria dimensione lavorativa godendo dei benefici offerti dall'azienda per gestire meglio le incombenze del privato.

RISORSE UTILI

Agenzie per il Lavoro

Fonte: Albo informatico del Ministero del Lavoro (agosto 2008)

2A&F CONSULTING S.R.L.
Corso di Porta Vittoria, 12 - MI
02 36556237

4TALENT S.P.A.
Corso Stati Uniti, 55 - TO
011 5119897

A & G S.R.L.
Corso Stati Uniti - TO
011 530396

A-CONSULTING S.R.L.
Via San Nicolò, 9 - TV
0422 546555

A.T. KEARNEY S.P.A.
Corso Venezia, 36 - MI
02 762951

A.Z. TEAM GROUP S.R.L.
Via U. Carletti, 13 - RM
02 45478931

ABOUT JOB S.A.S. DI SABINA ROSSO & C.
Corso Tassoni, 79/4 - TO
011 7497572

ABS CONSULTING S.A.S DI REDELOTTI S.& C.
Via Zenson di Piave, 2/A - TV
0422 545939

ACTION LEARNING CONSULTING S.R.L.
Viale Manzoni, 22 - RM
06 97605350

ADAMI & ASSOCIATI SRL
Corso di Porta Romana, 122 - MI
02 58325219

ADOC GROUP S.R.L.
Via Casalis, 33 - TO
011 4377266

ADPERSONAM S.R.L.
Via della Costituzione, 23 - RE
0522 515134

ADVANCERS EXECUTIVE S.R.L.
Via Lario, 16 - MI
02 66814772

AEFFE SVILUPPO RISORSE UMANE S.R.L.
Via Carducci, 36 - MI
02 867282

AEGIS S.R.L.
Via dei Piatti, 9 - MI
02 72094487

AENEAS S.R.L.
Corso Garibaldi, 33 - PN

AGENZIA MESSNER DI RUDOLF MESSNER & C. S.A.S.
Via Fienili, 9 - BZ
0472 801222

AIMING ITALIA S.R.L.
Via V. Bellini, 11 - MI

AIMS ITALIA MANAGEMENT CONSULTING S.R.L.
Via Salvini, 3 - MI
02 76394366

AIRESIS S.A.S. DI SONIA MONTORSI E C.
Via Emilia Est, 27/1 - RE
0522 262572

AL LAVORO S.R.L.
Via Palermo, 36 - PD
049 8765132

ALBATROS S.A.S.
Via F. Agnello, 68/D - BS
030 9902671

ALEXANDER MANN SOLUTION S.P.A.
Via Torino, 2 - MI
02 72546453

ALFA.PI RISORSE DI PAOLA CENEDESE E C. S.A.S.
Via Trento, 34 - BI
051 402960

ALMAGROUP S.R.L.
Via Cavallotti, 16 - RE
0522 1711908

ALMALAUREA S.R.L.- SOCIETÀ UNIPERSONALE
Via Masini, 36 - BO
051 6088919

ALMEDA S.R.L.
Via G.A. Amadeo, 41 - MI
02 5466206

ALTA BRIANZA S.R.L.
Piazza Roma, 18 - MI
0362 354172

ALTER SOCIETA' COOPERATIVA
Via Pio XI, 28/25 - BA
080 3387576

ALTRA CONSULENZA S.N.C. DI TIZIANA RIVELLI E ROBER
Via Magnavacca, 97 - MO
05/9688749

ALVIN CONSULTING S.R.L.
Corso Lodi, 47 - MI
02 54101959

AMBIRE S.R.L.
Via F. Cesi, 72 - RM
06 54211083

ANCI SERVIZI S.R.L.
Piazza Cola di Rienzo, 69 - RM
06 367621

ANDREA POLETTI & ASSOCIATI S.R.L.
Via Regno Italico, 9 - PV
02 97485154

ANDROS RISORSE UMANE A MISURA D'IMPRESA S.A.S.
Corso M. D'Azeglio, 106 - TO
011 676312

ANTAL INTERNATIONAL LIMITED
Via Santa Maria Segreta, 6 - MI
02 8060601

ANTEEO & PARTNERS S.R.L.
Foro Buonaparte, 57 - MI
02 45473790

ANTESI S.R.L.
Via Manzoni, 31 - MI
02 7256571

APIEMME CONSULENZE S.A.S DI BIRGA AMBRA
Via Larga, 11 - MI
02 95301992

APRO SERVIZI S.R.L.
Strada Castelgherlone, 2/a - CN
0173 284922

AQUERO' S.R.L.
Via M. Gioia, 75 - MI
02 67490556

AR.CA. SELEMATIC S.A.S.
Via Sant'Agnese, 3 - MI
02 890100912

ARDEA S.R.L.
Via Sant'Eurosia, 53 - PR
0521 967459

ARETHUSA S.R.L.
Corso Magenta, 60/62 - MI
02 48017678

ARIES S.R.L.
Via G. Leopardi, 26 - MI
02 48022616

ARKE' S.R.L.
Galleria Santa Maria, 6 - PC
0523 315580

ARMENIA & ASSOCIATI S.R.L
Piazza Della Loggia, 4/5 - BS
030 3775998

ARPA CONSULTING S.R.L.
Corso Re Umberto, 30 - TO
011 5611966

ARROW S.R.L.
Via Lupetta, 2 - MI
02 8051254

ARTEMIS S.R.L.
Via G. Bruno, 144 - FO
0547 608251

ASSIOMA SELEZIONE E SVILUPPO S.R.L.
Via F. Benaglia, 13 - RM
06 45438634

ASSIOMA.NET S.R.L.
Via G. Spano, 6/11 - TO
011 19709510

ATENEO IMPRESA S.P.A.
Corso Vittorio Emanuele II, 18 - RM
06 69920231

ATHENA CONSULENZA DIREZIONALE S.R.L.
Via Serbelloni, 4 - MI
02 760431

ATMEN S. R. L.
Piazza G. Marconi, 15 - RM
06 32803625

AVALON S.R.L.
Via Desenzano, 14 - MI

AXIA S.R.L.
Via Padre R. Giuliani, 10 - MI
02 48011046

AYMO RISORSE UMANE S.R.L.
Corso Vittorio Emanuele II, 280 - CA

B&S CONSULTING S.R.L.
Via Torino, 34 - PV
0383 892277

B-I RECRUITING S.R.L.
Via G. Carducci, 32 - MI
02 8055352

B.M. BUSINESS MANAGEMENT S.R.L.
Via San Marco, 3 - PE
085 4311504

BACHELOR SELEZIONE NEOLUREATI S.R.L.
Via Gonzaga, 7 - MI
02 80509292

BE MORE S.N.C.
Via dei Mille, 40 - NA
081 413124

BEAUMONT KARLSON ITALIA S.R.L.-BK ITALIA SRL
Via Cino del Duca, 5 - MI
02 7722961

BERGAMO PARTNER S.A.S. DI UBIALI FERDINANDO & C.
Via Don L. Palazzolo, 15 - BG
0354 863111

BERNASCONI & ASSOCIATI S.R.L.
Via Mugiasca, 4 - CO
031 271220

BERTOTTI S.A.S. DI VALENTINO BERTOTTI E C.
Via Lorenteggio, 41 - MI
02 48953676

BERTOTTO & PARTNERS S.R.L.
Via E. Cernuschi, 1 - MI
02 5517036

BEST HR ITALIA SRL
Via Ventimiglia, 102/D
0339 7490354

BEYOND INTERNATIONALS.R.L.
Viale Romagna, 73 - MI
02 86465467

BFL S.R.L.
Viale Italia, 193 - TV
0438 34543

BIEMME CONSULTING S.N.C.
Via Emilia Ovest, 50 - RE

BIEMME CONSULTING S.N.C. DI BARBIERI R. & MENIN M.
Via Emilia Ovest, 50 - RE
0522 262613

BOSCOLO S.R.L.
Viale Tirreno, 88 - VE
049 8300696

BOYDEN INSTITUTE S.R.L.
Via della Stazione di San Pietro, 29 - RM
06 6390273

BOYDEN INSTITUTE S.R.L.
Via Carducci, 32 - MI
02 8055352

BOYDEN INTERNATIONAL S.R.L.
Via Carducci, 32 - MI
02 8055352

BOYDEN INTERNATIONAL S.R.L.
Via della Stazione di San Pietro, 29 - RM
06 63844671

BOYDEN SEARCH S.R.L.
Via Carducci, 32 - MI
02 8055352

BRESCIA PARTNER
Via Ischia, 5 - BS
030 2475498

BSI BUSINESS SERVICES INTERNATIONAL ITALIA S.R.L.
Via Socrate 26 - MI
02 26005366

BUONLAVORO S.R.L.
Piazzale Tosi 4 - RN
0541 760235

BUSETTO & PARTNERS SRL
Via Morgagni, 28 - MI
02 86337400

BUSINESS CONSULTANTS S.R.L.
Via La Cittadella, 102 G - CL
0934 551008

BUSINESS MANAGEMENT S.R.L.
Via A. Boccio, 54 - NA
081 8231978

BUSINESS POOL S.R.L.
Via Cassa di Risparmio, 7 - BZ
0471 301896

BUSINESS SERVICE S.R.L.
Via A. Diaz, 21 - BZ
0471 283739

C & P S.R.L.
Via Concette, 12 - PI
050 7213955

C.B.A. DI NIZZOLINI CARLO S.A.S.
Via F.lli Rosselli, 4 - NO
0321 640021

C.C.S. CENTRO CONSULENZE SERVIZI S.R.L.
P.zza A. De Gasperi, 15/A - MO
0536 830754

C.U.R.S. COMPAGNIA UNIVERSITARI RICERCHE SOCIALI -
Via N. Garzilli - PA
091 347880

C.V. & A. S.R.L.
Via Catone, 23 - MI
02 45472865

CA.RI.S.MA CONSULTING S.A.S.
Via Garofoli, 78 - VR
045 8753461

CABI CONSULTING S.R.L.
Via P. Verri, 1 c/o Centro Direzionale Boma - MN
0376 249935

CALENTI & PARTNERS S.R.L.
Via Durini, 26 - MI
02 72093043

CALVELLI RSP S.A.S DI F. CALVELLI E C.
Via M. Perennio, 46 - AR
0575 300037

CAMBIAMENTI NELLE ORGANIZZAZIONI S.N.C.
Via L. Cattarin, 1 - TV
0422 337019

CARRIERE ITALIA S.A.S. DI DOTT. CARLO ALBERTO BISI
Via Tamburini, 5 - RE
0522 268219

CARTER & BENSON S.R.L.
Foro Buonaparte, 22 - MI
02 80509788

CEGOS SEARCH ITALIA S.P.A.
Piazza Velasca, 5 - MI
02 806721

CENTRO ASSISTENZA TECNICA CONFCOMMERCIO DI PRATO
Via Santa Trinità, 27 - PO
0574 43801

CENTRO INTERNAZIONALE FOR S.R.L.
Via Biron - Villa Zileri, 102 - VI
0444 291287

CENTRO NAZIONALE ISTRUZIONE PROFESSIONALE S.R.L.
Via Tortona, 2 D rosso - GE
010 783671

CENTRO SERVIZI SRL
Via Dei Bizantini, 13/E - MT
0835 388251

CENTRO STUDI S.R.L.
Via U. Foscolo, 2/A - PD
049 8874804

CERCASI' S.N.C.
Via Manci - Vicolo dell'Adige, 31 - TN
0461 260053

CERCASI' S.N.C.
Vicolo dell'Adige, 31 - TN
0461 260053

CESPIM S.A.S. DI GORINI OSVALDO & C.
Corso Canalchiaro, 26 - MO
059 223559

CHARISMA S.R.L.
C.D.N Isola E, 1 - NA
081 5824911

CHAYO & PARTNERS EXECUTIVE SEARCH S.A.S.
Viale Bianca Maria, 10 - MI
02 5460499

CIRLINCI CONSULTING GROUP S.A.S. DI MASSIMO CIRLIN
Via Fiordalisi, 6 - MI
02 87391077

CISES S.R.L.
Via Valerio Flacco, 10 - PD
049 8074522

CITY S.R.L.
Via Verdi, 1/A - RN
335 7260389

CLASERVIZI S.R.L.
Via Bacchini, 13 - MO
059 693440

CMP CONSULTING DI MARCO VENTURA & C. S.A.S.
Via G. Pacini, 121 - PA
019 9743435

COGEST S.R.L.
Via Rossini, 7 - VE
041 440660

COLLINS S.R.L.
Via L. da Vinci, 97 - MI
02 8982881

COMBINAZIONI SRL
Strada delle Buse, 7 - VI
044 4759903

COMUNELLO & ASSOCIATI S.R.L.
Vicolo S. Michele, 3 - TV
0422 548997

CONFESERCENTI PADOVA S.R.L.
Via Salvelli, 8 - PD
049 8698611

CONSEA S.R.L.
Corso Vittorio Emanuele II, 64 - TO
011 530303

CONSOLUTIO S.R.L.
Via G. Carducci, 2 - PD
049 8360761

CONSUL EMME S.A.S. DI MARCO CRAVESANA & C.
Via Plinio, 54 - MI
02 20404051

CONSULMARC SVILUPPO S.R.L.
Via Pezza Alta, 10/a - TV
0422 853611

CONSULMARCHE RISORSE UMANE S.R.L.
Via Pennacchi, 1 - TV - 0422 422522

CONSULMARCHE RISORSE UMANE S.R.L.
Via T. Edison, 6 - AN
071 7109004

CONSULTA SERVIZI ALL'IMPRESA S.R.L.
Via del Maccabreccia, 14/B - BO
051 726098

CONSULTING S.P.A.
Piazza Garibaldi, 3 - SO
0342 219670

CONTATTO S.R.L.
Circonvallazione Gianicolense, 168 - RM
06 5138801

CONTECO SR.L.
Via A. Canova, 18 - PN
0434 70058

CORE CONSULTING S.P.A.
Piazzale Cadorna, 9 - MI
02 8591751

CORNO CONSULTING GROUP S.R.L.
Via Venini, 5 - MI
02 67100851

COSM CONSULTING S.R.L.
Via E. Mattei, 1 - AP
0735 751392

COVA & WEAVER ASSOCIATI S.N.C.
Via Montesano, 2 - MI
02 63110161

CPA S.N.C. DI CARRARA PIETRO ANGELO & C.
Via Case Sparse, 1 - BG
035 4175229

CPL & TAYLOR S.R.L
Via P. Frattini - MO - 0376 324703

CREDEN S.R.L.
Via Vitruvio, 43 - MI
02 67493680

CUBO - SOCIETÀ DI CONSULENZA AZIENDALE S.R.L.
Via Mazzini, 51/3 - BO
051 397380

CURS S.C.R.L.
Via N. Garzilli, 34 - PA
091 334931

D&G S.R.L
Via Marradi, 2 - MI
02 86464441

DAFFRA & PARTNERS DI ATTILIO DAFFRA & C. S.A.S.
Via V. Pisani, 22 - MI
02 6692598

DANIELLE S.R.L.
Via S. Cosimo, 6 - VR
045 8011904

DEAS DESIDERI E ASSOCIATI S.R.L.
Via del Fosso della Castelluccia, 146/18 - RM
06 5059198

DECA & ASSOCIATI S.R.L.
Via Sant'Agostino, 134 - VI
0444 565863

DECATHLON CONSULTING HUMAN QUALITIES S.R.L.
Via Senato, 18 - MI
02 58302141

DELTA SKILLS - S.R.L.
Via Giardini, 428 - MO
059 2928023

DELTA TEAM S.R.L.
Via V. Pisani, 28 - MI - 02 67077500

DEMA S.R.L.
Piazza P.F. Calvi, 90 - TV
0438 412640

DESC S.N.C.
Via Vizzolone di Sopra, 2 - VA
0331 683094

DIL STUDIO S.R.L.
Via Pozzone, 5 - MI
02 86463812

DIMENSIONE IMPRESA S.R.L.
Piazza G. Rossi, 20 - VI
0445 367131

DIODOVICH S.A.S. DI NICOLA DIODOVICH E C.
Piazza della Repubblica, 22 - MI
02 29001065

DIOGENE S.R.L.
Viale Felsina, 5 - BO
051 493255

DIRECTION S.A.S. DI GABRIELLI FRANCO & C.
Via Galliera, 40 - BO
051 249103

DITRAG CONSULTING S.R.L.
Via Manzoni, 31 - MI
02 29061160

DOA CONSULT S.A.S.
Via Venezia, 10 - PE
085 4210916

DOMINO S.A.S. DI ANGELA DELLA VALLE & C.
Via Sardegna, 48 - MI
02 38093330

DOMINO S.R.L.
Viale Giappone, 24 - RM

DOTTO RESEARCH S.R.L.
Via Teatro Filarmonico, 5 - VR
045 8001896

DVG SOLVING DI DANTE GHISI & C. S.N.C.
Via P. Suzzara Verdi, 11 - MN

E3 HUNTING S.A.S DI ELISABETTA ROSSARI E C.
Corso XXIII Marzo, 238 - NO
0321 402216

EAST CONSULTING S. R. L.
Via Modolet, 27 - GO
0481 909135

EASY BUSINESS S.R.L.
Via Nitti, 28 - PS
0721 416102

EBC CONSULTING S.R.L.
Via Canova, 16/20 - BO
051 5881571

EDESIA S.R.L.
Via Molise, 7 - NA
081 7340296

EDM RISORSE UMANE S.A.S.
Via Borghetto, 2 - PC
0523 335865

EFERRARI SAS DI EMANUELA FERRARI & C.
Piazza G. Jurgens, 13 - SP
0187 607154

EGON ZEHNDER INTERNATIONAL S.P.A.
Via Santa Margherita, 7 - MI
02 869621

EHR S.R.L.
Via Castelfidardo, 11 - PD
049 8726486

EITOS S.R.L.
Via Marconi, 10 - PN
0434 924092

EL.DA S.R.L.
Via Marcolini, 6 - PS
0721 21979

ELAN INTERNATIONAL S.R.L.
Via Durini, 26 - MI
02 76398153

ELEUSIS SCARL
Via Livorno, 60 - TO

ELITE GROUP S.R.L.
Via XX Settembre, 15 - RN
0541 788300

ELITE RICERCA E SELEZIONE S.R.L.
Via Millelire, 14 - MI
02 48706290

EMBLEMA S.R.L.
Via Santo Stefano, 35 - BO
051 271200

EMILIA LAVORO DI GIUDICE STEFANO S.A.S.
Via Gambara, 2 - PR
0521 958170

EMPLOY ITALIA S.R.L.
Via G.F. Novaro, 29 - BO

ENGAGE S.R.L.
Via del Sostegno, 4 - BO
051 6350534

ENHANCE CONSULTING S.R.L.
Via Colonnello T. Masala, 42 - RM
06 6591293

ENI CORPORATE UNIVERSITY S.P.A.
Via S. Salvo, 1 - MI

ENTERPRISE SELEZIONE S.R.L.
Viale Certosa, 121/f - MI
02 33008861

ENTROPY KNOWLEDGE NETWORK S. R. L.
Via Asmara, 26 - RM
06 86205785

EPOCHE' SERVICE INTEGRATOR SRL
Via G.B. Morgagni, 28 - MI
02 55011351

EPSCO S.R.L.
Viale Molise, 57 - MI
02 55182205

EQUIPE S.A.S. DI RUGGERI SARA BARBARA
Via Ludovico il Moro, 17 - MI
02 89152051

ERGON EXECUTIVE SEARCH S.R.L.
Via Tivoli, 8 - MI
02 86996148

ERIC SALMON & PARTNERS S.R.L.
Corso Matteotti, 10 - MI
02/777271

ERRE EMME S.R.L.
Via Crocifissa di Rosa, 45 - BS
02 48193294

ERREDUE S.R.L.
Via A. Moro, 16 - BS
030 2422446

ERREDUE STUDIO S.A.S. DI CLAUDIO RUGGIERO & C.
Contrà Santa Corona, 3 - VI
0444 542938

ESPANSIONE S.R.L.
Contrada Vallone dei Lupi, 2 - AV
0825 781052

ESSE. I. SERVIZI INFORMATICI S.R.L.
Viale B. D'Este, 26 - MI
02 58325512

ESSEDI STRATEGIE D'IMPRESA S.P.A.
Via Lungadige Leopardi, 83 - TN
046 1261208

ETHRA S.R.L.
Via Settembrini, 13 - MI

EUREKA SERVIZI S.A.S. DI CAROTTA FABIOLA & C.
Via Pasubio, 138 - VI
0445 530160

EUREN INTERSEARCH S.R.L.
Corso Marconi, 13 - TO
011 6690143

EURO CONSULTING TEAM S.R.L.
Via Tarvisio, 1 - RM
06 5918566

EURO PER. FORM. S.R.L.
Via U. De Carolis, 101 - RM
06 35401512/45

EUROLABOUR S.P.A.
Via G. Carducci, 18 - MI
02 88129950

EUROSEARCH CONSULTANTS S.R.L.
Via G. Sacchi, 5/7 - MI
02 8052018

EVERAP S.P.A.
Via Ghebba, 65 - VE
041 472233

EXAMINA RICERCA E SELEZIONE DEL PERSONALE
Via Aretina, 171 - FI
055 678187

EXCURSUS S.R.L.
Via Po, 14 - TO
011 8121568

EXECUTIVE INTERIM MANAGEMENT ITALIA S.R.L.
Via Croce Rossa, 2 - MI
02 29006626

EXEL S.R.L.
Via Fratelli Cervi - Residenza Archi, 1 - MI
02 2137257

EXOFORM SOCIETÀ CONSORTILE A RESPONSABILITÀ LIMITA
Via Calata S.Marco, 13 - NA
081 5522540

EXPERIENCE INTERNATIONAL S.R.L.
Via Podgora, 15 - MI
02 72021138

EXPLORA RISORSE S.P.A
Via Piccard, 18 - RE
0522 303048

EXXECUTIVE S.R.L.
Via Trento, 24 - MI
02 801012

FAGEPA & PARTNERS S.R.L.
Piazza De Angeli, 1 - MI
02 4813858

FIAT SERVIZI PER L'INDUSTRIA S.C.P.A.
Corso Marconi, 10 - TO
011 6866111

FIRST CONSULTING INTERNATIONAL S.A.S.
Via A. Fogazzaro, 5 - VA
033 1070774

FOCUS HEAD HUNTING S.R.L.
Via degli Orti, 44 - BO
051 6238808

FOCUS MANAGEMENT S.R.L.
Via C. Ricci, 3 - BN
347 4469158

FOLLOWUP S.R.L.
Via C. Zucchi, 21/ a - MO
059 5332064

FORBANK GRUPPO FORRAD S.R.L.
Via Colleoni, 13 Palazzo Orione - MI
039 5965100

FORMAZIONE E SERVIZI PER LE IMPRESE S.R.L.
Galleria Matteotti, 11 - FE
0532 215611

FORMAZIONE LAVORO SOCIETÀ CONSORTILE A R.L.
Via Segantini, 23 - TN
0461 275911

FORUM DI SALDI MARCO & C. S.A.S.
Via Corte dei Tigli, 1 - BS
030 2563515

FRAG S.R.L.
Via Sacchini, 3 - MI
02 29522066

FRAGIAL S.R.L.
Via San Martino, 23 - AN

FRANCO CESARO S.R.L.
Via C. Ledri, 7 - VR
045 6801972

FUTURE DRIVE S.R.L.
Via Mazzini, 20 - MI
02 31828611

FUTURESTEP (ITALIA) S.R.L.
Via Sala dei Longobardi, 2 - MI
02 3032131

G.L.G. S.R.L.
Via Cappellini, 23 - MI
02 43911103

G.M. CONSULTING S.R.L.
Via M. Ruini, 22 - RE
0522 513300

GAETTI E ASSOCIATI S.R.L.
Via Milano, 19 - TN
0461 915730

GAJO & ASSOCIATI S.R.L.
Vicolo Pescheria, 20 - TV
0422 411729

GARINO & PARTNERS S.A.S. DI MASSIMO GARINO & C.
Viale della Resistenza, 4/6 - TO
011 6497547

GBA RESEARCH S.A.S. DI BRUTTI GIUSEPPE & PARTNERS
Piazza R. Simoni, 6 - VR
045 5940231

GCH CONSULTING S.R.L.
Via Cialdini, 12 - TO
011 590566

GEA - CONSULENTI ASSOCIATI DI GESTIONE AZIENDALE
Corso di Porta Nuova, 3 - MI
02 620231

GEDI S.R.L.
Corso Vinzaglio, 14 - TO
011 752026

GENERAL-ENGINEERING S.R.L.
Via Mac Mahon, 33 - MI
02 33004577

GENERALE INDUSTRIELLE RESEARCH S.R.L.
Via Cola Montano, 21 - MI
02 67490174

GENS S.R.L.
Via Banchi di Sopra, 31 - SI
0577 43852

GESCO LABOR - S.A.S. DI DR.SSA. PAOLA SALOMONI & C
Largo Europa, 16 - PD
049 8756024

GESTUR SERVIZI SOCIETÀ COOPERATIVA
Via Oberdan, 27 - RN
0541 22793

GIF-GRUPPO INSEGNANTI FORMATORI-SOC.COOP. A R.L.
Piazza Cavalieri di Vittorio Veneto, 1 - TV
0422 717488

GIORGIO ZIEMACKI CONSULTING GROUP PS S.R.L.
Via Mastro Giorgio, 24 - PS
0721 31391

GIOVANNI COSTA E C. S.A.S.
Via L. Majoni, 15 - CO
031 3338999

GIOVANNI DEALIS S.A.S. DI DEALIS GIOVANNI & C.
Via Zucconi, 90 - MO
059 346354

GLOBAL EXECUTIVE SEARCH (MALTA) LIMITED
Tan - Nadur Road, 15 Dwejra
356 576280

GOBAG S.R.L.
Via della Mercanzia, 149/157 - BO
051 8651300

GOBAR S.R.L.
Via della Mercanzia, 149/157 - BO

GOVERNANCE CONSULTING S.R.L.
Via Melone, 2 - MI
02 7208981

GRUPPO A.C.T. - NEGOTIA S.R.L.
Corso di Porta Nuova, 18 - MI
02 6552733

GRUPPO A.C.T. - S.R.L.
Corso di Porta Nuova, 18 - MI
02 6552733

GRUPPO HCR S.P.A.
Via G. Vitali, 43 - RM
06 661751

HAPPYNANNY DI GIANLUCA STEFANUCCI & C. S.N.C.
Via Pastrengo, 3bis/c - TO
011 5097309

HARFORD E LEFEBVRE ITALY
Via Dell'Orsa Maggiore, 62 - RM
06 52270010

HAYS S.R.L.
Corso Italia, 13 - MI
02 80581887

HEADS HUNTERS S.N.C. DI MARIA GRAZIA E LUCIA FIORI
Corso Sempione, 221 - MI
0331 596560

HEIDRICK & STRUGGLES INTERNATIONAL S.R.L.
Corso Venezia, 16 - MI
02 762521

HICONS S.R.L.
Viale dei S.S. Pietro e Paolo, 21 - RM
06 5915402

HOEL CONSULTING S.R.L.
Via del Pratello, 21/2 - BO
051 273648

HR SERVICE NET S.R.L.
Via Settembrini, 56 - MI

HR SOLUTIONS & RESULTS S.R.L.
Via Giovanni XXIII, 1 - RM
06 9562520

HR SOLUZIONI S.R.L.
Via Filadelfia, 40 - TO
011 5539513

HUDSON HIGHLAND GROUP S.R.L.
Via Agnello, 18 - MI
02 880801

HUMAN LAB S.R.L.
Via C. Bianconi, 8 - MI
02 36535388

HUMAN RESOURCES CONSULTING S.A.S. DI PIERANTONI I.
Via M. Macchi, 50 - MI
02 6701667

HUMAN RESOURCES INTERNATIONAL S.R.L.
Via degli Alpini, 2 - TV
0422 419792

HUMAN RESOURCES S.A.S. DI CASIRAGHI LUIGI E C.
Via Regno Italico, 9 - PV
0382 309584

HUMAN VALUE S.R.L.
Viale dell'Astronomia, 18 - RM

HUMBLOT - GRANT ALEXANDER ITALIA S.R.L.
Via Leone XIII, 14 - MI
02 6249941

HUNTERS STRATEGIC EXECUTIVE SEARCH S.R.L.
Viale Beatrice D'Este, 43 - MI
02 76000639

I.C. CONSULTING-S.R.L.
Via Galli, 8 - BO
051 590404

I.CA.RE. SRL
Via Ovidio, 20 - RM
06 6871532

I.S.O. INTERVENTI SOCIO ORGANIZZATIVI S.R.L.
Via Domenichino, 38 - MI
02 4693701

I.S.O. SELEST DI CASALI GINO S.A.S.
Via Radici in Piano, 46 - MO
0536 805038

I.T.S. S.R.L.
Via Matteotti, 13/2 - BO
051 780750

IAMA CONSULTING S.R.L.
Via Victor Hugo, 2 - MI
02 722531

ICARO LAVORO-CONSORZIO DI COOPERATIVE SOCIALI-S.C.
Via Merano, 2 - CE
0823 890188

IDEA SELEZIONE S.R.L.
Via Adeodato Ressi, 21 - MI
02 6693693

IFOA MANAGEMENT S.R.L.
Via G. d'Arezzo, 6 - RE
0522 329210

IMPEMBA & ASSOCIATI S.R.L.
Via Segantini, 71 - MI
02 89401372

IMPRESA & MANAGEMENT
Viale Algeria, 11 - RM
06 5919301

INDIVIDUA S.P.A
Viale Ranzoni, 32 - MI
02 400072736

INFOR GROUP S.R.L.
Via Lario, 16
02 66814716

INFOR S.R.L.
Via degli Abeti, 346 - PS
0721 259372

INNOV.A. S.R.L.
Via Faggi, 39 - PS
0721 454505

INTERATTIVA S.A.S.
Piazzale Stazione, 1 - PD
049 8787500

INTERMEDIA SELECTION S.R.L
Via G. Morone, 8 - MI
02 76016401

INTERNATIONAL TRADE & CONSULTING
Via Emilia, 132 - AL
0131 894049

INTESA S.R.L.
Via dei Mille, 74 - NA
081 418987

INTRA S.A.S. DI DEPPIERI AFRO & C.
Via Noalese, 28 - TV
0422 470155

IOCAP S.R.L.
Via S. Maria della Valle, 2/A - MI
02 86450077

IQM SELEZIONE S.R.L.
Via L. di Credi, 10 - MI
02 43983179

IRI MANAGEMENT S.P.A.
Via A. Nibby, 6 - RM
06 478031

ISTER S.R.L.
Via L. Faccio, 38 - VI
0444 964300

IT-WIRE SRL
Via Bianconi, 8 - MI
02 55249617

ITAL PROGRESS S.A.S. DI CAPASSO IVANO & C.
Via Nazionale delle Puglie, 290/A - NA
081 7598553

J. FRIISBERG & PARTNERS S.R.L.
Corso Porta Nuova, 20 - MI
0546 682000

JARES DI LUDOVICO JACINI S.A.S.
Piazzetta Bossi Maurilio, 4 - MI
02 8693697

JM RICERCA E SELEZIONE DI PERSONALE
Piazza della Repubblica, 9 - RN
0541 835361

JOB & JOB SRL
Via Messina, 2/A

JOB BUSTER S.R.L
Via E. Borsa, 23 - MI
0737 86720

JOB CONSULTING S.R.L.
Largo M. Gerra, 3 - RE
0522 232128

JOB INTERVIEW CONSULTING S.R.L.
Via G. Parini, 5/A - MI
02 89125020

JOB POST S.R.L.
Via Valparaiso, 17 - MI
02 466777

JOB SELECT S.R.L.
Via S.Marco, 127 - PD
049 8936716

JOB SERVICE S.R.L.
Via Dante, 72 - RN
0541 29022

JOBNET S.P.A.
Via Salvelli della Porta, 20 - PG

JOBTER/CAT EMILIA ROMAGNA S. R. L.
Via Tiarini, 22 - BO
051 4156060

JOLLY CONSULTING S.R.L.
Via Ricci, 84 - MO
059 239792

K & P CONSULTING S.A.S. DI KRISTIAN LIEBLEIN & C.
Via Cadoppi, 6 - RE
0522 512067

KAEDRA SRL
Via Cappellari, 38 - VI
044 4928030

KEY2PEOPLE EXECUTIVE SEARCH S.R.L.
Via G. Morone, 8 - MI
02 76016361

KILPATRICK S.R.L.
Via Cerva, 18 - MI
02 76394121

KONTAKT S.R.L.
Via Combattenti, 4/A - BZ
0471 400986

KORN FERRY INTERNATIONAL S.R.L.
Sala dei Longobardi, 2 - MI
02 806001

KPMG BUSINESS ADVISORY SERVICES S.P.A.
Via V. Pisani, 25 - MI
02 67643837

KSEARCH S.R.L.
Via Sardegna, 30 - MI
02 48516319

L- GEST DI FABLE MARZIA & C. S.A.S.
Via Malandi, 33 - CR
0372 433432

L.B. AND COMPANY S.R.L.
Via Ariosto, 30 - MI
02 48022438

L.Q.L. HUMAN RESEARCHES S.R.L.
Piazza Cinque Giornate, 6 - MI
02 726057

LA RISORSA UMANA.IT S.R.L.
Corso Mazzini, 36 - RE
0522 694262

LABOR S.R.L.
Galleria Orazio, 35 - BZ

LAVORO CARRIERA S.R.L.
Via Libertà, 103 - PA

LE FATE TURCHINE S.R.L.
Via G. Paisiello, 53-55 Int.1 - RM
06 80687151

LEONARDO S.R.L.
Via Pilacorte, 16 - PN
0427 927537

LIGABUE PAOLA & C. S.A.S.
Via G. da Castello, 5 - RE
0522 431835

LIVE S.R.L.
Via Ontani, 48 - VI
044 4349433

LIVING BUSINESS DI PALMA SABRINA & C. S.A.S.
Viale Rimembranze, 21/24 - MI
335 6374376

LOGICOL S.R.L.
Via del Follatoio, 12 - TS
040 8992285

LOGOS SOCIETA' COOPERATIVA
Corso Ho Chi Min, 107 - RG
0932 731026

LOOK4YOU S.R.L
Via della Rena, 14/9 - BZ
0471 301390

LORIGA E ASSOCIATI S.R.L.
Via S. Agnese, 3 - MI
02 89010955

LOVATI & ASSOCIATI S.A.S. DI LOVATI LUCA
Corso di Porta Romana, 129 - MI
02 67479134

LPM CONSULTING S.R.L.
Via A. Cecchi, 5/6 A - GE
010 581918

M.R. COSTANTINO & PARTNERS S.R.L.
Via Montebello, 14 - MI
02 72620001

MAAN S.R.L.
Via F. Londonio, 28 - MI
02 89070161

MADE TO SELL S.R.L.
Via della Repubblica, 245 - PO
055 8811171

MAESINA MARKETING SEARCH ITALIA S.RL.
Corso Monforte, 21 - MI
02 76008850

MALAVOLTA CONSULTING S.A.S. DEL DOTT. MALAVOLTA &C
Via Borgo S.Patrizio, 112 - AP
0734 937058

MANAGE CONSULTING INTERNATIONAL S.R.L.
Via delle Industrie, 13 - PD
049 8840440

MANAGEMENT & PARTNERS & C DI DIRK HOLSTEIN SAS
Viale Zara, 9 - MI
02 69009059

MANAGEMENT POOL S.R.L.
Via Amedei, 8 - MI
02 86451638

MANAGEMENT SEARCH S.R.L.
Via A. Saffi, 25 - MI
02 4982015

MANAGER S.A.S. DI BISSOLI GIANLUCA & C.
Via S. D'Acquisto, 2 - VR
045 592877

MANAGER SOCIETÀ RICERCHE DIREZIONALI S.A.S.
Piazza Cavour, 2 - BO
051 228787

MANAGMENT PROFESSIONAL SERVICE ITALIA S.R.L.
Piazza Fidia, 1 - MI
02 444111

MARGOTTA S.R.L.
Via Cavour, 1 - BO
051 6130101

MARINO ROSA & PARTNERS S.R.L.
Castello 6034 - VE
041 5237402

MARZIA PIERI & ASSOCIATI S.R.L.
Via Salceto, 55 - SI
0577 983395

MASSERINI E ASSOCIATI S.R.L.
Via A. Manzoni, 40/42 - MI
02 76009242

MATTIROLI ASSOCIATI S.R.L.
Via Martiri dei Lager, 58 - PG
075 5001250

MB RESEARCH S.A.S. DI MONICA BOSELLI E C.
Via A. Manzoni, 39 - MI
02 29000900

MCM SELEZIONE S.R.L.
Via G. Serbelloni, 14 - MI
02 76020115

MCS MANAGEMENT CONSULTING ON SELECTION S.R.L.
Via Boccaccio, 39 - MI
02 48000995

MDV S.R.L.
Via V. Inama, 1 - MI
02 7610834

MEGA HR CONSULTING GROUP S.R.L.
Piazza delle Muse, 8 - RM
06 8081508

MERCURI URVAL S.R.L.
Via Turati, 29 - MI
02 3705261

META RISORSE UMANE DI STEFANIA MANCINI & C. S.A.S.
Via Abruzzi, 18 - AP
0735 83634

METES RISORSE UMANE S.R.L.
Viale A. Moro, 16 - BO
051 509898

METODI S.R.L.
Via Sacchetti, 31 - MI
02 3315274

MICHAEL PAGE INTERNATIONAL ITALIA S.R.L.
Via Spadari, 1 - MI
02 8068001

MICRODESIGN DI ING. PAOLO PASTORE S.A.S.
Via Monticchio, 1 - PZ
333 9982628

MIND CONSULTING ITALIA S.R.L.
Via del Sostegno, 4 - BO
051 6350534

MINDOOR S.R.L.
Via Santa Maria Segreta, 7/9 - MI
02 45485800

MINERVA RISORSE UMANE S.N.C
Via Plinio, 42 - MI
02 89697233

MINERVA S.R.L.
Corso Canalgrande, 88 - MO
059 219021

MODA RESEARCH SRL SOCIETA' UNIPERSONALE
San Polo 2580 - VE
041 722933

MODULO INNOVAZIONE S.R.L.
Viale dell'Industria, 13/bis - PD
049 8075004

MOLZA & PARTNERS S.R.L.
Via Mascarella, 59 - BO
051 248888

MONSTER ITALIA S.R.L.
Via Boscovich, 18 - MI
02 540207

MONTERA & ASSOCIATI S.A.S. DI MONTERA MAURIZIO & C
Contrà Busa S. Michele, 10 - VI
0444 525977

MPS ITALIA SEARCH & CONSULTING S.R.L.
C.tro Colleoni Pal.Astrolabio - MI
02 67479646

MR. COMUNICATION S.R.L.
Via Famagosta, 2 - RM

MTA S.R.L
Via Tevere, 44 - RM
06 8841022

MULTIBANK S.R.L.
Via G.M. Lancisi 15 - AR
0575 741001

MUST INFORMATICA S.R.L.
Via Marinetti, 3 - MI
02 7530939

NETWORK TRAINING S.R.L.
Via Pitagora, 11 - PD
049 8975742

NEUMANN INTERNATIONAL
Renngass, 6-8
02 29060198

NEUSEARCH S.R.L.
Via G. Boccaccio, 45 - MI
02 4381231

NEXINT S.R.L.
Via P. Frisi, 14 - RM
06 80690383

NIEDERDORF ITALIA S.R.L.
Via Maiella, 26 - VR
045 8922000

NOVACONSULT EXECUTIVE SEARCH S.R.L.
Via C. Boncompagni, 60 - MI
02 57408940

NOVARA PARTNER S.A.S. DI BARCELLINI DOMENICO & C.
Corso XXIII Marzo, 155 - NO
0321 407003

NUOVA TESI S.R.L.
Via Rainusso, 144 - MO
059 334831

O.S.A. DEL DOTT. GIANCARLO PIFFERI & C. S.R.L.
Via Casaglia, 8 - BO
051 432022

OMNIA GESTIONE RISORSE UMANE S.A.S.
Via Monte Napoleone, 22 - MI
02 76390417

OPE ASSISTANCE S.R.L.
via Maglio del lotto, 24 - BG
035 316262

OPEN S.R.L.
Via A.M. Grancini 4 - MI
02 48029441

OPERA LABORI DI MATTEO MANERBA & C S.N.C.
Via Michelangelo, 7 - BS
030 2302127

OPTIMA S.R.L.
Via del Pratellino, 7 - FI
055 340554

ORGA NORDEST S.R.L
Viale Duodo, 98 - UD
0432 233313

ORGA SOCIETÀ DI CONSULENZA AZIENDALE S.R.L.
Via Vitruvio, 3 - MI
02 29512102

ORMES CONSULTING S.P.A
Via Pietro Chiesa, 9/26 - GE
010 6466263

ORSO RESEARCH S.A.S. DI MARIA ANTONIETTA LEMMI E C
Via A. Saffi, 12 - MI
02 48019339

P. CONSULTING S.R.L.
Viale Coni Zugna, 33 - MI
02 72002420

P.B. CONSULTING S.N.C. DI PIROVANO GIANPIERO & C.
Via Bezzecca, 7 - MI
0362 993439

PAMA CONSULTING SNC DI NUCERA M. E RAMONDA PATRICK
Via Bernini, 2
0521 977180

PAMBIANCO STRATEGIE DI IMPRESA S.R.L.
Corso Matteotti, 11 - MI
02 76388600

PARADIGM LEADERSHIP CONSULTANTS S.R.L.
Via Turati, 16/18 - MI

PARMA PARTNER S.N.C. DI BELFANTI P. E ZOPPI I.
Via Bodoni, 1/D - PR
0521 503490

PARTNER S.A.S.
Vicolo Balena, 4 - VR
045 597620

PARTNERS & ASSOCIATI S.R.L.
Via Falcone, 7 - MI
02 86391451

PENTA CONSULENZE S.R.L
Via Beato Odorico, 2/D - PN
0434 241606

PEOPLE 2B S.R.L.
Via Milano, 138 - CO
031 2759034

PEOPLE DIRECTIONS S.R.L.
Via Durini, 23 - MI
02 37053568

PEOPLE S.A.S.
Via Strada Sora, 49 - PV

PEOPLE S.A.S. DI LOCATELLI MASSIMO & C.
via Baracchini, 9 - MI
02 45477154

PERFORMANCE DEL DOTT. FRANCESCO GALOTTA & C. S.A.S
Viale dello Zodiaco, 73 - MO
059 359705

PERSONAL DES DR. GEORG LOESCH & CO. KG S.A.S.
Via della Mostra, 10 - BZ
0471 056789

PERSONAL SERVICE DEL DR. PIERO MANI & C S.A.S.
Via Pisana, 1157/A - LU
0583 512000

PERSONE & CARRIERE S.R.L.
Lungarno Vespucci, 8 - FI
055 267321

PERSONE & SOLUZIONI S.A.S. DI NASTASI A. & C.
Via Fratelli Rosselli, 15 - MI
02 48409386

PERSONNEL AND SYSTEMS S.R.L.
Viale F. Restelli, 3/7 - MI
02 66803148

PERSONNEL ORGANIZATION S.R.L.
Piazza Borromeo, 10 - MI
02 86451640

PERSONNEL RESEARCH S.A.S. DI VIZIO BRUNO & C.
Corso Stati Uniti, 35 - TO
011 5619311

PHARMA POINT S.R.L.
Via G. Modena, 2/a - MI
02 89013167

PICO S.R.L.
Piazzale Badalocchio Sisto Rosa, 9/B - PR
0521 987940

PINEROLO PARTNER S.N.C. DI GASCA MARIO GIORGIO E C
Via Saluzzo 55 - TO
0121/393188

PLANET WORK DI FRANCESCO PAZIENZA & C. S.A.S.
Traversa 11 di Via Fontanelle, 1 - BA
080 5520829

PMV S.R.L.
Piazza Sant'Angelo, 1 - MI
02 86455311

POLARIS MANAGEMENT CONSULTING S.A.S.
Foro Buonoparte, 68 - MI
02 8055568

POLIMODA S.R.L.
Via Pisana, 77 - FI

POLISIGMA CONSULTANS S.R.L.
Via G. Muratti, 64 - UD
0432 501081

POLYTECH S.R.L.
Via Mazza, 54 - PS
0721 34535

POSIS - POLITICHE & SISTEMI S.R.L.
Via G. Stampa, 3 - PD
049 662266

PRAGMA S.R.L.
Viale Corsetti, 18 - PN
0434 28048

PRAGMOS RISORSE UMANE S.R.L.
Via S. Valfrè, 16 - TO
011 51727820

PRAXI S.P.A.
Corso Vittorio Emanuele II, 3 - TO
011 65 60

PREMIER S.R.L.
Via S. Zeno, 40 - BS
030 2219511

PRIMOTEMPO RICERCA E SELEZIONE S.R.L.
Via Nizza, 63 - RM
06 85305465 - 06 85356319

PROFESSIONAL INTEGRATED MANAGEMENT-PRO.I.MA.-SRL
Corte delle Rose, 68 - TV
0438 410219

PROFEXA CONSULTING S.R.L.
Via dei Mille, 24 - BO
051 4211020

PROFILI & CARRIERE S.R.L.
Via Ludovico II, 11 - CN
0175 248119

PROFILI S.R.L.
Via Rodi, 27 - BS
030 2420212

PROFILI TOSCANA S.R.L.
Via Crispi, 49 - PI
050 2201421

PROGESA S.R.L.
Viale Italia, 21 - MN
0376 384898

PROGETTI DI SVILUPPO ORGANIZZATIVO S.A.S.
Viale Gorizia, 2 - PN
0434 26061

PROGETTO ARIANNA S.R.L.
Via Discesa Collegio, 7 - CT
0933 45853

PROGMAN HUMAN RESORCES S.R.L.
Via Benedetto Marcello, 2 - MI
02 202211.1

PROMELEC INTERNATIONAL S.R.L.
Via G. Frua, 6/A - MI
02 43995614

PROMOTRADE S.R.L.
Via Borgo della Pace, 8 - PR

PROPER S.R.L.
Via G. Frua, 21/6 - MI
02 48005112

PROPLAST SERVIZI S.R.L.
Via T. Michel, 2 - AL
0131 229324

PROPOSTE - SEARCH & SELECTION S.R.L.
Via Assietta, 27 - TO
011 530685

PROTOM S.P.A.
Via G.Porzio, 4 Centro Dir. isola F/11 - NA
081 7346064

PULITALIA FORMAZIONE S.P.A.
Viale del Commercio 1/c - VI
0444 346048

R CONSULTING S.A.S.
Via della Previdenza Sociale, 8 - RE
052 2514820

RAY &BERNDTSON S.R.L.
Via M. Bandello, 15 - MI
02 48100112

RE&S
Via E. degli Scrovegni - PD
049 8751890

RE.S. STUDIUM S.A.S. DI TAGLIAZUCCHI GUIDO & C.
Via Zucchi, 21 - MO
059 20728

READY TO SELL S. R. L.
Via G. Leopardi, 1 - MI
02 72401215

RECRUIT S.R.L.
Via Cadamosto, 7 - MI
02 867675

RESMI DELL'ING. ALBERTO ARTELLI & C. S.A.S.
Via Castiglione, 4 - BO
051 268644

RICERCA EVOLUZIONE & SELEZIONE S.R.L.
Via E. degli Scrovegni, 2/A - PD
049 8751890

RIGI - S.A.S. DI DR. LUCIA RITA SINATRA E C.
Viale Mentana, 45 - PR
0521 270501

RISORSE S.N.C.
Via F. Cavallotti, 140 - MO
053 6884391

RISORSE SOLUZIONI E TALENTI S.R.L.
Piazza Falcone e Borsellino, 21 - FO
0543 66276

RM PROGETTO AZIENDA S.R.L.
Via G. Puccini, 3 - BG

ROBERTA GALLI AND PARTNERS S.R.L.
Piazza Velasca, 5 - MI
02 862755

ROBERTSON ASSOCIATES S.R.L.
Largo Rachini, 6 - MI
02 58215668

ROCHESTER ITALIA S.R.L.
Corso di Porta Vittoria, 18 - MI
02 55196093

ROM S.A.S DI CUCCHI GRAZIANO & C.
Via Ravenna, 13 - AN
071 7931460

RUSSELL E REYNOLDS ASSOCIATES S.R.L.
Via Appiani, 7 - MI
02 6231121

S.A. CONSULTING S.R.L.
Via G. Mercalli, 11 - MI
02 58310374

S.I.A. CONSULTING S.R.L.
Via Stiria, 36 - UD
0432 524032

S.O.S. FAMIGLIA S.R.L.
Via Podgora, 12B - MI
02 55010781

S.T.V. RICERCA E SELEZIONE DI STEFANO VIO & C.
Via Zamenhof, 697 - VI
0444 587611

SAGEA S.R.L.
Viale Sabotino, 13 - MI
02 58328533

SALES ACADEMY S.R.L.
Via Stazione, 18 - BZ
0471 828960

SAM HEADHUNTING ITALY S.R.L.
Via Virgilio, 22 - BS
0365 644223

SCELTE STRATEGICHE S.R.L.
Via Sirtori, 25 - FI
055 663260

SCIAKY EUROPE S.N.C. DI BAGUZZI PALMIRA E C.
Via Marcona, 24 - MI
02 55189028

SCS SELEZIONE S.R.L.
Via M.E. Lepido, 182/3 - BO
051 4162060

SE.SVIL. S.R.L.
Via Inganni, 10 - BS
030 2942447

SEAZ S.R.L.
Largo Europa 1 - CN
0172 412103

SEF CONSULTING S.P.A
Via L. Romana, 41/47 - RM
06 72079400

SEL & FORM S.R.L.
Piazza della Pace, 9 - BO
051 715808

SELEBI UNIPERSONALE S.R.L.
Via San Gregorio, 32 - MI
02 66981169

SELECTA PECCHIONI DI BONICELLI ELENA IN PECCHIONI
Via G. Bovio, 19 - FI
055 2302320

SELECTA S.A.S. DI CARLET DORIS & C.
Via Friuli, 7 - TV
0438 403093

SELECTA S.N.C. DI E. VALLE E M. C. TRAPANI
Via del Farnese, 17 - PR
0521 237711

SELEFOR S.R.L.
Via XX Settembre, 6/7 - GE
010 5956639

SELEFORM DI GITTI DOTT.SSA CRISTINA & C. S.A.S.
Via C. Zima, 4 - BS
030 290611

SELEWORK S.A.S. DI SERGIO DAVANZO & C.
Via G. Strambio, 6 - MI
02 70106832

SELEXI S.R.L.
Via G. Mercalli, 16 - MI
02 58322302

SELTIS S.R.L.
Via V. Pisani, 25/27 - MI
02 67073274

SER.CON S.R.L.
Viale Teocrito, 98 - SR

SER.IM. S.A.S.
Via Nazionale, 57 - FI
055 481119

SERVICE S.R.L.
Via San Crispino, 12 - PD
049 7801946

SERVIZI AZIENDALI INTEGRATI S.A.S.
Corso Italia, 52 - MI
02 9462273

SERVIZI AZIENDALI PRICEWATERHOUSECOOPERS S.R.L.
Viale Monte Rosa, 91 - MI
02 667341

SEVEN ARTS S.R.L.
Viale delle Milizie, 4 - RM
06 3222406

SHL ITALY SRL
Via Tuscolana, 1 - RM
06 8841022

SIDA S.R.L.
Viale della Vittoria, 36 - AN
071 35811701

SIGEASERIM S.A.S. DI G. VENERI &. C.
Via G. Giusti, 2 - VR
045 596544

SIGECON S.R.L.
Via Solferino, 14 - BS
030 3752193

SILFAUS S.N.C. DI MATRASCIA CALOGERA & C.
Via G. Bonomo, 4 - PA
091 589833

SILLOR - RICERCA DI PERSONALE S.R.L.
Via G. Boccaccio, 14 - MI
02 460372

SILVA CONSULTING S.A.S.
Piazzetta M. Bossi, 4 - MI
02 8057538

SIMKI S.R.L.
Via A. Diaz, 9 - BS
02 4300171

SINTHEMA S.N.C.
Via Luisetti, 5 - BI
015 8495080

SIRI DI FACCIN ERMENEGILDO & C. S.A.S.
Via L. Borghi, 2 - VA
0331 776177

SISTEMA LAVORO S.R.L.
Via S.G. Savoldo, 4 - MI
02 2152770

SISTEMAZIENDA S.R.L.
Via Terraglio, 28 - TV
041 455966 - 041 454628

SISTEMI & ORGANIZZAZIONE S.N.C.
Via Pellizzo, 14/D - PD
049 8075122

SISTEMI E RISORSE UMANE S.R.L.
Via Camozzi, 130 - BG
035 217168

SIXTEMA S.R.L.
Via Malavolti, 27 - MO
059 253603

SKEDA - VITALI L. & PARTNERS S.A.S.
Via Roma, 108 - PS
0721 803909

SKILL RISORSE UMANE S.R.L.
Via della Volta, 183 - BS
030 347142

SKILLNET S.R.L.
Via G.B. Vico, 4 - MI
02 199724707

SKIMSTUDIO S.R.L.
Viale del Mercato Nuovo, 65 - VI
0444 561216

SKRIPTO LINE EUSOFIA S.A.S. DI LANZI PATRIZIA & C.
Via Petrarca, 4 - PR

SMART WORK S.R.L.
Via V. Monti, 51 - MI
02 37058100

SO.GE.S.I. S.R.L.
Via R. Bianchi snc - AN
071 2900240

SOA RISORSE UMANE S.R.L.
Viale P. Pietramellara, 5 - BO
051 558526

SOART CONSULTING S.R.L.
Via San Quintino, 9 - TO
011 7710004

SOKRATE CONSULTING SRL
Via Vellani Marchi, 20 - MO
059 2929944

SOLVERS S.R.L.
Viale E. Stefini, 8 - MI
02 76008081

SOTECO S.R.L.
Via Brecce Bianche, 68/R - AN
071 2861865

SP SELEZIONE PERSONALE S.R.L.
Via Grecale, 21 - CA
070 3837138

SPACE WORK S.R.L.
Via Crispi, 28 - BS
030 3771440

SPENCER STUART ITALIA S.R.L.
Via U. Visconti di Modrone, 12 - MI
02 771251

SPHERA GROUP S.R.L.
Piazza dei Martiri, 1 - BO
051 4211630

SPRING TECNOLOGY STAFFING SERVICES SRL
Piazza G. Marconi 15
06 362271

STAFF & LINE S.A.S. DI UDOVIC MIRKO E CO.
Via Mendola, 25 - BZ
0471 964240

STAFF & LINE S.A.S. DI UDOVICH MIRKO E CO.
Via Perathoner, 8/B - BZ
0471 945511

STANDLER FIRENZE S.R.L.
Piazza della Signoria, 5 - FI
055 281978

STANDLER ITALIA S.P.A.
Strada della Cebrosa, 86/A - TO
011 2732391

STANTON CHASE INTERNATIONAL S.R.L.
Via V. Monti, 16 - MI
02 48100681

STARTAP S.R.L.
Via P. Calvi, 5 - MI
02 76115324

STEMA S.R.L.
Via Valassina, 24 - MI
02/6886603

STEP S.R.L. RICERCA E SELEZIONE DEL PERSONALE
Via Cefalonia, 70 - BS
030 2942429

STERLING EXECUTIVE SEARCH S.R.L.
Via Bellini, 11 - MI
06 362141

STUDIO A.M. DI AUGUGLIARO PAOLO E C. S.A.S.
Via L. Suscipj, 13/A - RM
06 51604665

STUDIO ASCO ELABORAZIONE DATI AZIENDALI S.A.S.
Via Bidone, 26 - TO
011 6687009

STUDIO BICEGO S.R.L.
Via Piazzon, 82/114 - VI
0444 341002

STUDIO BONALUME S.R.L.
Via Bellini, 49 - BG
035 252330

STUDIO CENTRO PERSONALE S.R.L.
Via G. Imperiali, 77 - VI
0444 512733

STUDIO CONSONNI S.R.L.
Corso XXV Aprile, 74/D - CO
031 644004

STUDIO ETA - S.R.L.
Via San Quintino, 28 - TO
011 9210859

STUDIO FONTANIVE S.R.L.
Via Sassi, 20 - MO
059 393511

STUDIO FRISONI S.R.L.
Via A. Saffi, 11 - MI
02 867243

STUDIO GALLINARI S.R.L.
Via Muggia, 21 - RM
06 37500650

STUDIO ING. FORCELLINI S.A.S. DI FORCELINI ROBERTO
Via Altinate, 128 - PD
049 8762982

STUDIO ING. ROMOLO DATEI S.A.S.
Piazza Pontida, 14 - BG
035 237045

STUDIO LEONARDO S.R.L.
Viale Malmusi, 40 - MO
059 212778

STUDIO LUCIANO MAI S.R.L.
Strada degli Schiocchi, 6 - MO
059 359524

STUDIO MANTINI DI MANTINI FABIO & C. S.A.S.
Corso Diaz, 64 - FO
0543 21867

STUDIO MARCHI S.A.S. DI MARCHI GILBERTO & C.
Via Roveggia, 132 - VR
045 8201667

STUDIO MARCO CALZA' S.A.S. DI PERUGINI NADIA & C.
Via Abetone, 21/B - TN
0464 480808

STUDIO MARINI S.A.S. DI MICHELE MARINI
Via Benedetto, 1 - CA
070 400877

STUDIO MAZZITELLI S.R.L.
Via Corfù, 51 - BS
02 26113145

STUDIO MIAZZO S.R.L.
Via G. Rossa, 8 - PD
049 8962821

STUDIO PAVAN & ASSOCIATI S.A.S. DI M. MERONI & C.
Vicolo XXIV Maggio, 5 - TV
0422 231378

STUDIO PAVAN S.R.L.
Via Gessi, 43 - VI
044 4965096

STUDIO SCANDROGLIO SAS DI CAMILLA SCANDROGLIO E C.
Viale Duca D'Aosta - VA
0331 843693

STUDIO SELFOHR S.R.L.
Via Legnano, 25/A - TO
011 541412

STUDIO SELFOR S.R.L.
Via IX Febbraio, 2 - FI
055 575403

STUDIO SIGNORETTI S.R.L. UNIPERSONALE
Via Archimede, 10 - VR
045 991200

STUDIO STAFF NAPOLI S.R.L.
Via R. Bracco, 15 - NA
081 5512202

STUDIO STAFF R.U. S.R.L.
Via di Sant'Erasmo, 12 - RM
06 7005412

STUDIO TADIELLO S.N.C. DI TADIELLO CARLO & C.
Via della Libertà, 65 - VR

STUDIO TISEO BENEDETTO & ASSOCIATI S.A.S.
Via C. Olivetti, 4 - TO
0125 44401

STUDIO TRAPANESE S.R.L.
Galleria S. Lucia, 1 - PD
049 8752617

STUDIO VITTORIO ANFOSSI & C S.A.S.
Via Castelvetro, 9 - MI
02 3494329

STUDIO ZANUSSO S.R.L.
Via Paganini, 9 - VI
0424 382418

STUDIOBASE R.U. DI GIBERTONI DR.MARIO E C.S.A.S.
Via Cremona, 145 - BS
030 2428368

STUDIOEMME S.R.L.
Via Veronese, 2 - VA
0332 241720

SUITEX INTERNATIONAL S.A.S.
Via Torre Belfredo, 130/a - VE
041 5041311

SUPPORT S.R.L.
Via delle Querce, 7 - BG
035 201396

SVILUPPO QUADRI SELEZIONE S.R.L.
Viale Michelangelo, 51 - FI
055 6818285

SYNEXON S.R.L.
Via T. Tasso, 7 - MI
02 48002317

T.P.A. NEW SERVICE S.R.L.
Via Case Gioacchino, 1/A - FR
06 9636076

TALEA S.R.L.
Via Corsica, 3 - BS
030 2807049

TALENTO RISORSE UMANE S.R.L.
Via V. Monti, 48 - MI
02 439682400

TEAM CONSULTING S.R.L.
Via Riviera di Chiaia, 263 - NA
081 7644288

TECHNICAL HUNTER
Via Ponteselice-Seconda Traversa, 2 - CE
02 89074172

TEG RESEARCH S.R.L.
Viale Tunisia, 46 - MI
02 66703996

TELEMA S.R.L.
Via Strigelli, 15 - MI
02 599212.1

TEMPORARY MANAGEMENT & CAPITAL ADVISORS S.R.L.
Via Principe Amedeo, 1 - MI
02 29012463

TESEO S.N.C.
Via Grizzaga, 11 - MO
0536 944208

THALIA S.R.L.
Via G. Mellerio, 3 - MI
02 36530682

THE ADVANTEGE SEARCH ASSOCIATES ITALIA S.R.L.
Corso Magenta, 77 - MI
02 48102340

THE RIGHT MARKETING SERVICE S.N.C. DI F. FIORIN
Via della Navigazione Interna, 51 - PD

TIZZI & GALLIZIA CONSULTING S.R.L.
Via R. Fabbrini, 4 - PG
075 7824178

TMPW ITALIA S.P.A.
Via R. Boscovich, 18 - MI

TOMMASO PRETE - FORMAZIONE E SELEZIONE S.A.S.
Via C. Delfino Spiga, 16 - PE
085 294295

TOP EXECUTIVES S.R.L.
Via della Valverde, 77 - VT
045 9971020

TOP SOURCE S.R.L.
Via Lomellina, 1 - MI
02 36561351

TOPSTART S.R.L.
Via G. Murat, 23 - MI
02 5759341

TREND S.A.S. DI SUSANNA SUT & C.
Via V. Borghini, 1 - FI
055 580228

TREVISEARCH S.R.L.
Via G. Mellerio, 3 - MI
02 804302

TSEARCH S.R.L.
Via Roma, 54 - TV
0422 460103

UNILINEA S.R.L.
Via Teodosio, 57 - MI

UNINDUSTRIA SELEZIONE S.R.L.
Via Sabbatini, 13 - MO
059 4390811

VALTELLINA LAVORO S.R.L.
Via De Simoni, 13/A - SO
0342 2125802

VALUE SEARCH S.R.L.
Via Rugabella, 1 - MI
02 8356656

VEDIOR HR SOLUTION S.R.L.
Viale delle Industrie, 11 - MI
02 25015664

VEGAN SOLUTIONS S.R.L.
Via Cavalieri di Vittorio Veneto, 90 - VI
0444 962189

VENDITORI-ITALIA S.A.S DI LISIERO FABIO PAOLO & C.
Piazzale Madonna Pellegrina, 18/19 - VE
041 0994230 - 041 0994934

VENTINODI S.R.L.
Via Don Zefferino Jodi, 12/B - RE
0522 580921

VINCENZO CAMPANA CONSULTING S.R.L.
Via Giardini, 431/C - MO
059 351392

VIR DI VITTORIO RIZZI & C. S.A.S.
Via Parini, 1 - VA
031 563150

VIRA MANAGEMENT CONSULTA DI GRIGGI FULVIA & C.
Via Resinelli, 4 - LC
0341 368114

VJOB ITALIA S.R.L. UNIPERSONALE
Via Blaserna, 101 - RM

W.I. MIND CONSULTING S.R.L.
Via Sostegno, 4 - BO
051 6350534

WALKING WORLD CONSULTANCY S.R.L.
Via San Tommaso, 18 - TO
011 5622884

WAVE HR S.R.L.
Via Benaco, 34/B - BS

WELFARE NEXT S.R.L.
Via Spartaco, 10 - MI
02 55195594

YDREIA S.R.L.
Via Cairoli, 9 - BO
051 5887260

YO SOY FORMAZIONE S.N.C. DI PEREDA E VANDOORNE
Via Olmi, 3/D - FI
055 664590

ZERBINATI S.R.L.
Corso Re Umberto, 65 - TO
011 5808257

ZEUS S.N.C. DI TRALDI VIOLETTA & C.
Via Emilia Ovest, 119 - MO - 059 829344

Centri per l'Impiego

AGRIGENTO
Via Pancamo, 4
0922 605687 - 0922 244114
www.sicilia.borsalavoro.it

ALESSANDRIA
Via Cavour, 17
0131 303359 - 0131 510678
www.provincia.alessandria.it

ANCONA
Via Ruggeri, 3 - 071 2137530-1
www.provincia.ancona.it

AOSTA
Via C. Alessi, 4
0165 31334 - 0165 32374
www.regione.vda.it

AREZZO
Via Montefalco, 49/55 - (Centro Provinciale)
0575 39981 - 0575 3998213
www.impiego.provincia.arezzo.it

ASCOLI PICENO
Via Kennedy, 34/36
0736 277459/277488 - 0736 277453
www.provincia.ap.it

ASTI
Corso Dante, 31 - 0141 380111
0141 380150 - 0141 351920
www.provincia.asti.it

BARI
Via Devitofrancesco, 14/A
080 5573538 - 080 5576856
www.pugliaimpiego.it

BELLUNO
Via Feltre,109 - 043 7943655 - 043 7943675
www.provincia.belluno.it

BENEVENTO
Via S.Pertini, 1 - 0824 378239-35512 - 0824 316998
www.provincia.benevento.it

BERGAMO
Viale Papa Giovanni XXIII, 106
035 387275-276 - 035 387348
www.borsalavorolombardia.net

BIELLA
Via Maestri del Commercio, 6
015 8480665 - 015 8495122
www.provincia.biella.it

BOLOGNA
Via Todaro, 8/a - 051 659 8950 - 051 659 8989
www.provincia.bologna.it

BOLZANO
Via L. da Vinci, 7
0471 412781 - 0471 412788
www.provincia.bz.it

BRESCIA
Via Cipro, 3 - 030 3749751 - 030 3749752
www.borsalavorolombardia.net

BRINDISI
Via Cappuccini, 111 - 0831 542334 - 0831 512511
www.pugliaimpiego.it

CAGLIARI
Via Calamattia, 12 - 070 506468 - 070 552017
www.comune.cagliari.it

CALTANISSETTA
Viale Sicilia, 156 - 0934 597368 - 0934 555951
www.sicilia.borsalavoro.it

CAMPOBASSO
Piazza Molise, 65 - 0874 61112
0874 492201 - 0874 492202
www.sicilia.borsalavoro.it

CASERTA
Piazza d'Armi, 33 - 0823 321381 - 0823 328868

CATANIA
Via Giannotta, 18 ang. Via Tessitoria
095 387306 - 095 386368
www.sicilia.borsalavoro.it

CATANZARO
Vicolo della Stazione, I - 0961 751001 - 0961 753267
0961 750151 - 0961 753627
www.provincia.catanzaro.it

CHIETI
Via D. Spezioli, 42 - 0871 403704 - 0871 41727
www.provincia.chieti.it

COMO
Via De Cristoforis, 11 - 031 2454411 - 031 2753396
www.borsalavorolombardia.net

COSENZA
Viale Trieste, 94 - 0984 33792 - 0984 37043
www.provincia.cs.it

CREMONA
Via Massarotti, 48/a - 0372 22060
0372 457480 - 0372 410561
www.borsalavorolombardia.net

CROTONE
Via M. Nicoletta, 251 - 0962 901708 - 0962 905597
www.provincia.caserta.it

CUNEO
Corso Brunet, 13 - 0171 698249 - 0171 453469
www.provincia.cuneo.it

ENNA
Via L. Grassi - 0935 535004
0935 510640 - 0935 533696
www.sicilia.borsalavoro.it

FERRARA
Via Cairoli, 30 - 0532 299808
0532 299822 - 0532 299859
www.provincia.fe.it

FIRENZE
Via Cavour, 19 - 055 272031 - 055 2720331
www.provincia.fi.it

FOGGIA
Via San Severo, 73 - 0881 712690
www.pugliaimpiego.it

FROSINONE
Via Tiburtina, 321 - 0775 824017
www.provinciafr.it

GENOVA
Via Cesarea, 14 - 010 5497523 - 010 5497570
www.provincia.genova.it

GROSSETO
Via della Pace, 18 - 0564 457019 - 0564 457019
www.provincia.grosseto.it

IMPERIA
Piazza Roma, 2 - 0183 704474 - 0183 430 477 -
0183 704431 - 0183 666289
www.provincia.imperia.it

ISERNIA
Via G. Berta - 0865 411588
www.centroimpiegoisernia.it

L'AQUILA
Via Arco dei Francesi, 6 - 0862 25081 - 0862 420481
www.provincia.laquila.it

LA SPEZIA
Via XXIV Maggio, 22 - 0187 77931 - 0187 779342-3
www.provincia.sp.it

LATINA
Via Bruxelles, 52 - 0773 620454 - 0773 620496
www.provincia.latina.it

LECCE
Viale dello Stadio, 3 - 0832 314974 - 0832 393152
www.pugliaimpiego.it

LECCO
Via Balicco, 61 - 0341 295530 - 0341 295590
www.borsalavorolombardia.net

LIVORNO
Via Galilei, 54 - 0586 257500 - 0586 449623
www.sito.regione.campania.it

LODI
Via P. Gorini, 21 - 0371 423762 - 0371 420482
www.borsalavorolombardia.net

LUCCA
Via Vecchia Pesciatina ang. Via Lucarelli S.Vito
0583 417590 - 0583 417590

MACERATA
Via Lorenzoni, 8/12 - 0733 405511 - 0733 405541
www.istruzione.marche.it

MANTOVA
Piazza Virgiliana, 53
0376 321426-321469 - 0376 225748
www.borsalavorolombardia.net

MASSA CARRARA
Via delle Carre, 55 - 0585 816687-2 - 0585 816658
www.provincia.ms.it

MASSA CARRARA
Viale XX Settembre, 3
0585 8484225 - 0585 8484228
www.provincia.ms.it

MATERA
Via dei Peucezi, 38 - 0835 263711 - 0835 269999
www.basilicata.borsalavoro.it

MESSINA
Via S.Paolo - 090 7761648 - 090 7761648
www.provincia.messina.it

MILANO
Viale Jenner, 24
02 77404040 - 02 77406445
www.borsalavorolombardia.net

MODENA
Via Costellazioni, 180 - 059 209977 - 059 209990
www.provincia.modena.it

NAPOLI
Via Pietro Raimondi, 16/18
081 2311263 - 081 2311287 - 081 2311251

081 2311157 - 081 5992931
www.provincia.napoli.it

NOVARA
Via S. Francesco d'Assisi, 12/A
0321 378650 - 0321 378602
www.provincia.novara.it

NUORO
Via S. Francesco, 1 - 0784 37698 - 0784 256032
www.sardegnalavoro.it

ORISTANO
Via D. Petri, 1 - 0783 71021 - 0783 775011
www.sardegnalavoro.it

PADOVA
Sottopassaggio Saggin, 5
049 8069211 - 049 074119
www.provincia.padova.it

PALERMO
Via Peralta, 31 - 091 7072567 - 091 7072584
www.sicilia.borsalavoro.it

PARMA
Via Galvani, 4/a - 0521 951711 - 0521 951712
www.lavoro.parma.it

PAVIA
Via Bordoni, 12
0382 597623-624-611 - 0382 597618
www.borsalavorolombardia.net

PERUGIA
Via Palermo, 106 - 075 3681973 - 075 3681974 -
075 3681703 - www.provincia.perugia.it

PESARO
Via Fermo, 33 - 0721 43361
www.provincialavoro.it

URBINO
Via dell'Annunziata, 51 - 0722 328500
www.provincialavoro.it

PESCARA
Via Passolanciano, 75 - 085 205521 - 085 20552277
www.pescaralavoro.it

PIACENZA
Borgo Faxhall - Piazzale Marconi
0523 388249 - 0523 338360 - www.provincia.pc.it

PISA
Via Nenni, 24 - 050 929700
www.provincia.pisa.it

PISTOIA
Via Tripoli, 19 - 0573 96601/5 - 0573 966077
www.provincia.pistoia.it

PORDENONE
Borgo Sant'Antonio, 23 - 0434 529022
0434 529009 - 0434 523529
www.provincia.udine.it

POTENZA
Viale del Basento - Potenza - 0971 56575
www.provincia.pordenone.it

PRATO
Via Valentini, 7 (Sede Principale)
0574 521025 - 0574 521009 - www.provincia.prato.it

RAGUSA
Viale Europa, 116 - Ragusa
0932 683044 - 0932 622259-643504
www.sicilia.borsalavoro.it

REGGIO CALABRIA
Via Torricelli Pescatori, 17
0965 631311 - 0965 631370
www.provincia.rc.it

REGGIO EMILIA
Via Premuda, 40 - 0522 700811 - 0522 304954
www.provincia.re.it

RIETI
Via Carrocci, 8 - 0746 286612 - 0746 286613
www.provincia.rieti.it

RIMINI
Via Sacramora, 196 - 0541 358611 - 0541 358634
www.riminimpiego.it

ROMA
Via Edoardo D'Onofrio, 60 - Tiburtino
06 40801770 - 06 4070124
www.informaservizi.it

ROVIGO
Via della Pace, 5 - 0425 386630 - 0425/386620
www.centroimpiego.ro.it

SALERNO
Via Irno, 57 - 089 794886 - 089 796112 - 089 796112
www.lavoro.salerno.it

SASSARI
Via Bottego, 1 - 079 2599600-1 - 079 2599621
www.sardegnalavoro.it

SAVONA
Via al Molinero c/o Ente Scuola Edile
019 83131 - 019 8313737
www.provincia.savona.it

SIENA
Via Fiorentina, 91 - 0577 241526 - 0577 241532
www.impiego.provincia.siena.it

SIRACUSA
Via San Metodio, 8 - 0931 412891 - 0931 412837
www.sicilia.borsalavoro.it

SONDRIO
Via Parolo, 38 - 0342 212547
0342 514190 - 0342 213354
www.borsalavorolombardia.net

TARANTO
Via Salento, 3 - 099 7350745 - 099 7350745
www.pugliaimpiego.it

TERAMO
Via Campana, 10 - 0861 248895
www.provincia.teramo.it

TERNI
Via Annio Floriano, 16
00 904329 - 0744 403188
www.provincia.terni.it

TORINO
Via Bologna, 153 - 011 8614817
011 8614814 - 011 8614807
www.provincia.torino.it

TRAPANI
Via Capitano Fontana, 15 - 0923 549848/52 - 0923 541103
www.sicilia.borsalavoro.it

TRENTO
Via Circonvallazione, 63 - 0465 343308 -
0465 343309
www.agenziadelavoro.tn.it

TREVISO
Viale della Repubblica, 193
0422 694411 - 0422 694445 - www.trevisolavora.it

TRIESTE
Piazza Vittorio Veneto, 4
040 369104 - 040 368277 - 040 37981
040 369577 - 040 3798233
www.provincia.trieste.it

UDINE
Viale Duodo, 3 - 0432 209400 - 0432 209570
www.provincia.udine.it

VARESE
Via Crispi, 50 - 0332 288386 - 0332 288006
www.borsalavorolombardia.net

VENEZIA
Piazzale Roma 497/p - 041 5232981
041 5237278 - 041 5236865
http://portalelavoro.provincia.venezia.it

VERBANIA
Piazza delle Città Gemellate, 27
0323 407454 - 0323 519013 - 0323 517659
www.provincia.verbania.it

VERCELLI
Piazza Roma, 17 - 0161 252775 - 0161 262345
www.provincia.vercelli.it

VERONA
S. Maria Antica ,1 e Via delle Franceschine, 10
045 288465-470-481 - 045 9288458
www.provincia.verona.it

VIBO VALENTIA
Via G. Fortunato - 0963 540122 - 547812
www.provincia.vibovalentia.it

VICENZA
Via Torino, 13 - 0444 22681 - 0444 320463
www.provincia.vicenza.it

VITERBO
Via Cardarelli, 58 - Viterbo - 0761 353252
0761 353267 - 0761 271279
www.provincia.vt.it

Eventi

NB: Date e indicazioni di luogo del tutto indicative, si consiglia di controllare sul sito di riferimento.

Gennaio

INCONTRO AZIENDE STUDENTI
Presso la Fiera di Roma, Roma
Giornata di orientamento al lavoro
www.incontroaziendestudenti.it
info@incontroaziendestudenti.it

Febbraio

JOB MARKET DAY
Palazzo Mezzanotte
Piazza degli Affari 6, Milano
Percorsi professionali in ambito finanziario
www.jobmarketday.it
JobMarketDay@borsaitaliana.it

CAREER DAY
Presso il padiglione 35 di Bologna Fiere
Incontro tra aziende e candidati
www.unibo.it - info@careerdaybo.it

CAREER DAY
Nell'aula H del Campus dei Rizzi dell'Università degli Studi di Udine, in Via delle Scienze, 208
Incontro tra aziende e candidati
www.uniud.it

STAGE DAY
LUISS Business School, Viale Pola, 12
00198 Roma
Incontro tra aziende e candidati
www.formazionelbs.luiss.it/appuntamenti

Marzo

JOB MEETING TORINO
Centro Congressi Lingotto - Via Nizza, 280 - Torino
Giornata di orientamento al lavoro
www.jobmeeting.it - info@cesop.it

FORUM UNIVERSITÀ - LAVORO
Presso l'Università degli studi di Tor Vergata - Roma2
Giornata di orientamento al lavoro
www.alitur.org - forum@alitur.org

BRAIN AT WORK
Centro Congressi Frentani
Via Dei Frentani 4, 00185 Roma
Incontro tra aziende e candidati
www.brainatwork.it - info@brainatwork.it

CAREER DAY
Presso la Facoltà di Ingegneria dell'Università di Bergamo
Giornata di orientamento al lavoro
www.careerday.bg.it - Tel. 035/275204

Aprile

FORUM UNIVERSITÀ - LAVORO
Facoltà di Economia dell'Università degli studi di Bergamo
Giornata di orientamento al lavoro
www.alitur.org - forum@alitur.org

JOB MEETING BARI
Facoltà di Economia dell'Università degli Studi di Bari
Via Camillo Rosalba 53 – Bari
Giornata di orientamento al lavoro
www.jobchallenge.it

BOCCONI&JOBS
Università Bocconi - Via Sarfatti 25 - 20136 Milano
Incontro tra aziende e lavoratori
www.unibocconi.it/bj - bocconi.jobs@unibocconi.it

PORTE APERTE ALLE IMPRESE
Presso Palazzo Centrale - Strada Nuova, 65 - Pavia
Giornata di orientamento al lavoro
www.unipv.eu - cor@unipv.it

CARRIERA & FUTURO
Presso il Politecnico di Torino
Corso Duca degli Abruzzi, 24 - 10129 Torino
Giornata di Incontri con le aziende
www.carrieraefuturo.com - info@carrieraefuturo.it

CAREER DAY JOBICOCCA
Università degli Studi di Milano Bicocca,
Galleria di Piazza della Scienza - Milano
Incontro tra aziende e candidati
www.jobicocca.unimib.it - info@jobicocca.it

Maggio

SYNESIS FORUM SPRING EDITION
Presso il Campus Leonardo del Politecnico di Milano
Via La Masa
Giornata di Incontri con le aziende
www.synesisforum.it - info@synesisforum.it

CAREER DAY
Università degli Studi di Napoli Federico II
Piazzale Tecchio 80

JOB MEETING ROMA
Palazzo dei Congressi dell'Eur - Roma
Giornata di Incontri con le aziende
www.jobmeeting.it - info@cesop.it

CAREER DAY
Presso la Facoltà di Economia dell'Università
degli Studi di Siena
Giornata di Incontri con le aziende
www.career-day.it - www.unisi.it/placement

CONVEGNO NAZIONALE AIESEC
Università di Torino - Facoltà di Economia
C.so Unione Sovietica 218/bis, Torino
Incontro tra aziende e candidati
www.aiesec.org/italy - info@aiesec.it

CONNECTION DAY
Università degli Studi di Roma3
Facoltà di Economia
Via Silvio D'amico 111, Roma
Incontro tra aziende e lavoratori
www.aiesec.org/italy/ - info@aiesec.it

CARRIERA & FUTURO
Presso il Politecnico di Torino
Corso Duca degli Abruzzi, 24 - 10129 Torino
Giornata di Incontri con le aziende
www.carrieraefuturo.com - info@carrieraefuturo.it

Giugno

JOB MEETING BOLOGNA
Padiglione Polivalente del Palazzo dei Congressi di Bologna
Giornata di orientamento al lavoro
www.jobmeeting.it - info@cesop.it

JOB MEETING CATANIA
Campus Universitario di V.le Andrea Doria - Catania
Giornata di orientamento al lavoro
www.jobmeeting.it - info@cesop.it

Ottobre

BIO PHARMA & DAY
Palazzo delle Stelline di Milano
durante Bioforum
Giornata di Incontri con le aziende
www.jobadvisor.it - biopharmaday@jobadvisor.it

CAMPUS&LEADERS&TALENTS
Facoltà di Economia, Università Tor Vergata di Roma
Giornata di Incontri con le aziende
www.uniroma2.it - deskimprese@economia.uniroma2.it.

SYNESIS FORUM WINTER EDITION
Presso Università Cattolica di Milano, Largo Gemelli 1
Giornata di Incontri con le aziende
www.synesisforum.it - info@synesisforum.it

PROGETTO TALENTI
Politecnico di Torino
Corso Duca degli Abruzzi, 24 - 10129 Torino
Talent for technology
www.jobchallenge.it/progettotalenti
progettotalenti@jobchallenge.it

JOB MEETING NAPOLI
Facoltà di Ingegneria dell'Università di Napoli Federico II,
P.le Tecchio n. 80 – Napoli
Giornata di orientamento al lavoro
www.jobmeeting.it - info@cesop.it

INCONTRO AZIENDE STUDENTI
Presso la Fiera di Pordenone, Pordenone
Giornata di orientamento al lavoro
www.incontroaziendestudenti.it
info@incontroaziendestudenti.it

INCONTRO AZIENDE STUDENTI
PalaMalaguti di Casalecchio di Reno, Bologna
Giornata di orientamento al lavoro
www.incontroaziendestudenti.it
info@incontroaziendestudenti.it

CAREER DAY
Cà Foscari - Dorsoduro 3246
Università degli Studi di Venezia
Incontro tra aziende e laureati
www.unive.it - placement@unive.it

TOURISM CAREER DAYS
Presso il Complesso S. Domenico
sede del Rettorato dell'Università degli Studi del Sannio
Incontro tra aziende e laureati nel settore turistico
www.tcd2007.it - info@tcd2007.it

DROP-IN-SESSION
Università Bocconi - Via Sarfatti 25 - 20136 Milano
Giornata di Incontri con le aziende
www.unibocconi.it

JOB MARKET DAY
Palazzo Mezzanotte - Piazza degli Affari 6, Milano
Percorsi professionali in ambito finanziario
www.jobmarketday.it - JobMarketDay@borsaitaliana.it

Novembre

CAREER FOCUS GDO
Centro Congressi Fast, Milano
Giornata di Incontri con le aziende
www.jobadvisor.it - careerfocusgdo@jobadvisor.it

PROGETTO TALENTI - TALENT 4 TECHNOLOGY
Chiostro San Pietro in Vincoli della Facoltà di Ingegneria de La Sapienza, Roma
Giornata di Incontri con le aziende
www.jobchallange.it/progettotalenti
progettotalenti@jobchallenge.it

PROGETTO TALENTI - TALENT 4 TECHNOLOGY
Presso la sede de Il Sole 24 Ore, Via Monte Rosa 21, Milano
Giornata di Incontri con le aziende
www.jobchallenge.it - progettotalenti@jobchallenge.it

JOB MEETING PADOVA
Presso la Fiera di Padova
in Via N. Tommaseo, 59 - Padova
Giornata di orientamento al lavoro
www.jobmeeting.it - info@cesop.it

JOB MEETING PISA

Palazzo dei Congressi dell'Università di Pisa
via Matteotti n. 1, Pisa
Giornata di orientamento al lavoro
www.jobmeeting.it - info@cesop.it

Dicembre

JOB MEETING MILANO

Centro Congressi del Palazzo delle Stelline
Corso Magenta n. 61 - Milano
Giornata di orientamento al lavoro
www.jobmeeting.it - info@cesop.it

INCONTRO AZIENDE STUDENTI

Presso il padiglione F della Fiera di Vicenza
Giornata di orientamento al lavoro
www.incontroaziendestudenti.it
info@incontroaziendestudenti.it

Tutto l'anno

GIORNATE DI INCONTRI CON LE AZIENDE

www.jobchallenge.it

WORK SHOP DAY

www.jobmeeting.it

Uffici Placement

Asti

UNIVERSITÀ DEGLI STUDI DI ASTI

Polo Universitario di Asti, Ufficio Studenti
Job Placement, Via Gioachino Testa, 89,
14100 Asti
Tel. 0141 ,590423
ufficio.studenti@uni,astiss.it

Bari

UNIVERSITÀ DEGLI STUDI DI BARI
Servizio Tirocini e Stage, Piazza Umberto I, 70121 Bari
Tel. 080 5714134

UNIVERSITÀ LUM JEAN MONNET
Ufficio Stage, Lum Palazzina Facoltà,
I piano, ss 100, 18 km, CAP Casamassima (Ba)
Tel.080 6978213; Fax: 080 6977599
ufficio.stage@lum.it

POLITECNICO DI BARI
Ufficio Placement, Via Orabona 4, 70121 Bari
Tel. 080 5963580; 080 5963573
ufficioplacement@poliba.it, centroorientamento@
poliba.it

Bergamo

UNIVERSITÀ DEGLI STUDI DI BERGAMO
Sportello del servizio placement
Via S. Bernardino 72/e, 24122 Bergamo
Tel. 035 2271968 - 969
placement@unibg.it

Bologna

UNIVERSITÀ DEGLI STUDI DI BOLOGNA
Facoltà di Economia, Ufficio Relazioni con le aziende,
Piazza Scaravilli 2, I° piano, 40126 Bologna
Tel. 051 2098008
placement@economia.unibo.it

UNIVERSITÀ DEGLI STUDI DI BOLOGNA
Ufficio Coordinamento Tirocini e Stage
Largo Trombetti 1, 40126, Bologna
Fax 051 2098977
careers@alma.unibo.it

Bolzano

LIBERA UNIVERSITÀ DI BOLZANO
Careers Advisory Service, Ufficio tirocini & placement
Via Sernesi 1, 39100 Bolzano
Tel. 0471 012700
careersservice@unibz.it

Brescia

UNIVERSITÀ DEGLI STUDI DI BRESCIA
Ufficio Contratti, Ricerca, Fondi Sociali Europei, Assicurazioni e Stage
Vicolo dell'Anguilla 8, 25122 Brescia
Fax 030 2988.291
stages@cci.unibs.it

Camerino (Macerata)

UNIVERSITÀ DEGLI STUDI DI CAMERINO
Ufficio FIxO dell'Università degli Studi di Camerino,
Piazza Cavour 19/f, 62032 Camerino (Macerata)
Tel. 0737 402774
stage.ateneo@unicam.it

Campobasso

UNIVERSITÀ DEGLI STUDI DEL MOLISE
Ufficio ILO Placement e Innovazione
III Edificio Polifunzionale, Via De Sanctis,
86100 Campobasso - Fax 0874 98700
placement@unimol.it

Cassino

UNIVERSITÀ DEGLI STUDI DI CASSINO
Sportello Università e Impresa, località Folcara
Via S. Angelo, 03043 Cassino (FR)
Fax 0776 2993407

Castellanza

LIUC CASTELLANZA (VARESE)
Servizio Relazioni Esterne e Placement
Corso Matteotti,
Orientamento Placement nelle sedi di:
VARESE, Via Ravasi 2
COMO, Viale Masia 27
placement@liuc.it

Catania

UNIVERSITÀ DEGLI STUDI DI CATANIA
Centro Orientamento e Formazione COF
Via Napoli 117, CAP Catania
stage.ateneo@unict.it

Catanzaro

UNIVERSITÀ DEGLI STUDI MAGNA GRECIA DI CATANZARO
Ufficio Job Placement, UMGLavoro
Viale Europa loc. Germaneto, Edificio dell'area giuridica, economica e delle scienze sociali
Tel. 0961 3694999; Fax 0961 368741
fixo@unicz.it

Chieti

UNIVERSITÀ DEGLI STUDI G. D'ANNUNZIO CHIETI, PESCARA
Divisione Orientamento, Studi e Lavoro siti
in Via Pescara per la sede di Chieti
in Viale Pindaro, 42 per la sede di Pescara
Chieti Tel. 0871 3555818 -
Pescara Tel. 085 4537003
stageetirocini@unich.it

Ferrara

UNIVERSITÀ DEGLI STUDI DI FERRARA
Job Centre, Via Savonarola 9, 44100 Ferrara
Fax 0532 293484 – 0532 293333
fixo@unife.it

Firenze

UNIVERSITÀ DEGLI STUDI DI FIRENZE
Ufficio stage, Piazza San Marco 4, CAP Firenze
Tel 055 2757293; Fax 055 2757570
francesca.giannini@unifi.it

Foggia

UNIVERSITÀ DEGLI STUDI DI FOGGIA
Ufficio Stage e Tirocinio, Via Gramsci 89, 71100 Foggia
Tel.0881338415 - elombardi@unifg.it

Genova

UNIVERSITÀ DEGLI STUDI DI GENOVA
Servizi per l'orientamento al lavoro, Via Bensa 1,
3° piano, Genova - Fax. 010 2095652
sportellolavoro@unige.it

L'Aquila

UNIVERSITÀ DEGLI STUDI DE L'AQUILA
Ufficio Placement e Rapporti con il Territorio,
Via Paganica 21, 67100 L'Aquila - Fax 0862 432763
sportellolavoro@cc.univaq.it

Lecce

UNIVERSITÀ DEGLI STUDI DEL SALENTO
Sportello laureati c/o Ufficio rapporti con le imprese,
Palazzo Carrozzini, Viale O. Quarta 10 , CAP Lecce

Macerata

UNIVERSITÀ DEGLI STUDI DI MACERATA
CETRIL, Via Piave 42, 62100 Macerata
Fax 0733 2586056 - fixo@unicam.it

Messina

UNIVERSITÀ DEGLI STUDI DI MESSINA
Servizio di Orientamento in Uscita dell'Industrial Liaison Office (ILO), Via Consolato del Mare 41, 98122 Messina
info.orientamento@ilomessina.org

Milano

UNIVERSITÀ CATTOLICA DEL SACRO CUORE
Sportello FIxO , Largo Gemelli 1, 20123 Milano
Fax 02 7234.3827 - stage,mi@unicatt.it

UNIVERSITÀ DEGLI STUDI DI MILANO
COSP, Via Festa del Perdono 7, 20122 Milano
Fax 02 503.12146
cosp@unimi.it

UNIVERSITÀ COMMERCIALE LUIGI BOCCONI
Career Service, Ufficio Stage, Via Sarfatti 25, 20100 Milano - Fax 02 58365705

UNIVERSITÀ DEGLI STUDI DI MILANO BICOCCA
Ufficio Job Placement d'Ateneo - Bicocca, Piazza dell'Ateneo Nuovo 1, 20126 Milano - Fax 02 6448.6199
helpstage@unimib.it

LIBERA UNIVERSITÀ DI LINGUE E COMUNICAZIONE IULM, MILANO
Ufficio Stage e Placement , Via Carlo Bo 1, 20100 Milano - Tel. 02 891412340; Fax 02 891412354 - stage@iulm.it

POLITECNICO DI MILANO
Career service , Ufficio Stage, Piazza Leonardo da Vinci 32, 20133 Milano - Tel. 02 23992544
stage@polimi.it; poliplacement@polimi.it

Napoli

UNIVERSITÀ DEGLI STUDI DI NAPOLI L'ORIENTALE
Ufficio FIxO, stanza 12, VIII Piano, Palazzo Mediterraneo Via Nuova , Marina 59, 80143 Napoli
Tel. 081 6909228; Fax 081 6909228
stage@unior.it

UNIVERSITÀ DEGLI STUDI DI NAPOLI PARTHENOPE
Centro Orientamento e Tutorato (COT) Via Amm. Acton 38 , 80100 Napoli - Tel. 0961 3694999;
Fax 0961 368741
orientamento.tutorato@uniparthenope.it

Padova

UNIVERSITÀ DEGLI STUDI DI PADOVA
Servizio Stage e Mondo del Lavoro, Riviera Tito Livio 6, 35122 Padova
Fax 049 8273524 - stage@unipd.it

Parma

UNIVERSITÀ DEGLI STUDI DI PARMA
Servizio Tirocini di Orientamento e Formazione, Piazzale Barezzi 3 , 43100, Parma - Tel. 0521 034018 - 034026, 034027 placement@unipr.it

Pavia

UNIVERSITÀ DEGLI STUDI DI PAVIA
Centro Orientamento, Via S. Agostino 8 , 27100 Pavia
Fax 0382 984449 - cor@unipv.it

Perugia

UNIVERSITÀ DEGLI STUDI DI PERUGIA
Uffici Placement - Via Fabretti 46, 06123 Perugia
Via Pentima Bassa 21, 05100, Terni
Perugia Tel 075 5852200 - Terni Tel. 0744 492926

Pisa

UNIVERSITÀ DEGLI STUDI DI PISA
Ufficio Job Placement Lungarno Pacinotti 43,
56126 Pisa - Tel. 050 2212304; Fax 050 2212355
progettofixo@unipi.it.

Pisa

SCUOLA NORMALE SUPERIORE DI PISA
Piazza dei Cavalieri 7, 56126 Pisa
Tel: 050 509307, Fax: 050 509010 - placement@sns.it

Potenza

UNIVERSITÀ DEGLI STUDI DELLA BASILICATA
Centro d'Ateneo Orientamento Studenti, Campus di Macchia Romana, Viale dell'Ateneo Lucano 10, 85100 Potenza
Tel. 0971 205317; Fax.0971 205315 - caos@unibas.it

Reggio Calabria

UNIVERSITÀ DEGLI STUDI MEDITERRANEA DI REGGIO CALABRIA
Ufficio Job Placement presso UniOrienta Centro Orientamento di Ateneo, Via San Marco 3 - 89100 Reggio Calabria Fax 0965 308204 - jobplacement@unirc.it

Roma

L.U.I.S.S. BUSINESS SCHOOL
Placement Office, Via Alberoni 7, 00198 Roma
Tel. 06 85225 413-420 - placement@luiss.it

UNIVERSITÀ DEGLI STUDI DI ROMA LA SAPIENZA
B.L.U.S. - Via Cesare de Lollis 22, 00185 Roma
Fax 06 4970367 - blus@uniroma1.it

UNIVERSITÀ DEGLI STUDI DI ROMA TORVERGATA
Ufficio laureati desk imprese,
Via Columbia 2, Edificio B, 1° piano, 00133 Roma
Tel. 06 72595503

UNIVERSITÀ DEGLI STUDI DI ROMA3
Via Ostiense 169 (Palazzina Rosa), 00154 Roma
Tel. 06 57332223; Fax.06 57332224
jobplacement@uniroma3.it

LIBERA UNIVERSITÀ DEGLI STUDI MARIA SS.ASSUNTA, LUMSA
Lumsa Lavoro, Via di Porta Castello 44
00193 Roma - Tel 06 68422271
lumsalavoro@lumsa.it

Siena

UNIVERSITÀ DEGLI STUDI DI SIENA
Placement Office, Via Banchi di Sotto 46,
Palazzo Chigi Zondadari, I Piano , 53100 Siena
Tel. 0577 240111 - stage@unisi.it

Teramo

UNIVERSITÀ DEGLI STUDI DI TERAMO
Ufficio orientamento in uscita, Viale Crucioli 122,
64100 Teramo - Tel. 0861 266250
orienta@unite.it

Torino

UNIVERSITÀ DEGLI STUDI DI TORINO
Ufficio Job Placement, Via Po 31, 10124 Torino
Tel. 011 6702200
servstud.coordinamentojp@unito.it

Torino

POLITECNICO DI TORINO
Ufficio Stage e Placement
Corso Duca degli Abruzzi 24, 10129 Torino
Tel. 011 0905789 , Fax 011 0906295
http://stagejob.polito.it

Trento

UNIVERSITÀ DEGLI STUDI DI TRENTO
Ufficio Stage e Placement (Divisione Career Service),
Via Verdi 6, 38100 Trento
Tel. 0461 883200; Fax 0461 882921
imprese@unitn.it

Trieste

UNIVERSITÀ DI TRIESTE
Ufficio Tirocini e Job Placement - Piazzale Europa 1,
34127 Trieste - Tel. 040 558.3794; Fax 040 558.3100
sportellolavoro@units.it

Udine

UNIVERSITÀ DI UDINE
Ufficio Tirocini e Job Placement ,
Viale Ungheria 22, 33100 Udine - Zona Via Tomadini
Tel. 0432 556723 - ufficio.tirocini@amm.uniud.it

Urbino

UNIVERSITÀ DEGLI STUDI DI URBINO CARLO BO
Tel. 072 23051 - placement@uniurb.it

Varese

UNIVERSITÀ DEGLI STUDI DELL' INSUBRIA
Ufficio Orientamento, Via Ravasi 2, 21100 Varese
Tel. 0332 219342-3 - orientamento.varese@uninsubria.it

Venezia

UNIVERSITÀ CÀ FOSCARI DI VENEZIA

Sezione Stage, Mobilità Internazionale e Placement siti/sito in Via Dorsoduro 3246, 30123 Venezia
Tel. 041-2348111
stage@unive.it; placement@unive.it.

Venezia

UNIVERSITÀ IUAV DI VENEZIA

Area dei servizi alla didattica orientamento, tirocinio e mobilità studenti
Tel 041-2571821 - inforientamento@iuav.it

Vercelli

UNIVERSITÀ DEGLI STUDI DEL PIEMONTE ORIENTALE AMEDEO AVOGADRO

Ufficio Job Placement, Via Duomo 6, 13100 Vercelli
Tel. 0161 261545 - segreteria.stage@eco.unipmn.it

Verona

UNIVERSITÀ DEGLI STUDI DI VERONA

Unità operativa Orientamento al Lavoro, Via Campofiore 19, 37129 Verona - ufficio.stage@ateneo.univr.it

Viterbo

UNIVERSITÀ DEGLI STUDI DELLA TUSCIA

Ufficio Relazioni col Pubblico
Job Placement dell'Università degli studi della Tuscia, Via Santa Maria in Gradi 4, 01100 Viterbo
Tel. 0761 357935,6,9; Fax 0761 357999
distateq@unitus.it

Ringraziamenti

Tutti i contenuti di questa Guida sono il frutto di commenti, critiche, domande, discussioni, dibattiti emersi col tempo nel dialogo costante tra Monster, candidati e aziende.

Grazie quindi a tutti coloro che hanno contributo alla nascita di questo libro: persone alla ricerca di un lavoro o responsabili della selezione alla ricerca di personale conosciuti o incontrati in tutti questi anni in luoghi virtuali o reali.

Grazie naturalmente anche ai colleghi e amici che hanno collaborato alla realizzazione dei singoli capitoli, in particolare Nicoletta Botti, Alessandra Lupinacci, Davide Scialpi, Marco Cicchitto, Pietro Manenti e l'Avvocato Gabriele Fava, i docenti Luca Solari e Ivana Pais dell'Università Statale e Cattolica di Milano, Francesca Alessandrini, Simona Casonato, Flaminia Chiodo, Barbara Gatti e Alberto Gelsumini della Mondadori.

le aziende che assumono

Aziende

ABB S.p.A.
Abbott Srl
Accenture
Accenture Technology Solutions
Air Liquide Italia S.p.a.
Artsana S.p.A.
Autotrasporti TSX Servizi logistici alle imprese
AVIO S.p.A.
AXA Assicurazioni
Banca Mediolanum S.p.a.
Berendsohn Spa
BIESSE S.p.A.
Bluserena Club & Hotels
Bricocenter Italia s.r.l.
CAMST Soc. Coop. a r.l.
Coca-Cola HBC Italia
Cybertec
DHL Express Italy S.r.l.
Diesel S.p.a.
EMC COMPUTER SYSTEM ITALIA S.P.A.
Enel Spa
Eni Corporate University
Ernst & Young
Esprinet Group
FIAT Group
Cesare Fiorucci SpA
Forgital Italy Spa
Gruppo Johnson & Johnson
Gruppo Johnson & Johnson - Johnson & Johnson Medical SpA
Gruppo Johnson & Johnson - Janssen-Cilag SpA
Gruppo Johnson & Johnson - Johnson & Johnson SpA
Gruppo Bosch Italia
Gruppo Heineken Italia
HP
IBM Italia Spa
Istuto Studi Bancari srl
KPMG
LyondellBasell
Mondadori
Océ-Italia S.p.A.
Onetech
Oviesse S.p.A.
Pfizer
Pirelli & C. S.p.A.
Quintiles Spa - Innovex Srl
Roche
Sky
Tenaris
upim s.r.l.
Vodafone

Società di Selezione / Agenzie per il lavoro

Adecco Italia
ALI S.P.A. – MISSIONE LAVORO
Cegos Search Italia Spa
Manpower
Mercuri Urval Srl
Sintex
Support S.r.l.
www.monster.it

Abbott
A Promise for Life

Settore
Chimico farmaceutico
Fatturato 2007
1172 milioni di euro (Italia)
25.914 milioni di dollari (Mondo)
Organico
1961 (Italia 2007); 65.000 (Mondo)

ABBOTT SI PRESENTA

Fondata nel 1888 a Chicago, la *Abbott Laboratories* è tra le prime società farmaceutiche a livello mondiale, con circa 65.000 risorse umane commercializza i suoi prodotti in più di 130 Paesi nel mondo con un fatturato 2007 di 25.914 milioni di dollari. Si è affermata come un'azienda chimico-farmaceutica molto diversificata che ricerca, produce e commercializza prodotti e servizi in diverse aree terapeutiche: Reumatologia, Infettivologia, HIV, Neonatologia, Anestesia, Nefrologia, Diagnostica, Nutrizione clinica ecc. Gli investimenti in ricerca e sviluppo hanno superato nel 2007 i 2506 milioni di dollari.

ABBOTT Italy è tra le più importanti affiliate a livello mondiale, in cui lavorano circa 2000 dipendenti. L'area di *Campoverde* di Aprilia sede del Pharmaceutical Products Group che, oltre agli uffici, ospita due impianti chimici, lo stabilimento farmaceutico, i laboratori di controllo e qualità, il centro di sviluppo e tecnica farmaceutica, ecc. A Roma Eur sono presenti le Divisioni del Medical Products Group, leader nel mercato del testing, della strumentazione medica e diagnostica, dei prodotti dietetici per adulti e bambini.

Nella classifica *Great Place to Work 2007*, Abbott Italia ha conquistato l'8° posto tra le aziende italiane e la *1° posizione* tra le aziende farmaceutiche.

OPPORTUNITÀ DI LAVORO

In ABBOTT, le nuove risorse seguono un percorso di crescita con esperienze diversificate in varie funzioni interdivisionali anche diverse da quelle di inserimento. Per il neolaureato si prevede un periodo di affiancamento ed una specifica formazione interna.

Nell'area MARKETING E MEDICA trovano collocazione i laureati in discipline scientifiche ed economiche. Possibilità di crescita ed inserimento nell'ambito del Product Management e Studi Clinici, Regolatorio e Farmacovigilanza.

Nell'area COMMERCIALE i laureati in discipline scientifiche trovano occupazione nell'Informazione Scientifica del Farmaco o come Specialisti di Prodotto che garantiscono su tutto il territorio nazionale un costante aggiornamento scientifico alla classe medica su tutti i prodotti Abbott. Sono preferite le lauree in Farmacia, Biologia, Chimica e Tecnologie Farmaceutiche, Veterinaria, e il diploma di laurea in Informazione Scientifica del Farmaco.

Nell'area PRODUZIONE Chimica e Farmaceutica le risorse inserite trovano impiego presso i laboratori di controllo qualità Chimico, Biologico, di tecnica farmaceutica, e nell'area tecnica di ingegneria e manutenzione degli impianti.

Si ricercano preferibilmente diplomati e neolaureati in Chimica, Biologia, Chimica e Tecnologie Farmaceutiche, Farmacia, Ingegneria. Nelle aree RISORSE UMANE, AMMINISTRAZIONE E FINANZA sono ricercati laureati in discipline economiche, umanistiche e scientifiche.

IL NOSTRO ITER DI SELEZIONE E FORMAZIONE

La selezione viene curata dall'azienda utilizzando: *curricula spontanei*, contatti con *Università e Scuole di Specializzazione* e inserzioni affidate a *Società di Consulenza*.

Sono previste interviste individuali e colloqui tecnici, per analizzare sia le competenze e conoscenze specialistiche sia le caratteristiche personali quali ad esempio lo spirito di iniziativa, la flessibilità ed il teamwork.

ABBOTT S.r.l. - Direzione Risorse Umane
Via Pontina km 52 - 04011 Campoverde di Aprilia (Latina)
Tel 06 928921 - Fax 06 9253193 - **risorseumane@abbott.com** - **www.abbott.com**

accenture

High performance. Delivered.

Settore
Management Consulting, Systems Integration & Technology e Outsourcing

Organico
Mondo: 180.000
Italia: 8000

PROFILO AZIENDALE

Siamo un'azienda globale di Management Consulting, Systems Integration & Technology e Outsourcing. Aiutiamo i nostri clienti a realizzare l'innovazione e a diventare "business ad alte performance" supportandoli nella definizione delle strategie, affiancandoli nell'implementazione dei processi, disegnando soluzioni tecnologiche efficienti e gestendo in outsourcing sistemi e intere aree funzionali. Collaborano con noi oltre 180.000 professionisti in 49 Paesi. In Italia siamo presenti con 8000 persone.

PERCORSI DI CARRIERA

Proponiamo percorsi professionali diversi, in linea con la nostra tipologia di servizi, con la tua preparazione e le tue aspettative.

Consulting

È costituita dagli esperti di strategie di business, processi e soluzioni tecnologiche, che affiancano i nostri clienti in progetti di sviluppo e di cambiamento. All'interno vi sono gli specialisti in:

- MANAGEMENT CONSULTING, che si occupano dell'ideazione di modelli di business innovativi attraverso l'analisi del posizionamento competitivo, lo sviluppo di strategie e il disegno e la realizzazione di programmi di ristrutturazione organizzativa.
- SYSTEMS INTEGRATION & TECHNOLOGY, impegnati nell'analisi e revisione dei processi aziendali, nello sviluppo di soluzioni applicative, nel disegno e implementazione di architetture e infrastrutture tecnologiche.

Outsourcing

È composta dai professionisti che operano in modo stabile presso i clienti nella gestione in outsourcing di processi aziendali quali Finance, Human Resources, CRM, Supply Chain e Sistemi Informativi.

Accenture Technology Solutions

È la società del gruppo composta dagli specialisti di Information Technology impegnati nell'ideazione e sviluppo di soluzioni software innovative e nella gestione di applicazioni e piattaforme tecnologiche.

Enterprise

È l'insieme di esperti in Human Resources, Marketing & Communications, Finance, Legal, Quality e IT che forniscono le competenze necessarie a gestire e supportare tutte le funzioni di business, garantendo elevati standard di efficienza.

FORMAZIONE

Le persone rappresentano per noi la risorsa più importante, l'elemento strategico che ci contraddistingue e sul quale investiamo costantemente. Per questa ragione la formazione inizia dal primo giorno di assunzione e continua durante tutto il tuo percorso di carriera. Il piano formativo sarà personalizzato e concordato con il tuo counselor. Con noi potrai accrescere le tue competenze tecniche, metodologiche, manageriali e di mercato.

SELEZIONE

Accenture ricerca laureati *specialistici* in *Ingegneria, Economia, Informatica, Matematica* e *Fisica*, mentre *Accenture Technology Solutions* è la destinazione ideale per neolaureati *triennali* in *Ingegneria, Informatica, Matematica, Fisica* e *diplomati in materie tecnico-scientifiche*.

Ai laureandi offriamo un'interessante esperienza formativa e di orientamento professionale attraverso percorsi di *stage*.

Le selezioni sono attive tutto l'anno.

Per maggiori informazioni su Accenture e per inviare la tua candidatura visita il nostro sito **professioni.accenture.it**.

Se sei interessato ad approfondire la conoscenza di Accenture Technology Solutions e vorresti inviare il tuo cv collegati a **accenturetechnologysolutions.it**.

ACCENTURE

Rif. MO08 - **professioni.accenture.it**

accenture
Technology Solutions

Settore
Information Technology

Organico
Mondo: 57.000
Italia: 2800

PROFILO AZIENDALE

Dai concretezza alla tua passione per l'IT: esprimi il tuo talento in un'azienda di grande professionalità e in forte crescita. Scegli di lavorare in un contesto giovane e dinamico nel quale il confronto quotidiano con i colleghi ti consentirà di crescere e apprendere velocemente.

Accenture Technology Solutions è una società del gruppo Accenture composta da specialisti di Information Technology che sviluppano soluzioni applicative basate sulle nuove tecnologie.

Realizziamo progetti ad elevato contenuto tecnologico, spaziando nel mondo del software.

I nostri professionisti sono impegnati in attività di ideazione e sviluppo di soluzioni innovative, così come in progetti di manutenzione e gestione di applicazioni esistenti.

Il nostro business consiste nel fornire ai clienti del gruppo Accenture – imprese leader in tutti i settori di mercato – risorse e servizi specializzati nello sviluppo e nella gestione di applicazioni e piattaforme tecnologiche.

Contiamo circa 57.000 professionisti nel mondo di cui oltre 2800 in Italia, distribuiti tra le sedi di Milano, Torino, Roma e Napoli.

FORMAZIONE E SVILUPPO

La formazione rappresenta per noi uno strumento strategico. Ti guideremo nel raggiungimento di maggiori responsabilità attraverso un percorso professionale prettamente tecnico e piani di training personalizzati e focalizzati sullo sviluppo delle tue competenze in ambito informatico e metodologico.

Completata la prima fase di formazione in aula e sul campo, potrai accedere a un esclusivo *programma di certificazione*, realizzato da Accenture Solutions Delivery Academy tramite i prestigiosi corsi dei *Massachusetts Institute of Technology Professional Education Programs*, che ti abiliterà a livello internazionale come "*Application Developer*" e "*Application Designer*".

SELEZIONE

Accenture Technology Solutions è la destinazione ideale per giovani neolaureati *triennali* in *Ingegneria, Informatica, Matematica, Fisica* e *diplomati in materie tecnico-scientifiche*, motivati ad accrescere le proprie competenze in ambito informatico.

Le selezioni sono attive tutto l'anno. In base alle tue conoscenze tecniche e al tuo grado di preparazione, parteciperai a un *corso di formazione*, seguito da una parte pratica on the job, dove potrai applicare su un vero e proprio progetto le conoscenze e le metodologie apprese.

Esistono, inoltre, numerose opportunità di inserimento diretto per coloro che hanno maturato una significativa esperienza nell'ambito dell'IT.

Se sei invece un laureando di primo livello in Informatica o Ingegneria Informatica potrai valutare l'opportunità di svolgere un *tirocinio formativo* di tre mesi presso i nostri Solution Center di Milano, Roma e Napoli. Sarai costantemente seguito da un tutor nelle attività, nell'apprendimento e nell'integrazione con il team, per un'esperienza sul campo altamente formativa.

Per maggiori informazioni su Accenture Technology Solutions e per inviare la tua candidatura visita il nostro sito: **accenturetechnologysolutions.it**.

ACCENTURE TECHNOLOGY SOLUTIONS
Rif. ATSMO08 - **accenturetechnologysolutions.it**

BIESSE S.p.A.
Via della Meccanica, 16
61100 Pesaro - Italy
www.biessegroup.com
Tel +39 0721 439100

CHI SIAMO

Il Business: BIESSE, **Gruppo Industriale Multinazionale**, è fra i primi operatori al mondo nella produzione e distribuzione di macchine e sistemi integrati ad elevata tecnologia per la lavorazione di legno, vetro e pietra. Nasce nel 1969 a Pesaro, dal talento e intuito creativo del suo fondatore, Giancarlo Selci. Oggi è una realtà globale, quotata in borsa dal 2001, attiva con tre divisioni di business:

- BIESSE, Wood Division
- INTERMAC, Glass and Stone Division
- HSD, Mechatronics Division.

I numeri: Il Gruppo, con Headquarter a Pesaro, ha registrato nel 2007 un fatturato consolidato di 466 milioni di euro, con oltre 2500 dipendenti nel mondo. Conta 8 Unità produttive, 210 brevetti, una presenza internazionale con più di 30 filiali e uffici di rappresentanza e oltre 300 agenti e rivenditori.

La strategia: "Creare innovazione tecnologica è creare valore." BIESSE lavora per offrire soluzioni di eccellenza, facendo leva su una tecnologia produttiva all'avanguardia, forti investimenti in **R&D** (pari al 3,5-3,8% del fatturato), distribuzione capillare e attenzione allo sviluppo delle Persone. Per vincere la pressione competitiva dei mercati, BIESSE vuole essere una **Lean Company**, grazie all'implementazione dei principi di Lean Manufacturing, e una *'Glocal' Company*, globale nella presenza internazionale e locale perché sempre più vicina alle esigenze del cliente.

CHI CERCHIAMO

Laureati in:

- INGEGNERIA (meccanica, elettronica, gestionale) per le aree di R&D, Quality, Produzione, Tecnica-Commerciale, Service, Acquisti, IT;
- ECONOMIA per le aree Marketing, Commerciale, Amministrazione, Finanza e Controllo, HR;
- MATERIE UMANISTICHE per le aree Comunicazione e Immagine, Legale;
- MATERIE SCIENTIFICHE per l'area R&D, in particolare Sviluppo software.

Passione e impegno: ecco cosa cerchiamo nelle persone che incontriamo nei Percorsi di Selezione. In una situazione di sempre maggiore internazionalizzazione, un requisito fondamentale per entrare nel Gruppo è la buona conoscenza della lingua inglese e la disponibilità alle trasferte.

I PERCORSI DI CRESCITA

Per chi entra in BIESSE vengono studiati percorsi di sviluppo che permettono di comprendere le logiche di business, valorizzare le attitudini di ciascuno e crescere all'interno delle diverse Divisioni e Funzioni organizzative. Per questa ragione è nata la **Biesse Corporate School**, società del Gruppo specializzata nella formazione, che alimenta lo sviluppo di competenze tecniche e manageriali, sempre più determinanti per creare valore nel mercato globale. Nel 2007 la BCS ha organizzato corsi di formazione per un totale di oltre 1500 partecipazioni.

IL PROCESSO DI SELEZIONE

La principale fonte di reclutamento è il sito Internet aziendale, www.biessegroup.com, alla pagina "Lavora con noi", dove è possibile inviare un CV spontaneo o candidarsi per una posizione aperta di interesse. Il processo di selezione, gestito dalla Direzione HR in collaborazione con i Responsabili del Business, prevede per i neolaureati un Assessment e, in una seconda fase, un'intervista individuale con l'HR ed il Management. Per i profili con esperienza, l'iter di selezione prevede almeno due incontri, con differenti focus di approfondimento.

BIESSE offre, a laureandi/tesisti e neolaureati, numerose opportunità di stage in diverse strutture aziendali. Attraverso lo stage è possibile verificare sul campo i propri interessi e sperimentare la complessità dell'organizzazione.

Inviare il CV: **www.biessegroup.com** pagina **Lavora con noi** Rif. GLM08
oppure **curriculum@biesse.it** Rif. GLM08

CHI SIAMO

Camst è un'impresa leader in Italia nella ristorazione, sia collettiva che commerciale, la maggiore a capitale italiano, indiscusso punto di riferimento professionale per risolvere ogni esigenza della ristorazione fuori casa.

Nata nell'immediato Dopoguerra a Bologna, è qui che mantiene la sua sede legale e amministrativa. Impiega 10.000 dipendenti in tutta Italia, oltre 1000 cuochi, dispone di più di 1000 fra punti di vendita e produzione, prepara ogni anno 56 milioni di pasti, per un fatturato di oltre 700 milioni di euro.

Camst è un'impresa capace continuamente di proporre, attraverso la laboriosità e le idee dei suoi uomini, innovazione e nuove tecniche per la ristorazione.

LAVORARE IN CAMST

Camst è un'impresa cooperativa di produzione e lavoro, i cui obiettivi strategici devono portare al profitto nel rispetto di una visione etica del lavoro: di mutualità, di miglioramento di vita, di scelta democratica che sono alla base del concetto di cooperazione.

Camst ha come obiettivo primario quello di sostenere e favorire la crescita e lo sviluppo del proprio capitale umano, vera chiave del successo dell'impresa nel tempo.

Lavorare in Camst vuol dire investire sullo sviluppo professionale e sulla crescita personale, crescere in un'impresa di grandi dimensioni e condividere i principi e i valori della cooperazione. Camst cerca sviluppa e premia persone che abbiano non solo solide competenze professionali, tecniche e organizzative ma empatia e sensibilità nei confronti del cliente, ascolto attivo e capacità di relazionarsi con le altre persone, fantasia e iniziativa per risolvere i problemi quotidiani.

Per perseguire tali impegni Camst ha stabilito di attuare un Sistema di Gestione Ambientale e per la Sicurezza conforme rispettivamente alle norme UNI EN ISO 14001:2004 e OHSAS 18001:1999, integrato all'esistente Sistema di Gestione della Qualità conforme alla norma UNI EN ISO 9001: 2000. Inoltre dal 2007 Camst ha conseguito anche la certificazione SA 8000: 2001 che garantisce l'impegno etico-sociale dell'impresa.

MISSION AZIENDALE

In Camst la maggior parte dei lavoratori sono soci e quindi comproprietari mutualmente dell'azienda. Ecco perchè la leadership aziendale è tenuta a rispettare il volere dell'assemblea dei soci e i 4 punti della missione aziendale:

- difendere e sviluppare l'occupazione dei soci
- realizzare proventi dalla gestione e utili da destinare ai soci e a nuovi investimenti
- soddisfare i bisogni dei clienti, innovare l'impresa, perseguire e mantenere la leadership della ristorazione in Italia
- collaborare con altre cooperative.

OPPORTUNITÀ DI LAVORO

DIPENDENTI: 10.000.

INGRESSI PREVISTI NEI PROSSIMI 12 MESI: 200.

POSIZIONI: personale generico di ristorazione, cuochi, baristi, pizzaioli, dietiste, commerciali, specialisti IT, esperti area amministrazione e finanza.

CONTRATTI PROPOSTI: contratto a tempo determinato e indeterminato, stage/borse lavoro/tirocini formativi.

REQUISITI RICHIESTI: attenzione al cliente, flessibilità, predisposizione al lavoro di gruppo, capacità di problem solving e spirito d'iniziativa.

TITOLI DI STUDIO PIÙ FREQUENTEMENTE RICHIESTI: Diploma di Maturità Tecnica dei Servizi di Ristorazione, Diploma di Maturità Tecnica Commerciale, Laurea in Dietistica, Laurea in Scienze e Tecnologie Alimentari, Laurea in Ingegneria Informatica.

PER CANDIDARSI: collegarsi al sito **www.camst.it** e inserire la propria candidatura nell'area "Lavora con Noi".

CAMST Soc. Coop. a r.l.
Via Tosarelli, 318 - Frazione Villanova - 40055 Castenaso (Bologna)
Tel +39 051 6017411 - Fax +39 051 6053502 - **www.camst.it**

Coca-Cola HBC Italia

CHI SIAMO

Coca-Cola HBC Italia è il più grande produttore e distributore dei prodotti della The Coca-Cola Company attivo sul territorio nazionale ed **è una delle più grandi realtà industriali presenti nel comparto alimentare**.

Dietro i brand Coca-Cola Light, Coca-Cola Zero, Fanta, Sprite, Nestea, Powerade, Kinley, Aquarius, Burn, Sveva, Lilia e Amita si trovano l'impegno e la passione di oltre 2800 persone e l'attività di 6 stabilimenti di produzione e 4 magazzini.

Dal 2006 operiamo nel settore delle acque minerali imbottigliando e commercializzando le acque prodotte dagli stabilimenti di Fonti del Vulture su tutto il territorio nazionale e dal 2007 siamo presenti nel settore della distribuzione automatica attraverso la società Eurmatik.

La nostra azienda fa parte del gruppo Coca-Cola Hellenic, quotato alle Borse di New York, Sydney, Londra e Atene.

LA NOSTRA UNICITÀ

Non siamo un'azienda come le altre. Se il nostro brand è il più conosciuto al mondo, lo dobbiamo alle nostre persone che ogni giorno lavorano con **passione**, **determinazione** ed **entusiasmo**.

Abbiamo valori condivisi che traduciamo ogni giorno in azioni e comportamenti. Siamo orientati a raggiungere l'eccellenza in tutto quello che facciamo, con integrità. Crediamo nel lavoro di gruppo, valorizzando le potenzialità di ognuno.

Per questo per tre anni consecutivi ci siamo classificati fra le prime 5 migliori aziende per cui lavorare in Italia nell'indagine condotta dal prestigioso Great Place to Work Institute.

Lo scorso anno abbiamo ottenuto il 2° posto nella classifica Italiana e l'11° in quella Europea, risultati che confermano quanto le nostre strategie di valorizzazione delle persone siano apprezzate.

LE TUE OPPORTUNITÀ

In Coca-Cola HBC Italia sono le persone a fare la differenza nella gestione della qualità, nel servizio al cliente, nella creatività, nella capacità di perseguire strategie vincenti.

La nostra People Strategy è articolata su quattro aree:

OPPORTUNITÀ DI REALIZZARSI: offriamo ruoli sfidanti e percorsi di crescita impegnativi che prevedono l'acquisizione di responsabilità crescenti.

CRESCITA E POTENZIALE: utilizziamo metodi e strumenti che mirano a sviluppare il potenziale delle nostre persone per creare i migliori manager e leader.

RISULTATI ED IMPEGNO: valorizziamo le nostre persone grazie ad una politica di compensation studiata per attrarre, trattenere e motivare, che premia i risultati raggiunti ed il livello di competenza dimostrato.

CULTURA AZIENDALE: ci impegniamo per creare un ambiente lavorativo positivo e stimolante in cui le persone si sentano motivate e valorizzate.

Siamo costantemente alla ricerca di persone dotate di talento, leadership ed energia capaci di cogliere tutte le nostre opportunità e di realizzare con noi il nostro futuro.

Per consultare le ricerche in corso e inviarci la tua candidatura visita l'area **Lavoro e carriere** sul nostro sito Internet **www.coca-colahbc.it**.

COCA-COLA HBC ITALIA
www.coca-colahbc.it

DHL EXPRESS (ITALY) S.R.L

DHL è la società leader nel trasporto espresso aereo e camionistico appartenente al Gruppo Deutsche Post World Net. La storia di DHL è caratterizzata per il suo spirito pionieristico che ancora oggi rappresenta un'importante componente della cultura dell'azienda.

Tramite una rete internazionale che collega oltre 220 Paesi e Regioni in tutto il mondo DHL offre soluzioni di express delivery e trasporto rapide, affidabili, convenienti e adeguate alle specifiche esigenze dei suoi clienti.

La costante crescita di DHL nel mondo è dovuta all'impegno di una forza lavoro diversificata, creativa e competente: persone che mettono passione in ciò che fanno e nel servizio che offrono ai nostri clienti.

Ognuno di loro contribuisce al successo di tutti e noi incoraggiamo la responsabilità, l'impegno e la cooperazione del singolo per il bene della nostra Società e dei nostri clienti. I nostri dipendenti hanno l'opportunità di ampliare continuamente le loro competenze, grazie al supporto di una grande organizzazione estesa su scala mondiale. Le persone che lavorano in DHL sviluppano, cambiano e intraprendono nuove sfide a livello nazionale e internazionale.

I 7 VALORI DEL GRUPPO

1. Fornire qualità eccellente
2. Contribuire al successo dei nostri clienti
3. Promuovere la trasparenza
4. Agire secondo priorità ben definite
5. Agire con mentalità imprenditoriale
6. Agire con integrità internamente ed esternamente
7. Accettare le responsabilità sociali

OPPORTUNITÀ DI SVILUPPO PER CHI LAVORA IN DHL EXPRESS (ITALY) S.R.L

La crescita di DHL è effetto dello sviluppo continuo delle risorse che in essa lavorano.

Per questo motivo DHL assicura che:

- ogni persona nell'organizzazione abbia le competenze necessarie per svolgere il proprio lavoro efficacemente
- le persone siano formate al fine di sviluppare al meglio il loro potenziale di crescita.

DHL è oggi costantemente impegnata a supportare ciascun collaboratore nel proprio percorso professionale fornendo concrete opportunità di sviluppo e di formazione.

La metodologia di sviluppo è di tipo integrato sia in Italia sia all'estero: formazione e consulenza mirata, piani di sviluppo, attività in e-learning, training on the job e coaching oltre che percorsi di carriera dedicati.

Il contesto internazionale consente a tutti di misurarsi con nuove sfide a livello nazionale e internazionale consentendo di completare il proprio individuale percorso di sviluppo personale e professionale.

OPPORTUNITÀ IN DHL EXPRESS (ITALY) S.R.L.

DIPENDENTI: 2160.

CONTRATTI PROPOSTI: stage, contratto di apprendistato, contratto a tempo indeterminato.

REQUISITI RICHIESTI: adattabilità/flessibilità, relazioni interpersonali efficaci, orientamento al cliente, orientamento ai risultati e capacità di lavorare in team oltre a passione per questo lavoro.

PER CANDIDARSI: **recruitment.italy@dhl.com**.

DHL EXPRESS (Italy) S.r.l.

Via G.S. Bernardo, Strada 5 Palazzo U/3 - Località Milanofiori - 20089 Rozzano (Milano)

Tel 02 57572457 - Fax 02 57572024

www.dhl.it

DIESEL
FOR SUCCESSFUL LIVING

PROFILO

Diesel è un'organizzazione internazionale con 19 filiali in Europa, Asia e America che vengono gestite dai propri Headquarters a Molvena, in provincia di Vicenza. L'azienda è presente in più di 80 nazioni, con 5000 punti vendita che includono oltre 400 negozi monomarca. Diesel è parte della holding Only the Brave, che include anche 55DSL (brand legato alla cultura urbana e all'abbigliamento street) e Staff International (azienda che produce e distribuisce i marchi Diesel Denim Gallery, Maison Martin Margiela, Sophia Kokosalaki, DSquared, Vivienne Westwood). Nel 2007, il fatturato del gruppo è stato di circa 1,300 miliardi di euro.

PRODOTTO

Diesel: collezione "premium casual" per uomo e donna con focus sul denim che offre dettagli, trattamenti e finiture unici. Include la linea di culto 5-Pockets. **Diesel Black Gold:** collezione premium di "casual luxury" per uomo e donna che unisce, con uno stile inconfondibile, la ricercatezza di materiali e dettagli al DNA di Diesel. **Diesel Denim Gallery:** pezzi unici, da collezione ed in edizione limitata, riconoscibili per il gusto vintage ed i dettagli curati a mano.
Diesel Intimate: propone una collezione unica ed originale di intimo e beachwear.
Diesel Accessori: collezione composta da un'ampia offerta di borse, scarpe e piccola pelletteria, inconfondibilmente legata al lifestyle indipendente e imprevedibile Diesel.
Anche i prodotti delle licenze sono seguiti direttamente dal Team Creativo Diesel per assicurare il tipico design innovativo Diesel anche in queste categorie:
Diesel Kids: collezione completa di abbigliamento e accessori baby (3-24 mesi), kid (2-10 anni) e junior (6-16 anni) dallo stile colorato e avventuroso. **Diesel Shades:** linea di occhiali da vista e da sole realizzata in partnership con Safilo. **Diesel Time Frames & Jewellery:** collezione di orologi e gioielli realizzata in partnership con Fossil. Diesel Fragrances: linea profumi uomo e donna realizzati in partnership con L'Oreal. Successful Living from **Diesel:** collezione tessile per la casa realizzata in partnership con Zucchi.

OPPORTUNITA'

Diesel si nutre di cambiamenti: produce non meno di 3000 nuovi prodotti ogni stagione e ciascuno nasce da un processo di enorme libertà creativa. Questo approccio è reso possibile da uno straordinario lavoro di team dietro le quinte. Il **"Diesel Planet"** è composto da circa 5.000 persone uniche e diverse: questo colorato gruppo cosmopolita condivide una passione per il brand Diesel in tutti i suoi aspetti: dalle collezioni al design dei punti vendita, dal retail al marketing, dalle operations a tutte le funzioni di staff, inclusa la gestione delle risorse umane.
Le nuove risorse entrano in contatto con un ambiente sfidante e una cultura aziendale giovane e dinamica: flessibilità, freschezza, innovazione, entusiasmo e spirito di collaborazione sono i tratti distintivi di chi lavora con noi. L'ottima conoscenza della lingua inglese unita alla predisposizione a lavorare e relazionarsi in un ambiente internazionale sono requisiti fondamentali. Ragazzi e ragazze neolaureati/e o già inseriti/e nel mondo del lavoro sono per Diesel risorse importantissime, in quanto possibili portatori di cambiamento e novità.

CONTATTI

Diesel Spa
Via dell'Industria 7
36060 Molvena (VI)
www. diesel.com
per inoltrare la propria candidatura: http://jointhebraves.com

http://aziende.monster.it/monsterit/
candidati@monster.it

EMC²
where information lives®

EMC Computer System Italia Spa
Via Caldera, 21, 20153 Milano
Tel +39 02 409081
Fax +39 02 48204686
Per candidarsi: **emc_italy@emc.com**

CHI SIAMO

EMC Corporation, fondata nel 1979, è un gruppo di rilevanza mondiale con oltre 37.000 dipendenti, tra i maggiori fornitori al mondo di infrastrutture IT, software e servizi.

La sede è a Hopkinton (Boston, USA), con centri di ricerca e sviluppo, produzione e supporto tecnologico. In Europa, a Cork (Irlanda), si trova il centro di produzione e supporto per la regione EMEA.

EMC è presente in Italia dal 1987 con oltre 500 dipendenti, impegnati nel supporto ai clienti per gli aspetti commerciali, di consulenza e servizi professionali, di assistenza tecnica e sistemistica.

Un elevato grado di professionalità, competenza, capacità ed esperienza rappresenta il profilo dei professionisti di EMC Italia.

I SERVIZI DI EMC

EMC è l'azienda che da sempre ha la missione e il compito di fornire ai clienti i migliori strumenti e il migliore supporto per dominare la complessità dell'informazione in ogni istante del suo ciclo di vita. L'evoluzione di EMC è improntata su un obiettivo: supportare i clienti a sfruttare al massimo le informazioni in totale sicurezza. Ci poniamo verso i clienti con proposte che vanno dritte alle loro problematiche di business, a come dare il giusto valore alle risorse IT e a come sfruttarle in modo dinamico ottimizzando costi e gestione.

LA MISSION DI EMC

Un marchio fatto da persone

EMC è azienda leader nel settore tecnologico, improntata alle performance, alla partnership e alla realizzazione. Svolge il proprio lavoro con passione per conseguire risultati che soddisfino e superino le aspettative dei clienti.

L'obiettivo aziendale è agire nel modo giusto, piuttosto che trovare espedienti o soluzioni semplici. L'impegno di EMC è la crescita e il benessere delle risorse umane, dei clienti, del settore di attività e del mondo in generale.

EMC "where information lives".

Opportunità di lavoro in EMC Italia

DIPENDENTI: 500.

INGRESSI PREVISTI NEI PROSSIMI 12 MESI: 15.

POSIZIONI: Junior e Senior Account Manager, Junior e Senior Consultant, Solution Specialist.

CONTRATTI PROPOSTI: contratto tempo determinato e indeterminato.

Requisiti richiesti:

Intraprendenza, teamwork, flessibilità, capacità di adattamento a contesti organizzativi complessi, passione per la tecnologia unita a spirito d'iniziativa.

La conoscenza della lingua inglese è fondamentale per muoversi con agilità all'interno di EMC.

LAUREA: Ingegneria informatica, delle telecomunicazioni e in materie scientifiche.

Sede di Roma
Via Bombay, 5 - 00144 Roma
Tel. 06 526091 - Fax 06 52609300

Sede di Torino - Business Palace
Corso Susa, 299 - 10098 Rivoli (Torino)
Tel 011 9550206 - Fax 011 9550365

Sede di Padova
Via Savonarola, 217 - 35137 Padova
Tel 049 823853 - Fax 049 8722703

Sede di Bologna
Via Masini, 12 - 40126 Bologna
Tel 051 4216681 - Fax 051 4214526

Enel

L'ENERGIA CHE TI ASCOLTA.

L'AZIENDA

Enel è un Gruppo internazionale che produce, distribuisce e vende elettricità e gas in 22 Paesi di quattro continenti. Fra le utilities quotate in Europa, Enel è la seconda per capacità installata, con circa 82.300 MW, e fra le prime per numero di clienti, con circa 52 milioni di famiglie e imprese che ogni giorno vivono e lavorano con la sua energia. Enel è anche il secondo distributore di gas naturale in Italia, settore in cui, nel 2007, ha venduto 6,8 miliardi di metri cubi di gas ai clienti finali.

Quotata dal 1999 alla Borsa di Milano, Enel è una delle società europee con il più alto numero di azionisti, circa 1,7 milioni, ed una capitalizzazione di Borsa di circa 43 miliardi di euro al valore attuale. Lavorano in Enel 85.966* persone.

Enel ha varato un piano di investimenti per 7,4 miliardi di euro nel periodo 2008-2012 per lo sviluppo delle rinnovabili, per progetti innovativi di efficienza energetica a servizio del consumatore e per programmi di ricerca avanzata su idrogeno, solare, cattura e sequestro della CO_2. Un piano per combattere il cambiamento climatico con ben pochi paragoni al mondo per dimensioni e qualità.

Le principali aziende del Gruppo sono Enel, primo operatore energetico in Italia, Endesa, leader nella penisola iberica e in Sud America, OGK-5 in Russia, Slovenské Elektrárne, che opera in Slovacchia, Enel Energie, Electrica Muntenia Sud, Enel Distributie Dobrogea ed Enel Distributie Banat in Romania, Maritza in Bulgaria, Enel North America in USA e Canada, Enel Latin America in America del Sud.

Enel è inoltre presente in Francia, Grecia e Marocco.

ENEL UNIVERSITY

Da diversi anni Enel ha adottato una filosofia di gestione delle risorse umane orientata alla valorizzazione delle persone, con la finalità di preparare al proprio interno sia i tecnici che i manager del futuro. Con questo obiettivo è nata *Enel University*, il cui mandato è quello di integrare le attività e i processi di selezione, inserimento, formazione e sviluppo professionale e manageriale dell'azienda, con particolare attenzione ai giovani e ai principali obiettivi strategici di Enel: l'internazionalizzazione, l'eccellenza operativa e l'orientamento al mercato.

LA SELEZIONE

I processi di selezione, gestiti a livello centrale, sono diversi in relazione alla natura e alla quantità delle posizioni da ricoprire. In generale, sono previste sia prove di gruppo – attitudinali e di verifica delle conoscenze tecnico-professionali – sia colloqui individuali con il personale e con le unità organizzative di destinazione.

L'inserimento al lavoro viene realizzato con grande impegno e attenzione, attraverso un processo graduale di conoscenza dell'azienda e bilanciando esperienze formative e lavorative.

Un titolo di studio ottenuto con ottimi voti, conseguito entro i tempi previsti, e una buona conoscenza delle lingue straniere rappresentano titoli preferenziali per la propria candidatura. Oltre a questo, Enel ricerca nelle persone capacità d'innovazione, d'iniziativa, dinamismo e una forte motivazione a crescere in un contesto internazionale. I neoassunti hanno l'opportunità di essere inseriti in un ambiente di lavoro sfidante e stimolante, in cui vengono valorizzati tanto le performance professionali, quanto i comportamenti – orientati alla fiducia e al rispetto reciproco – attraverso i quali queste si raggiungono.

Per maggiori informazioni e inviare il curriculum:

www.enel.it – Sezione "**Azienda**" "**Lavora con noi**"

FONTE DATI: Enel pro-forma 2008, con Endesa consolidata al 67,05%, OGK-5 al 100% ed Electrica Muntenia Sud al 100%. I dati sono al netto delle cessioni a E-On.

* Valore ottenuto dalla somma delle consistenze 2007 di Enel, Endesa consolidata al 100%, OGK-5 al 100% ed Electrica Muntenia Sud al 100%. I dati sono al netto delle cessioni a E-On.

Eni Corporate University è la società di Eni per l'orientamento, il reperimento, la selezione, la formazione e il Knowledge Management. Costituisce il punto di contatto istituzionale di Eni con il network del mondo accademico italiano e internazionale per lo sviluppo e la diffusione della cultura aziendale.

Eni

Forgital Italy
FORGITALGROUP

PROFILO DELL'AZIENDA

Forgital è oggi il marchio che rappresenta nel mondo intero la tecnologia più moderna e più specializzata nella fabbricazione di anelli laminati a caldo senza saldature in acciaio, leghe di nickel, leghe di alluminio, leghe di titanio e leghe di rame, utilizzati da tutti i settori dell'industria meccanica. A fondamento di questa identificazione contribuiscono numerosi fattori che, nell'insieme, concorrono a costituire una "capacità di fare" unica che coniuga tradizione e innovazione. La tradizione nella forgiatura dei metalli è caratterizzata dall'esperienza nata dal susseguirsi di numerose generazioni che dal 1873 ad oggi hanno sempre portato avanti questo lavoro. L'innovazione, altro carattere distintivo di Forgital, che si alimenta dalle indicazioni del mercato e trova realizzazione nella solidità finanziaria, ha consentito il rinnovarsi di importanti investimenti in ricerca, impianti produttivi d'avanguardia e sofisticate attrezzature di controllo, senza dimenticare la particolare attenzione all'uomo ed all'ambiente.

Forgital ha un innato orientamento internazionale, confermato dall'export (pari all'80% del fatturato) e dalla presenza in tutti i continenti, a garanzia di un'ineguagliabile prossimità alla clientela che si manifesta attraverso vari stabilimenti operativi e commerciali nel mondo.

Le principali aree di produzione includono componenti forgiati in acciaio o altre superleghe per generatori di energia, torri eoliche, settore aeronautico, meccanica generale, settore petrolio, valvole, funivie, settore navale, settore chimico, minerario, elettromeccanica e altri componenti in acciaio.

OPPORTUNITÀ

I nostri mercati di riferimento sono tecnologicamente avanzati e richiedono elevate competenze tecnico-gestionali. Per questo motivo il nostro obiettivo è inserire in azienda giovani ad alto potenziale con un forte desiderio di impegno e di crescita sul piano professionale. Ai neoassunti viene proposto un percorso di formazione individuale, oltre alla formazione specifica sui temi della sicurezza, della qualità e dell'ambiente. L'addestramento e la costante formazione sono attività che Forgital da sempre porta avanti con continuità ed attenzione nei confronti dei propri collaboratori.

REQUISITI

Abbiamo individuato i requisiti che riteniamo debbano possedere i candidati per poter far parte della nostra realtà, è quello che qui chiamiamo "FORGITAL style" e che possiamo riassumere in: lealtà, affidabilità, rispetto, stile partecipativo e proattivo, flessibilità, ambizione nei risultati, organizzazione, entusiasmo, socievolezza, voglia di imparare, di crescere e disponibilità a viaggiare. In una parola: la propensione al lavoro di squadra in un ambiente giovane, dinamico e tecnologicamente all'avanguardia. La preparazione richiesta per iniziare un percorso di collaborazione con Forgital è la seguente:

- laurea in **ingegneria** dei materiali, aerospaziale, meccanica, oltre che gestionale ed elettronica, laurea in **economia** e organizzazione di impresa
- conoscenza dell'**inglese** e del **francese**, o almeno di una di queste due lingue
- propensione al lavoro di **squadra** in un ambiente giovane, dinamico e tecnologicamente all'avanguardia.

FORGITAL ITALY
Via G. Spezzapria, 1 - Località Seghe - 36010 Velo d'Astico (Vicenza)
Tel +39 0445 731313 - Fax +39 0445 731490
www.forgital.it - www.forgingthefuture.net - career@forgital.it

Johnson & Johnson MEDICAL SpA

L'AZIENDA

Johnson & Johnson Medical rappresenta in Italia il settore medicale del Gruppo Johnson & Johnson ed è oggi l'azienda più all'avanguardia nel campo dei Medical Devices e della Diagnostica, grazie all'impiego di conoscenze e metodologie di ricerca tra le più moderne, unite alla volontà di migliorare continuamente *la qualità della vita* delle persone.

LAVORARE CON NOI

Johnson & Johnson Medical non crea solo prodotti e soluzioni innovative, ma anche **nuove professioni**. I neoassunti sono coinvolti in programmi di formazione e sviluppo di capacità manageriali, attraverso attività in aula e on the job, per sviluppare le competenze legate al proprio ruolo.

È inoltre favorito il **percorso di carriera interna**, attraverso lo sviluppo di piani individuali correlati al ruolo e alle aree di miglioramento: le persone più competenti e motivate, che hanno dimostrato di raggiungere obiettivi sfidanti, possono crescere e assicurarsi valide opportunità di carriera.

Per l'**area Sales & Marketing** ricerchiamo brillanti laureati provenienti da ogni facoltà, con ottima conoscenza della lingua inglese, da inserire nel ruolo di Product Specialist nell'ambito della consulenza all'acquisto/vendita di presidi medicali.

Il **Product Specialist** è responsabile del fatturato di un'area geografica esclusiva (nella zona in cui è domiciliato/residente), in cui gestisce a 360° la promozione e vendita di una linea di prodotti rivolti alle strutture sanitarie, curandone sia gli aspetti tecnico-scientifici che commerciali, e monitorando il mercato e la concorrenza al fine di applicare efficacemente le strategie commerciali della propria Divisione.

Frequenta le strutture ospedaliere per incontrare i chirurghi, presentare il prodotto e far loro una consulenza tecnica all'acquisto dello strumento direttamente in sala operatoria, a seguito di un'accurata formazione garantita dall'azienda.

Il Product Specialist viene inoltre formato per gestire le trattative commerciali con le strutture sanitarie e preparare eventuali gare di forniture pubbliche ospedaliere.

Le **altre aree d'inserimento** sono: *Amministrazione, Finanza e Controllo, Sistemi Informativi, Risorse Umane, Gare d'appalto, Gestione Clienti, Congressi e Relazioni Esterne, Ufficio Acquisti, Area Tecnica*.

IL PROCESSO DI SELEZIONE

I **canali** utilizzati per reperire le candidature sono: sito di reclutamento aziendale, altri Web career site, elenchi universitari, job fair, inserzioni off line e on line e società di selezione.

Le candidature pervenute sul sito di reclutamento vengono valutate sulla base di **parametri oggettivi**, quali età, titolo di studio, votazione, regolarità degli studi, conoscenze linguistiche, specializzazioni ed esperienze.

Il **processo di selezione** si attiva attraverso un primo contatto telefonico. Particolare rilevanza è attribuita alla componente motivazionale e alle caratteristiche individuali dei candidati. Il dinamismo, la determinazione, lo spirito imprenditoriale, l'attitudine al lavoro di gruppo, l'orientamento al raggiungimento dei risultati e le capacità comunicative rappresentano importanti fattori di valutazione.

Gli **strumenti di selezione** utilizzati comprendono prove di gruppo e individuali, insieme ad un'approfondita intervista motivazionale, parte della quale sarà svolta in lingua inglese per testare le reali competenze linguistiche.

Le sedi
Pratica di Mare (Roma); Milano

Come candidarsi
www.jjmedical-careers.it

JANSSEN-CILAG SpA

L'AZIENDA

Janssen-Cilag S.p.A., parte del Gruppo Johnson & Johnson, è azienda leader nel **settore farmaceutico**, con oltre 30 specialità in commercio.

Janssen-Cilag è presente in Italia con le due sedi di Cologno Monzese e di Borgo San Michele e si occupa della produzione e della commercializzazione di farmaci nelle seguenti aree terapeutiche: Neuropsichiatria, Gastroenterologia, Oncologia, Terapia del dolore, Ginecologia e Dermatologia, Virologia - HIV, Nefrologia, Ematologia, Immunologia.

LAVORARE CON NOI

Lavorare in Janssen-Cilag significa entrare a far parte di un grande Gruppo multinazionale, caratterizzato da forti valori etici. L'adesione convinta al Credo di Johnson & Johnson testimonia il rispetto e l'attenzione che la nostra azienda pone in tutti coloro che entrano in contatto con noi: medici, pazienti, infermieri, dipendenti, fornitori e la comunità in cui viviamo.

L'impegno per **la crescita e lo sviluppo delle persone** che lavorano in Janssen-Cilag è il valore fondante della **Mission** che la Direzione Risorse Umane si è posta: "Sostenere lo sviluppo e la crescita dell'organizzazione e garantire la leadership, attraverso efficaci azioni di attraction, retention e development, e attraverso piani di formazione adeguati. Garantire all'azienda la più efficace ed efficiente struttura organizzativa mantenendola flessibile affinché possa affrontare con successo le sfide del mercato. Mantenere un eccellente ambiente di lavoro che garantisca ai dipendenti sicurezza, salute, benessere, senso di appartenenza, motivazione e soddisfazione professionale".

La soddisfazione delle persone che lavorano in Janssen-Cilag è testimoniata anche da riconoscimenti di rilievo ottenuti nel tempo, essendosi classificata per due anni consecutivi ai primi posti della classifica "Great Place to Work".

Le **aree d'inserimento** per la sede di **Cologno Monzese** sono: *Marketing & Sales, Medical Affairs, Regulatory Affairs, Administration, Finance, IT, Human Resources, Logistics, Customer Service, Business Intelligence, Public Relation, Purchasing, Legal.*

Le **aree d'inserimento** per lo stabilimento di **Borgo San Michele** sono: *Operations (Manufacturing e Packaging), Engineering and Maintenance, Logistics, Quality Control, Quality Assurance, Regulatory Affairs, Compliance, Qualifications and Validations, Administration, Finance, Purchasing, IT, Human Resources, Environmental Healthy and Safety.*

IL PROCESSO DI SELEZIONE

I **canali** utilizzati per reperire le candidature sono: la casella di posta elettronica di selezione, il sito aziendale, elenchi universitari, inserzioni off line e on line e società di selezione.

Nella valutazione delle candidature particolare rilevanza è attribuita alla componente motivazionale e alle caratteristiche individuali dei candidati. Il dinamismo, la determinazione, lo spirito imprenditoriale, l'attitudine al lavoro di gruppo, l'orientamento al raggiungimento dei risultati e le capacità comunicative rappresentano importanti fattori di valutazione. La conoscenza della lingua inglese per molte posizioni è requisito indispensabile.

Gli **strumenti di selezione** utilizzati comprendono una serie di interviste individuali, colloqui di gruppo e Assessment Center, con rappresentanti HR e Line Managers.

Le sedi

Cologno Monzese (Milano)
Borgo San Michele (Latina)

Come candidarsi

per la sede di Cologno Monzese (Milano):
Selezione@jacit.jnj.com
per lo stabilimento di Borgo San Michele (Latina):
cv@jacit.jnj.com

Johnson & Johnson

GROUP OF CONSUMER COMPANIES

L'AZIENDA

Johnson & Johnson S.p.A. rappresenta dal 1965 in Italia il settore Consumer del Gruppo. Inizialmente presente nel **canale mass-market** con brand quali *Johnson', o.b., Carefree*, nel corso degli anni ha esteso la sua presenza dapprima nel **canale Pharma** con brand quali RoC, Aveeno, Neutrogena, Compeed e poi, a seguito della recente acquisizione del business Consumer Healthcare di Pfizer e dell'accorpamento del business McNeil già J&J, si è affermata anche nel **settore OTC** (farmaci senza prescrizione medica) con brand quali Listerine, Dentosan, Betotal, Acti, Reactine, Imodium, Antalgil, Nicorette ecc. La sede di J&J ospita anche lo stabilimento produttivo, definito, a livello worldwide, centro di eccellenza. All'interno della Region EMEA (Europe, Middle East, Africa) è il più grande e tecnologicamente avanzato per la produzione di liquidi, assorbenti esterni e cotton fioc, produzione che viene indirizzata a Paesi di tutto il mondo. In seguito alla riorganizzazione scaturita dall'acquisizione di Pfizer Consumer Helthcare, lo stabilimento è stato individuato per la produzione del prodotto Listerine per tutta la Region, con un incremento dei volumi produttivi pari a circa il 40%.

LAVORARE CON NOI

"Small Company Environment, Big Company Impact": questa è l'idea nella nostra gestione aziendale che nasce dalla competenza delle persone che lavorano in J&J e dalla cultura del Gruppo, sintetizzata nel documento "Il Nostro Credo". Nel Credo, infatti, sono delineate le responsabilità nei confronti degli utilizzatori dei nostri prodotti, del personale, della comunità e degli azionisti. Il Credo, scritto nel 1943, appare essere un documento fortemente innovativo e precursore dei tempi, in quanto incarna perfettamente il moderno concetto di Corporate Social Responsibility.

Dal Credo discendono i valori che generano il **"Global Leadership Profile"**, modello di riferimento per lo sviluppo della Leadership in J&J, base dei processi di selezione, formazione e sviluppo.

Il GLP si articola in 4 macro competenze:

1. Valori del Credo
2. Attenzione al cliente
3. Soluzioni innovative
4. Sviluppo dei talenti.

"SIAMO ALLA RICERCA DI TALENTI!"

Ai migliori neolaureati, che si differenziano per creatività, curiosità intellettuale e spirito d'iniziativa, Johnson & Johnson offre la possibilità di lavorare in un ambiente stimolante e motivante, che punta allo sviluppo di:

- percorsi formativi
- piani di carriera personalizzati
- capacità tecniche e manageriali
- opportunità di esperienze lavorative in un contesto internazionale.

PROCESSO DI SELEZIONE

Il **processo di selezione**, articolato in diverse fasi, prevede: Assessment Center, interviste individuali e colloqui tecnici. Il **candidato ideale** possiede un brillante percorso di studi, un'ottima conoscenza della lingua inglese ed è disponibile ad intraprendere esperienze all'estero.

LAUREE PREFERITE: economia, ingegneria (chimica, gestionale, meccanica), statistica, scienze della comunicazione, chimica, CTF.

COME CANDIDARSI

Marketing, Trade Marketing, Sales, Logistics, Customer Services, Planning, Finance, HR, IT, possono inviare il CV a **lcrecruit@cscit.jnj.com**.

Production, Logistics, Quality Assurance, Maintenance, Safety & Environment, Engineering, R&D possono inviare il CV a **opsrecruit@cscit.jnj.com**.

Human Resources Department (Rif. JA 2008)

Via Ardeatina Km 23, 500 - 00040 Santa Palomba, Pomezia (Roma)

www.jnj.com - Fax 06 91096453

BOSCH
Tecnologia per la vita

Fatturato Italia 2007
2,5 miliardi di euro
Organico Italia 2007
5486

www.bosch.it

CHI SIAMO

Il Gruppo Bosch è una Fondazione leader nella ricerca e nella produzione di tecnologie per autoveicoli, industriali, costruttive e di beni di consumo. Nel 2007, grazie ai suoi circa 271.000 collaboratori, l'azienda ha raggiunto un fatturato di 46,3 miliardi di euro, investendo più di 3 miliardi di euro in Ricerca & Sviluppo e registrando, a livello mondiale, più di 3000 brevetti.

Fondato a Stoccarda nel 1886 da Robert Bosch (1861-1942) come "Officina meccanica di precisione ed elettrotecnica", il Gruppo Bosch comprende oggi una rete di produzione, distribuzione, assistenza clienti con circa 300 filiali in tutto il mondo.

CARRIERA/FORMAZIONE

Obiettivo del Gruppo Bosch è valorizzare le competenze dei propri collaboratori, offrendo loro un ambiente professionale favorevole dove l'agire in modo proattivo, con responsabilità imprenditoriale, è considerato un "valore". I collaboratori Bosch, durante tutto il loro percorso di carriera in azienda, hanno la possibilità di svolgere corsi di formazione, in Italia e all'estero, per sviluppare le proprie capacità tecniche e manageriali ed essere al passo con il mercato.

Sono presenti programmi di formazione internazionale, come il JUMP (Junior Managers Program), che permettono a giovani talenti di sviluppare carriere orientate alla leadership attraverso esperienze di job rotation e trasferte all'estero.

Per Bosch lo scopo non è solo attrarre i migliori, ma trattenerli: infatti durante regolari riunioni con i supervisor, vengono valutate le potenzialità di crescita personale e pianificati gli interventi di supporto al raggiungimento degli obiettivi individuali: siamo convinti che le nostre risorse costituiscano un patrimonio e una premessa per il successo della nostra azienda.

SELEZIONE

Bosch investe molto su neolaureati o laureandi ai quali offre l'opportunità di svolgere stage o tirocini formativi nelle diverse aree aziendali. Ogni anno diverse migliaia di giovani tirocinanti presso Bosch sperimentano il lavoro quotidiano in prima persona. Sono coinvolti attivamente nei progetti e sono completamente integrati nell'attività giornaliera di una delle più grandi aziende industriali al mondo. L'esperienza specialistica che si acquisisce aiuta a decidere in che modo si desidera avviare la propria carriera.

POSIZIONI: Resident Engineer, Technical Sales, Product Manager e Controller.

CONTRATTI PROPOSTI: stage, contratto a progetto, contratto di inserimento e a tempo indeterminato.

REQUISITI RICHIESTI: ottimo background accademico, "sensibilità" multiculturale, curiosità, teamworking, flessibilità, ottima conoscenza della lingua inglese, ma soprattutto passione.

LAUREE: Area Ingegneria, Economia, Umanistica.

PER CANDIDARSI: **www.bosch-career.it**.

Le storie di successo non arrivano per caso. Bisogna costruirle.

SEDI BOSCH IN ITALIA

Il Gruppo Bosch, in Italia dal 1904, oggi è presente attraverso le seguenti società:

Robert Bosch S.p.A. Milano - Torino - Roma

Tecnologie Diesel e Sistemi Frenanti S.p.A. Modugno (BA)

Centro Studi Componenti per Veicoli S.p.A. Modugno (BA)

VHIT S.p.A Vacuum & Hydraulic Products Italy Offanengo (CR)

Bosch Rexroth S.p.A. Cernusco S/N (MI)

Bosch Rexroth Oil Control S.p.A. Nonantola (MO)

Aresi S.p.A. Brembate (BG)

Bosch Security Systems S.p.A. Milano

Buderus Spa - Società Unipersonale Assago (MI)

BSH Elettrodomestici S.p.A. Milano

Sicam S.r.l. Correggio (RE)

Holger Christiansen Italia Srl San Lazzaro di Savena (BO)

Gruppo **Heineken Italia**

CHI SIAMO

Il Gruppo Heineken è il primo produttore di birra europeo, conosciuto da milioni di consumatori in tutto il mondo per la qualità delle sue birre, distribuite in oltre 170 Paesi. La sede del Gruppo è ad Amsterdam dove, nel 1964, Gerard Adriaan Heineken acquistò la birreria De Hooiberg, che produceva birra dal 1592.

Il Gruppo è quotato alle Borse di Amsterdam e Francoforte, impiega circa 57.557 persone, produce circa 132 milioni di ettolitri di birra in 115 siti produttivi e sviluppa un fatturato totale di 12,6 miliardi di euro con un utile netto di 1,1 miliardi di euro.

All'inizio del 2008 Heineken ha rafforzato ulteriormente la propria leadership attraverso l'acquisizione di Scottish & Newcastle.

Heineken Italia S.p.A.

Presente in Italia dal 1974 con l'acquisizione di Birra Dreher S.p.A., Heineken è cresciuta nel corso degli anni: nel 1996 ha acquisito Birra Moretti S.p.A. raggiungendo le dimensioni attuali.

La distribuzione è vasta e capillare, dai grandi ipermercati ai dettaglianti del settore alimentare, ai concessionari. I suoi stabilimenti sono a Pollein (AO), Massafra (TA), Comun Nuovo (BG), Assemini (CA).

Il Gruppo Heineken Italia impiega oltre 2700 persone, produce e commercializza circa 6 milioni di ettolitri di birra e detiene il 31,3% di quota del mercato nazionale.

I principali marchi di Heineken Italia S.p.A. (propri o su licenza) sono:

Heineken, Birra Moretti, Dreher, Ichnusa, Budweiser, Amstel, Birra Moretti Baffo d'Oro, Birra Moretti Doppio Malto, Buckler, Henninger, Mc Farland, Mc Farland Strong, Messina, Birra Moretti La Rossa, Birra Moretti Zero, Jennas, Ichnusa Speciale, Murphy's Stout, Murphy's Red, Sans Souci, Sans Souci Ice, Adelscott, Desperados, Affligem, Amstel 1870, Brand, Fischer Blonde, Gasoline, Wieckse Witte, Golden Fire, Golden Fire Strong Lager, Erdinger.

I NOSTRI VALORI

- Rispetto per l'individuo, la società e l'ambiente.
- Piacere. Così come Heineken offre opportunità di gioia e piacere ai consumatori, allo stesso modo si impegna per creare le condizioni affinché le stesse si riflettano nell'ambiente lavorativo.
- Passione per la qualità. Qualsiasi cosa facciamo o produciamo, vi infondiamo la nostra passione per la qualità: un valore che vive oltre che nei nostri prodotti, anche ed in particolare, nella nostra politica sociale.

Questo è il motivo per il quale selezioniamo persone di talento altamente qualificate e le ricompensiamo con un pacchetto retributivo competitivo. Il nostro business è fatto dalle nostre persone che noi valorizziamo e ricompensiamo con trasparenza per le loro performance. Investiamo, inoltre, sui nostri collaboratori attraverso programmi di formazione, sviluppo e mentoring. Un percorso di crescita e sviluppo che passando attraverso la soddisfazione delle persone le fa crescere insieme all'azienda ed al business.

OPPORTUNITÀ DI LAVORO IN HEINEKEN

Ingressi previsti nei prossimi 18 mesi:

TEMPO INDETERMINATO/DETERMINATO: 10 Sales Promoter, 5 Addetti Servizio Clienti, 20 Addetti Contabilità, 2 Controller, 5 Manutentori meccanici/elettrici

STAGE: 6 Area Marketing/Trade Marketing, 2 Area HR, 4 Area Controllo di Gestione, 5 Area Amministrazione, 2 Laboratorio, 4 Ingegneri Area Supply Chain.

HEINEKEN ITALIA S.p.A.
Viale Monza, 347 - 20126 Milano - Tel +39 02 270761 - Fax +39 02 27076507
Per candidarsi: **www.heineken.it\lavora_con_noi**

CHI SIAMO

IBM è dal 1911 al servizio delle aziende e delle istituzioni di tutto il mondo. È presente in 170 paesi e in Italia opera dal 1927.

IBM è impegnata ad aiutare i suoi clienti a raggiungere obiettivi di crescita, produttività, efficienza e a realizzare valore mediante l'innovazione, facendo leva su una vasta offerta di prodotti HW, SW e su servizi per la trasformazione delle aziende di qualsiasi dimensione e settore.

Ciò che colpisce chi entra in IBM è l'ambiente internazionale, dinamico, giovane e attento alla valorizzazione delle diversità, dove la competenza delle persone è alla base del successo e della soddisfazione dei clienti. IBM investe in modo significativo sulla **formazione** rivolta allo sviluppo di competenze specialistiche e manageriali attraverso il training in aula, l'e-learning, il training on the job e i programmi di mentorship.

IBM **assume** brillanti neolaureati in materie tecnico-scientifiche o economiche offrendo loro l'opportunità di essere inseriti in specifici programmi di formazione internazionale. Offre inoltre a laureandi e neolaureati la possibilità di effettuare esperienze di **Stage** nelle diverse Business Unit. Gli Stage sono un'occasione per arricchire, con esperienze concrete, le competenze acquisite durante gli studi, hanno una durata media tra i 3 e i 6 mesi e permettono ai più meritevoli di essere inseriti nella selezione di nuove risorse.

La **selezione** prevede: un test logico-matematico, uno in inglese, un colloquio motivazionale e un colloquio finale con il management.

PROFILI DI INSERIMENTO

"IT Specialist" – è il punto di riferimento tecnologico nei progetti e nei prodotti in cui IBM è coinvolta. È l'esperto appassionato di tecnologia con conoscenze ed abilità su piattaforme, prodotti, soluzioni e servizi tecnologici. Svolge un ruolo determinante sia nel supporto alle trattative di vendita sia nelle fasi successive: lavora per costruire soluzioni, collaudarle e implementarle, integrando i sistemi all'interno di contesti tecnologici o di business.

"Consultant" – è colui che usa la propria abilità, l'esperienza e il capitale intellettuale (proprio e del network aziendale) per risolvere i problemi di business del cliente. Il suo compito consiste nel migliorare le prestazioni del cliente nelle diverse aree di intervento. Grazie alle sue competenze affronta sia temi organizzativi e strategici sia tecnologici collegandoli fra loro in una logica tesa all'innovazione. Segue infine il cliente nell'implementazione delle soluzioni.

"Sales" – è responsabile della relazione con i clienti. Questa attività, che si articola in diverse discipline e specializzazioni, si basa sul principio che, per individuare le soluzioni a valore per il cliente, è necessario avere una profonda conoscenza delle strategie e del mercato in cui opera. L'offerta include hardware, software e servizi e soluzioni industriali. Il suo compito è quello di identificare le opportunità di business, applicando la conoscenza dei prodotti e utilizzando molteplici canali e metodologie di vendita.

In IBM la ricerca di talenti si orienta alla multiculturalità, con particolare attenzione all'etica, senza distinzioni di età, convinzioni personali e handicap.

Per candidarsi
è necessario compilare il form
collegandosi al sito:
ibm.com/start/it

SEDI IBM ITALIA
Segrate (MI) - Circonvallazione Idroscalo
Vimercate (MI) - Via Lecco, 61
Roma - Via Sciangai, 53

ISTITUTO DI STUDI BANCARI SRL
Viale S.Concordio, 135
55100 Lucca
Tel 0583 418490
Fax 0583 317349
segreteria@istitutodistudibancari.it
www.istitutodistudibancari.it

CHI SIAMO

Istituto di Studi Bancari (ISB) opera da oltre 25 anni nel campo della formazione e della consulenza per le banche e le istituzioni finanziarie. La nostra Mission è individuare e soddisfare i bisogni formativi e consulenziali, accompagnare le banche e le loro persone verso l'innovazione e la crescita, formare i nuovi manager dell'industria finanziaria. L'incessante attività di ricerca, unitamente alla sviluppata capacità di percezione delle più sensibili variazioni congiunturali, consente inoltre di proporci come guida nella gestione dei mutamenti strutturali che il mondo bancario vive.

I SERVIZI

L'ampio sistema di offerta che ISB è in grado di proporre è articolato in tre aree d'intervento, Formazione e Consulenza Aziendale, Seminari e Master.

FORMAZIONE E CONSULENZA: Attraverso un rapporto di collaborazione attiva con il management, lo staff di Istituto di Studi Bancari (ISB) crea una forte sinergia progettuale con le professionalità interne, favorendo la realizzazione di progetti mirati agli obiettivi aziendali e perfettamente condivisi. Lavoriamo a fianco dei nostri clienti predisponendo programmi formativi studiati e realizzati in base alle loro specifiche esigenze.

SEMINARI: Organizziamo incontri di approfondimento su tematiche di massima attualità riguardanti aspetti cardine del mondo finanziario. Il format adottato privilegia incontri con un numero di partecipanti tale da consentire la discussione, la conoscenza reciproca e la possibilità di condividere pratiche operative e spunti di riflessione.

MASTER: Proponiamo percorsi formativi ad alto livello di placemet, studiati per rispondere concretamente alle molteplici esigenze professionali del sistema Bancario.

Istituto di Studi Bancari (ISB) può contare su di una rete di oltre 200 docenti e consulenti di prestigio, provenienti dalle maggiori realtà finanziarie italiane ed estere.

I NOSTRI VALORI

- Dedizione al cliente
- Eccellenza
- Flessibilità
- Impegno
- Professionalità
- Aggiornamento
- Affidabilità e concretezza

Tutte le nostre attività sono accomunate da un approccio finalizzato alla "Creazione di Valore" per il cliente. Il management di ISB è in grado di offrire soluzioni metodologicamente differenziate a seconda delle esigenze e delle caratteristiche dei propri clienti.

OPPORTUNITÀ DI LAVORO IN ISB

DIPENDENTI: 11.

INGRESSI PREVISTI NEI PROSSIMI 12 MESI: 4.

POSIZIONI: Project Manager, Junior & Senior Consultant, Formatori.
Le persone che lavorano in IBS vogliono distinguersi per flessibilità, orientamento al cliente e qualità dei risultati. Il nostro obiettivo è inserire persone d'eccellenza, che abbiano competenze, determinazione, entusiasmo, predisposizione al lavoro di squadra e che, soprattutto, vogliano raggiungere con noi risultati davvero ambiziosi. Cerchiamo giovani in grado di creare idee innovative e nuove opportunità.

CONTRATTI PROPOSTI: stage, contratto a progetto, contratto a tempo indeterminato, contratto a tempo determinato.

lyondellbasell

UN NUOVO LEADER MONDIALE

LyondellBasell è una delle più grandi società che operano nel settore dei polimeri, della chimica e dei combustibili. Siamo leader globali nella tecnologia, nella produzione e nella commercializzazione delle poliolefine; siamo all'avanguardia nell'ossido di propilene e derivati; siamo un importante produttore di combustibili avanzati; e gestiamo una delle raffinerie a conversione completa più grandi del Nord America.

LyondellBasell si dedica attivamente a un continuo programma di ricerca e sviluppo. Questo comprende la creazione di nuovi catalizzatori, processi e prodotti.

In LyondellBasell siamo pienamente consapevoli dell'importanza di essere, come azienda, un soggetto responsabile nell'ambito delle nostre comunità. Ci siamo impegnati a gestire le nostre attività secondo i più alti principi di correttezza, etica e responsabilità aziendale, e a rispettare gli standard prestazionali più elevati in materia di salute, sicurezza e ambiente.

I prodotti LyondellBasell sono gli elementi di base utilizzati per produrre un numero infinito di beni e articoli diversi che le persone usano ogni giorno in tutto il mondo. Dagli imballaggi per alimenti freschi ai combustibili puliti, dai prodotti tessili alle applicazioni medicali, dai materiali per costruzioni ai componenti automobilistici, l'impiego dei materiali LyondellBasell è quasi illimitato.

GLI ELEMENTI ESSENZIALI DI LYONDELLBASELL

Coinvolgimento e Valorizzazione delle Persone:

- Autonomia e Responsabilità
- Diversità e Collaborazione
- Crescita e Sviluppo.

Responsabilità Sociale:

- Sicurezza delle Persone e dei Processi
- Correttezza ed Etica
- Responsabilità Ambientale.

Prestazioni Eccellenti:

- Attenzione straordinaria per i clienti
- Innovazione
- Spirito Imprenditoriale
- Eccellenza Operativa.

Opportunità di Lavoro in LyondellBasell

Dipendenti Worldwide: 15.000.
Dipendenti Italia: 1325.

POSIZIONI MAGGIORMENTE RICERCATE E LAUREE RICHIESTE

Process Technology	Chemical Engineering Electronic Engineering Electrical Engineering
Engineering	Chemical Engineering Mechanical Engineering
Maintenance	Mechanical Engineering Electrical Engineering
Research & Development (*Manufacturing & Platform, Products Development & Application*)	Chemical Engineering with PhD Material Engineering with PhD Chemistry
Sales - Quality - Safety - Supply Chain - Logistics	Engineering Economics Information Technology
Staffing Positions (*HR, IT, Finance & Control, IP*)	Economics Law Information Technology Psychology of Work and Organization

Basell Poliolefine Italia S.r.l. - Basell Brindisi S.r.l. - Basell Italia S.r.l.

Sede legale Via G.B. Pergolesi, 25 - 20124 Milano - Tel +39 02 243421 - Fax +39 02 24342600

Sede ufficio selezione e formazione D.ssa Valentina Magnoni - HR Staffing and Learning Italy
Piazzale Donegani, 12 - 44100 Ferrara - Tel +39 0532 467111 - Fax +39 0532 468220

www.lyondellbasell.com

MONDADORI

AZIENDA E SOCIETÀ

Il Gruppo Mondadori, leader in Italia e tra i maggiori editori in Europa, è costituito dall'Arnoldo Mondadori Editore, la storica casa editrice fondata nel 1907, e da oltre cinquanta società, controllate e collegate, italiane ed estere.

Il Gruppo Mondadori copre tutto l'arco delle attività dell'Editoria, dalla creazione dei prodotti alla stampa alla commercializzazione e distribuzione.

È articolato in 6 linee di business: Libri, Periodici, Pubblicità, Printing, Direct e Radio e tre Direzioni Centrali: Finanza, Amministrazione e Controllo; Personale Organizzazione e Sistemi Informativi; Relazioni Esterne e Comunicazione.

Mondadori è leader nel mercato italiano dei libri per adulti (28% di quota di mercato), nel settore della Pubblicità (29,2% di quota di mercato) e dei Periodici (38,6% del mercato con oltre 50 testate).

Il Gruppo Mondadori ha acquisito inoltre recentemente il Gruppo Emap France – uno dei principali editori di periodici in Francia, con un articolato portafoglio di oltre 40 testate leader nei rispettivi segmenti di mercato – rinominata ora Mondadori France.

Mondadori Printing, che comprende tutte le attività industriali e la Divisione Grafica, è una delle aziende più competitive a livello europeo. All'interno della Divisione Direct, che raggruppa tutte le attività legate a un rapporto diretto con il cliente, sono presenti, oltre al Retail, Mondolibri e BOL (joint venture con il Gruppo Bertelsmann) leader rispettivamente nella vendita di libri per corrispondenza e nella vendita on line, e Cemit Interactive Media, leader nel business to business dei servizi per il Direct Marketing.

La Divisione Radio è nata nel gennaio 2005, quando il Gruppo Mondadori ha acquisito Radio 101 One-O-One, rilanciandola col marchio R101.

SELEZIONE

L'azienda entra in contatto con i candidati sia tramite le università sia attraverso le vie "classiche" di selezione: annunci sulla stampa, annunci on line e CV spontanei.

È inoltre possibile collegarsi direttamente al sito aziendale (**www.mondadori.it**), dove è stata creata una sezione dedicata esclusivamente alla ricerca del personale: è composta da tre parti di cui una specificamente rivolta ai neolaureati, che possono inserire il loro Curriculum Vitae nella sezione "Proponiti per uno stage".

L'inserimento dei neolaureati avviene prevalentemente tramite uno stage formativo, della durata di 6 mesi, durante il quale i candidati iniziano a conoscere il mondo del lavoro e l'azienda, guidati e affiancati da un tutor interno, e vengono dedicati a specifici progetti o attività.

Data la diversità dei Business, il tipo di laurea conseguita non è vincolante: l'attenzione viene posta sulle potenzialità di crescita, l'impegno e l'attitudine al lavoro di gruppo.

FORMAZIONE E SVILUPPO

L'inserimento in azienda prevede un percorso formativo finalizzato alle prospettive di crescita. L'obiettivo è quello di favorire l'acquisizione di una conoscenza completa del Gruppo e delle sue diverse linee di attività, di sviluppare la condivisione dei valori Mondadori, di accrescere la managerialità e le capacità di analisi e decisione, promuovendo l'innovazione e il cambiamento.

Al termine di questo percorso i giovani avranno acquisito le competenze e la professionalità per crescere sia all'interno della propria area funzionale che trasversalmente nelle varie aree di business.

Particolare attenzione è posta allo sviluppo delle competenze e delle carriere interne.

www.mondadori.it - Sezione **Lavora con noi**

OCÉ-ITALIA S.p.A.
Strada Padana Superiore, 2/B - 20063 Cernusco sul Naviglio (Milano)
Tel 02 927261 r.a. - Fax 02 92726920
http://www.oce.com/it/Opportunita+di+lavoro/default.htm
OIT-selezione@oce.com

CHI SIAMO

Océ è una multinazionale olandese che ha 130 anni di storia. Leader nel mercato dei sistemi e servizi per la stampa digitale professionale e gestione documentale, conta oltre 24 mila collaboratori, e una rete di vendita diretta in più di 30 Paesi in tutto il mondo. Océ sviluppa prodotti e servizi per la riproduzione, presentazione, distribuzione e gestione di documenti. L'offerta è completata da una vasta gamma di materiali di consumo e servizi di Outsourcing in house. Océ, grazie alla sua consolidata esperienza e un'organizzazione per segmenti di mercato, è alla costante ricerca di innovazione nel settore in cui opera, offrendo soluzioni in grado di ottimizzare i processi documentali delle organizzazioni e trasferire valore ai clienti.

Nel mercato italiano Océ è attiva dal 1961 e oggi opera con filiali, centri di assistenza e un'ampia rete di partner su tutto il territorio nazionale.

Nel 2007 il Gruppo Océ ha registrato un fatturato di circa 3100 milioni di euro.

I VALORI DI OCÉ

I clienti di Océ sono alla ricerca di tecnologie e soluzioni di alto livello. Per questo motivo Océ promuove la professionalità delle sue persone nelle relazioni e nelle metodologie, attraverso un programma che ponga enfasi sui suoi valori fondanti, che sono:

- Customer First
- Result Driven
- Quality Driven
- Entrepreneurial
- Innovative
- Ethical
- Human Value.

Océ presta molta attenzione alle sue persone e alla loro crescita professionale, promuovendo un ambiente dinamico e interessante, innovativo, sostenibile e orientato a valori etici. Océ si impegna affinché i suoi collaboratori possano sentirsi realizzati nella loro attività, senza discriminazioni e rispettando le pari opportunità, secondo criteri meritocratici che si fondano su competenze acquisite e costantemente monitorate.

OPPORTUNITÀ DI LAVORO IN OCÉ ITALIA

Océ-Italia Spa ha circa 600 dipendenti ed è organizzata in tre Aree:

- un'Area Commerciale che fornisce sistemi, soluzioni, prodotti e servizi per la riproduzione, presentazione, distribuzione e gestione di documenti nei diversi segmenti di mercato: aziende Corporate, Graphic Arts, società di Servizi, Pubblica Amministrazione
- un'Area Services & Solutions, che offre una serie completa di servizi professionali e di strumenti per l'ottimizzazione dei processi documentali dei clienti, dall'assistenza tecnica, alla consulenza, alla gestione in outsourcing dei documenti aziendali
- un'Area Marketing & Staff, che supporta le linee di business sviluppando attività di gestione dei prodotti e di comunicazione, di amministrazione commerciale e controllo di gestione, di gestione delle risorse umane e di ricerca e selezione del personale.

Océ inserisce nella propria struttura persone motivate e intraprendenti, predisposte al lavoro di gruppo, orientate all'innovazione, interessate al settore della stampa digitale e della gestione documentale, determinate a crescere nelle 5 carriere principali: Vendita, Marketing, SW & Consulting, Customer Services, Staff.

LAUREE PREFERITE: Economia e Commercio, Ingegneria Gestionale, Ingegneria Informatica.

Padova
Corso Stati Uniti, 23/I
Tel 049 760866 - Fax 049 760817

Roma
Via A. Campanile, 73 - 00144
Tel 06 5051781 - Fax 06 5005225

oviesse

CHI SIAMO

Oviesse, nata nel 1972, è oggi leader nel mercato italiano dell'abbigliamento.

Da oltre 35 anni i clienti vivono un'esperienza di shopping caratterizzata da un corretto rapporto qualità-prezzo, con servizi personalizzati e prodotti garantiti dalla serietà di una grande azienda.

Nel 2007 Oviesse diventa OVS industry e rinnova la propria mission, concentrandosi sulla creazione, selezione e produzione di abbigliamento di qualità per la donna, l'uomo e il bambino, in modo responsabile e al giusto prezzo.

Con più di 300 negozi in Italia e 25 nel mondo, oltre 3500 persone, OVS industry ha oggi la rete più estesa di punti vendita in Italia. Nell'ultimo anno la rete di negozi ha intrapreso un rapido percorso di rinnovamento. Il negozio è stato progettato come fosse calato in uno spazio industriale dove giochi di luce e linearità dei percorsi hanno trasformato i volumi in un loft luminoso e di gusto.

PERCORSI PROFESSIONALI

OVS industry non cerca dei semplici collaboratori ma vuole assumere persone uniche con grande desiderio di imparare, voglia di migliorare continuamente e forte orientamento al risultato.

Offre la possibilità di lavorare in un'azienda in espansione caratterizzata da un ambiente dinamico, cortese e propositivo. Consente alle persone di crescere sia sul piano professionale, che su quello individuale, attraverso percorsi di formazione studiati e progettati per sviluppare le potenzialità e il talento di ognuno.

Per la rete di vendita

INGRESSI PREVISTI NEI PROSSIMI 12 MESI: 100
POSIZIONE: Allievo Direttore di Negozio
PROFILO RICERCATO: laurea o diploma, conoscenza della lingua inglese, dinamicità, disponibilità a spostarsi su tutto il territorio nazionale, forte orientamento al lavoro per obiettivi, interesse per il mondo dell'abbigliamento, spiccata predisposizione a guidare un team e voglia di mettersi in gioco.
Il percorso di carriera di Allievo Direttore di Negozio prevede un periodo di affiancamento e formazione strutturati che hanno inizio con l'inserimento immediato in negozio e lo scopo di sviluppare le competenze tecniche e manageriali a ricoprire il ruolo.
CONTRATTO: inizialmente si prevede un contratto di inserimento della durata di 18 mesi, che verrà trasformato a tempo indeterminato al positivo superamento del percorso formativo.

Per candidature con esperienza sarà valutato l'inserimento in azienda coerente con la professionalità acquisita. Altri percorsi strutturati permettono di acquisire la professionalità per ricoprire i ruoli di Allievo Capo Reparto e Visual di negozio.

PER CANDIDARSI: **www.oviesse.com/lavora** - Ruoli di negozio.

Per la sede centrale (Venezia Mestre)

OVS industry cerca laureati in materie tecniche, economiche, fashion and design che desiderino intraprendere anche attraverso esperienze di stage un percorso di carriera all'interno delle Direzioni Prodotto e Acquisto come Allievo Merchandise Controller, Allievo Product Manager, Allievo Commercial Assistant, Graphic Specialist così come per le aree aziendali quali Marketing, Visual Merchandising, Store Design, Business Analysis.

PER CANDIDARSI: **www.oviesse.com/lavora** - Ruoli di sede.

OVIESSE Spa - Direzione risorse umane
Via Terraglio, 17 - 30174 Venezia Mestre (Venezia)
Tel 041 2398458/041 2397549 - Fax 041 2398376 - **www.oviesse.com**

PIRELLI

CHI SIAMO

Pirelli & C. SpA è la società quotata in Borsa cui fanno capo le attività operative del Gruppo Pirelli nel mondo di cui garantisce il coordinamento.

Nel settore pneumatici opera Pirelli Tyre, quinto produttore mondiale in termini di fatturato e leader nei segmenti di fascia alta del mercato. Pirelli Tyre dispone di una struttura produttiva articolata in 24 stabilimenti distribuiti in 12 Paesi nel mondo.

Nel settore immobiliare è presente Pirelli RE, la società che in pochi anni ha affermato la propria leadership in Italia, introducendo un nuovo modello di business e standard professionali propri dei mercati più evoluti.

Grazie alla propria attenzione alla tecnologia e alla ricerca, negli ultimi anni il Gruppo ha avviato alcune iniziative in settori a forte contenuto di innovazione come la fotonica, l'accesso alla banda larga, la mobilità sostenibile e le fonti rinnovabili di energia. Pirelli Labs è il centro di ricerca avanzata al servizio di tutti i business di Pirelli.

CARRIERA

Entrare a far parte del mondo Pirelli significa avere l'opportunità di lavorare in un Gruppo di grande professionalità.

I neolaureati seguono in Pirelli il percorso **Talent in Action**: entrano in Azienda con uno stage della durata massima di 6 mesi, un'esperienza significativa e altamente formativa in cui i neolaureati, affiancati dal tutor, sono chiamati ad affrontare compiti stimolanti e hanno l'occasione di lavorare a contatto con manager più esperti appartenenti a diverse funzioni.

Al termine del periodo di stage e a fronte di una reciproca valutazione positiva, l'assunzione avviene tramite il contratto di apprendistato dalla durata di 24 mesi che prevede un ricco progetto formativo coerente con gli obiettivi di crescita e sviluppo.

Coerentemente ai risultati conseguiti e al potenziale valutato, la crescita di ogni singolo individuo si sviluppa rapidamente in direzione verticale (aumento di responsabilità all'interno della stessa funzione) e orizzontale (mobilità tra le diverse aziende e le diverse funzioni) nonché in un'ottica di mobilità geografica resa possibile dalla natura internazionale del Gruppo.

L'attenzione che Pirelli presta ai percorsi di carriera, che incentivano e premiano i giovani talenti, ha reso possibile la nascita di una generazione internazionale di manager di altissimo profilo professionale e gestionale.

SELEZIONE

Il Gruppo Pirelli reputa centrale, per il successo degli obiettivi, le qualità personali e professionali dei propri collaboratori. Per lavorare con successo in Pirelli è necessario essere proattivi, responsabili, avere un mind set internazionale, un forte spirito di iniziativa, passione e determinazione, oltre a mostrare tensione ai risultati. Pirelli cerca candidati che abbiano svolto un brillante percorso di studi universitari e conoscano la lingua inglese in modo fluente.

Durante la prima fase del processo di selezione un **assessment center**, che prevede test individuali e prove di Gruppo, ci consentirà di esplorare le attitudini e le motivazioni del candidato. I candidati che al termine di questo processo verranno ritenuti in linea con le esigenze del Gruppo, verranno contattati per sostenere dei colloqui tecnici con i **Manager di Linea**, volti ad individuare il miglior percorso di ingresso in Azienda.

1872: anno di fondazione
30.800: dipendenti del Gruppo nel dicembre 2007
5000 milioni di euro: fatturato nel dicembre 2007

PIRELLI
Viale Sarca, 222 - 20126 Milano
www.pirelli.com (Sezione **Career**)
recruiting@pirelli.com

Roche

Make your mark. Improve lives.

We Innovate Healthcare

L'innovazione è la nostra risposta alle continue sfide della salute. Da oltre 112 anni in **Roche** lavoriamo ogni giorno per trovare soluzioni in grado di migliorare la *qualità di vita* delle persone. Presenti in 150 Paesi, siamo leader mondiali nelle biotecnologie: oncologia, anemia, trapiantologia, e ancora virologia, nefrologia, reumatologia e diagnostica in vitro sono le nostre aree di eccellenza.

Focalizziamo il nostro impegno in ricerca e sviluppo sulla scoperta di nuove tecnologie diagnostiche e farmaci personalizzati: ci sono tante risposte quante sono le persone. Noi continuiamo a cercare soluzioni individuali.

OPPORTUNITÀ PROFESSIONALI

Roche, con le sue due anime **Pharma** e **Diagnostics**, ricerca neolaureati interessati a crescere in un contesto internazionale, in forte trasformazione, focalizzato sulla *ricerca* e sull'*innovazione*. Cerchiamo giovani motivati, dinamici, appassionati che abbiano voglia di misurarsi e imparare in una realtà che premia chi raggiunge gli obiettivi assegnati e che richiede empowerment e capacità di lavorare in team interfunzionali e spesso globali.

Offriamo opportunità di crescita in un ambiente stimolante, rispettoso delle differenze e vivace, dove l'interesse per il benessere e la *qualità di vita delle persone* è alla base dei nostri valori.

I **profili** di maggiore interesse sono quelli di **laureati in materie scientifiche** (Biologia, Chimica, Farmacia, Medicina, ISF, Chimica e Tecnologie Farmaceutiche), che possono essere inseriti nelle aree Marketing, di Informazione Scientifica e Regulatory Affairs (direzione responsabile di tutti i processi legati all'immissione sul mercato dei prodotti) di entrambe le divisioni, diagnostica e farmaceutica.

Roche Pharma cerca neolaureati anche nell'ambito della Ricerca Clinica e/o di supporto al Marketing (Medical Affairs), del Controllo Qualità e del monitoraggio di studi clinici. Per ingegneri e laureati in materie scientifiche vi sono inoltre opportunità presso lo stabilimento produttivo di Segrate, centro di eccellenza in Europa per la fornitura globale di compresse e capsule.

Ai giovani con **formazione economica/giuridica** (Economia, Giurisprudenza, Ingegneria Gestionale) e **umanistica** offriamo possibilità di sviluppo in ambito Finance, HR, Informatics, Legal Department, senza escludere inserimenti in altre aree o successive Job Rotation. A coloro che ancora stanno studiando e si affacciano al mondo del lavoro offriamo stage retribuiti.

I frequenti scambi con l'Headquarter rendono indispensabile una buona padronanza della lingua inglese, unita all'interesse per esperienze in un contesto internazionale. Capacità di comunicazione, determinazione, spirito d'iniziativa, flessibilità insieme a entusiasmo, attenzione per l'altro, predisposizione al lavoro di gruppo sono le caratteristiche dei nostri migliori talenti e che ricerchiamo anche all'esterno.

SELEZIONE

Obiettivo di Roche è quello di attrarre giovani di elevato potenziale. Il processo di selezione prevede colloqui individuali con la Direzione HR e i Manager responsabili della posizione. Per i neolaureati assunti esiste uno specifico programma di inserimento, l'*Induction Program*, orientato all'apprendimento della cultura aziendale e allo sviluppo di competenze.

"Make your mark. Improve lives." Siamo un'azienda in grado di fare realmente la differenza nella vita delle persone. Se hai voglia di lasciare il segno, cerca la tua opportunità in Roche.

Settore Farmaceutico
Fatturato 2007 1.315 milioni di euro
Organico circa 1.750
Sede centrale Monza

Lauree preferite Chimica, Farmacia, CTF, ISF, Economia, Ingegneria Gestionale, Biologia, Medicina
Per candidarsi http://careers.roche.com/italy

Tenaris

Tenaris è il maggior produttore e fornitore a livello mondiale di tubi e servizi per l'industria dell'energia e per applicazioni industriali specialistiche. Grazie ad una rete globale integrata di unità produttive, laboratori di ricerca e sviluppo e centri di servizio, Tenaris soddisfa le necessità dei suoi clienti in modo efficiente e con prodotti ad alte prestazioni in ambienti operativi sempre più complessi.

Con un fatturato annuale di 10 miliardi di dollari e 23.500 dipendenti, Tenaris ha unità produttive in Argentina, Brasile, Canada, Colombia, Italia, Giappone, Messico, Romania, Stati Uniti e Venezuela.

YOU'VE GOT THE TALENT.
WE CAN MAKE IT HAPPEN.

Tenaris Global Trainee Program
Laureandi e Neolaureati Ingegneria ed Economia

Dalla formazione alla carriera, grazie al programma mondiale di inserimento di giovani talenti. Due anni di crescita professionale in un ambiente multiculturale, che prevedono campus internazionali, training on the job, formazione tecnica e manageriale, con lo scopo di sviluppare il potenziale dei neolaureati e trasformarli nei manager del futuro.

Ti sei appena laureato? Ti stai laureando?

Entra nel Global Trainee Program, farai parte di un ambizioso progetto internazionale, rivolto ai giovani dinamici, brillanti e motivati.

Lavorando con noi, avrai l'opportunità di acquisire conoscenze, metodologie, strumenti e tecniche manageriali che ti consentiranno di costruire il tuo futuro professionale.

Requisiti

- Laurea specialistica in Ingegneria gestionale, meccanica, dei materiali ed elettrica e in Economia conseguita o da conseguire nei prossimi 6 mesi
- Età massima 28 anni
- Anno di conseguimento della laurea: 2006/2007, 2007/2008
- Esperienza professionale non superiore a due anni
- Buona conoscenza della lingua inglese
- Disponibilità alla mobilità territoriale nazionale e internazionale

Cosa offriamo

Un programma di inserimento strutturato su due anni, finalizzato allo sviluppo del potenziale in un ambiente dinamico ed internazionale.

Attraverso piani di formazione tecnica e manageriale, job rotation e training on the job prepariamo i manager del futuro.

La selezione

Il percorso di selezione standard per i giovani laureati in Tenaris prevede una giornata di assessment e colloqui con i responsabili della selezione e i manager di linea. Le doti personali e le abilità più apprezzate sono la flessibilità e la capacità di arricchirsi dal confronto con culture diverse, l'intraprendenza, la predisposizione al lavoro in team, l'orientamento ai risultati e la capacità di proporre e stimolare l'innovazione. La conoscenza di lingue straniere e la disponibilità a viaggi e trasferimenti anche all'estero completano il profilo.

Settore
Produzione e fornitura di tubi di acciaio e servizi complementari

Fatturato 2007
10 miliardi (US $)

Organico 2007
23.500

Lauree preferite
Ingegneria, Economia

TENARIS
Piazza Caduti 6 Luglio 1944, 1 - 24044 Dalmine (Bergamo)
http://talents.tenaris.com - recruitment_italia@tenaris.com

SINTEX
Via G. Carducci 18
20123 Milano
Tel. +39 02 8061361
Fax +39 02 86452884
www.e-sintex.it

CHI SIAMO

Sintex è una società di Ricerca e Selezione del Personale, nata nel 1974 e attiva da 34 anni nel mercato delle Risorse Umane. Leader negli annunci di RPQ (Ricerca di Personale Qualificato) su carta, l'azienda è l'ideale punto di incontro tra candidati, lavoratori e Human Resources. Sintex è infatti in grado di offrire servizi a 360° alle proprie Aziende Clienti ma anche sempre aggiornate ed interessanti opportunità lavorative: da uno stage formativo per un neolaureato fino alle possibilità – ad esempio nelle attività di head hunting – per i manager più qualificati di essere contattati.

Sintex fa parte di un gruppo che, fondato sul concetto del one stop shop, ha l'obiettivo di fornire ad aziende e lavoratori tutti i servizi nell'ambito delle Risorse Umane.

Parte di 2 circuiti internazionali: IRC Recruitment per le attività di selezione e TalentVillage per la pubblicazione di annunci di Ricerca di Personale Qualificato.

Sintex è iscritta all'**Albo delle Agenzie per il Lavoro** - Sezione I - Autorizzazione Ministeriale Definitiva - Protocollo n. 887/ RS del - 21/10/2004.

I SERVIZI DI SINTEX

- Ricerca e Selezione
- Annunci
- Formazione
- Consulenza Manageriale
- Executive Search
- Permanent Staffing
- Payroll Services

I NOSTRI VALORI

Ogni giorno cerchiamo di orientare con determinazione i nostri sforzi e le nostre risorse per:

- Rispondere alle nuove esigenze di un mercato che si evolve
- Gestire in maniera integrata i diversi servizi del gruppo
- Offrire delle soluzioni efficaci e su misura
- Progettare interventi strutturati per Aziende con distribuzione sul territorio e\o complessità di reperimento.

Approfondire l'esigenza del nostro Cliente è il punto di partenza per creare la soluzione più adatta nel ventaglio delle possibilità offerte dalla legislazione e dalla nostra professionalità.

OPPORTUNITÀ DI LAVORO IN SINTEX

DIPENDENTI: 50.

INGRESSI PREVISTI NEI PROSSIMI 12 MESI: 20.

POSIZIONI: Addette/i e Responsabili di Selezione, Selezionatori/trici freelance, Formatori, Commerciali di servizi, Addette/i segreteria annunci, Addette/i segreteria Selezione, Grafici per annunci ecc.

CONTRATTI PROPOSTI: stage, contratto a progetto, contratto tempo determinato e indeterminato.

REQUISITI RICHIESTI: volontà, entusiasmo, voglia di crescere, spirito di iniziativa, capacità di lavorare in team, interesse a lavorare in un ambiente altamente formativo.

LAUREA: costituisce un titolo preferenziale.

PER CANDIDARSI: **staff@sintexselezione.it**.

Sede di Treviso Borgo Mazzini, 44 - 31100 Treviso - Tel +39 0422 410311- Fax +39 0422 56791

Sede di Genova Via Cecchi, 21/15 - 16129 Genova - Tel +39 010 5957379 - Fax +39 010 588921

Sede di Bari Via G. Capruzzi, 228 - 70124 Bari - Tel +39 080 5429833 - Fax +39 080 5523845

Sede di Mantova Via Londra, 12 - 46047 Porto Mantovano - Tel +39 0376 392917 - Fax +39 0376 399807

monster.it
Segui la tua passione

Chi siamo

Monster.it è il portale Internet leader nella ricerca e offerta di lavoro on line, vincitore del Premio WWW del Sole 24 Ore come miglior sito italiano dedicato al lavoro.
Il sito rappresenta un punto d'incontro efficace tra candidati e Responsabili delle Risorse Umane: offre un aiuto concreto a chi cerca lavoro o nuove opportunità professionali e supporta le aziende a trovare in modo rapido ed efficace i migliori talenti.
Monster.it fa parte del network Monster, leader del recruiting on line ed è una divisione di Monster Worldwide, una delle più grandi società al mondo di consulenza per la ricerca, selezione e valorizzazione delle risorse umane (quotata al Nasdaq: ticker MNST), presente in 50 Paesi.
Monster Italia è l'unico operatore di recruiting on line iscritto all'Albo delle Agenzie per il Lavoro - Sezione IV - Autorizzazione Ministeriale Definitiva - Protocollo n. 4393 - 12/02/2007.

I 7 Valori di Monster

- VOGLIA DI VINCERE
- DEDIZIONE AL CLIENTE
- SENSO DI RESPONSABILITÀ
- SPIRITO IMPRENDITORIALE E CREATIVITÀ
- CORRETTEZZA
- SPIRITO DI GRUPPO
- LEADERSHIP

Cosa contraddistingue Monster oltre al fatto di essere il primo portale di ricerca di lavoro al mondo? Creatività, energia, dinamismo, costante impegno e volontà di incoraggiare tutti a liberare il proprio potenziale.
Ma anche, ciò che è più importante, 5.000 dipendenti che ogni giorno condividono gli stessi valori in tutto il mondo.
Da parte nostra, sappiamo cosa serve per crescere, sviluppare le capacità, progredire e migliorare la vita professionale.
Ecco perché cerchiamo persone che abbiano voglia di dare il meglio in tutto ciò che fanno, che non abbiano timore di mettersi in gioco per ottenere i risultati migliori, che interpretino ogni giorno come una nuova occasione per superare se stessi!

I servizi di Monster

Monster.it è il portale di riferimento dedicato al lavoro e alla carriera perché, grazie ai suoi servizi gratuiti, affianca i candidati in tutti gli aspetti della gestione e dello sviluppo della loro vita professionale.
Negli ultimi 12 mesi sono stati oltre 400 mila gli annunci pubblicati nel solo sito italiano e sono già più di un millione e mezzo gli utenti che ogni giorno utilizzano il portale per migliorere la loro vita professionale e trovare il lavoro ideale per le loro esigenze.

Opportunità di lavoro in Monster Italia

Dipendenti: 70
Ingressi previsti nei prossimi 12 mesi: 15
Posizioni: Key Account Field Sales, Key Account Tele Sales, Customer Service Representative, Stagiaire in Marketing, E-Commerce, E-Recruitment Solutions.
Contratti proposti: stage, contratto a progetto, contratto tempo determinato e indeterminato
Requisiti richiesti: dedizione, entusiasmo, passione per l'on line, spirito di iniziativa, approccio collaborativo, interesse di lavorare in un ambiente multinazionale e capacità di relazionarsi in lingua inglese.
Laurea: costituisce un titolo preferenziale.

Per candidarsi:
http://aziende.monster.it/monsterit/

Contatti
Monster Italia
Via Ruggero Boscovich, 18
20124 Milano
Tel. +39 02 540207
Fax +39 02 54020708

Altre sedi
Sede di Roma
Via Dell'Olmata, 30
00184 Roma
Tel. +39 06 4888071
Fax+39 06 4742884

Internet
www.monster.it
http://aziende.monster.it/monsterit/
candidati@monster.it